国家社会科学基金青年项目(教育学)"十二五"规划课题
"城市化进程中农村职业教育办学模式改革与发展对策研

U0501831

NEW
URBANIZATION

新型 城镇化进程中
农村职业教育发展的
理论与模式

唐智彬○著

湖南师范大学出版社

图书在版编目（CIP）数据

新型城镇化进程中农村职业教育发展的理论与模式/唐智彬著. —长沙：湖南师范大学出版社，2019.12

ISBN 978－7－5648－3538－5

Ⅰ.①新…　Ⅱ.①唐…　Ⅲ.①乡村教育—职业教育—研究—中国　Ⅳ.①G725

中国版本图书馆 CIP 数据核字（2019）第 081930 号

新型城镇化进程中农村职业教育发展的理论与模式

Xinxing Chengzhenhua Jincheng zhong Nongcun Zhiye Jiaoyu Fazhan de Lilun yu Moshi

唐智彬　著

◇责任编辑：李红霞　江洪波
◇责任校对：罗雨蕾
◇出版发行：湖南师范大学出版社
　　　　　　地址/长沙市岳麓山　邮编/410081
　　　　　　电话/0731－88873071　88873070　传真/0731－88872636
　　　　　　网址/http：//press. hunnu. edu. cn
◇经销：新华书店
◇印刷：长沙印通印刷有限公司
◇开本：710 mm×1000 mm　1/16
◇印张：13. 75
◇字数：250 千字
◇版次：2019 年 12 月第 1 版
◇印次：2019 年 12 月第 1 次印刷
◇书号：ISBN 978－7－5648－3538－5
◇定价：58. 00 元

凡购本书，如有缺页、倒页、脱页，由本社发行部调换。

本社购书热线：0731－88872256　88872636

投稿热线：0731－88872256　13975805626　QQ：1349748847

目　录

第一章　导论 ………………………………………………………（1）

　　第一节　研究的背景 ……………………………………………（1）

　　第二节　研究的问题 ……………………………………………（9）

　　第三节　研究的理论价值与现实意义 …………………………（14）

　　第四节　研究的内容、结构及方法 ……………………………（16）

第二章　文献综述 …………………………………………………（27）

　　第一节　办学模式在国家教育政策中的出现与演变 …………（27）

　　第二节　办学模式的有关研究 …………………………………（30）

　　第三节　国外关于职业教育办学模式研究的简单回顾 ………（44）

　　第四节　农村职业教育发展的相关研究 ………………………（49）

第三章　农村职业教育发展的现状及问题分析 …………………（63）

　　第一节　农村职业教育发展的现状 ……………………………（64）

　　第二节　我国农村职业教育发展中存在的问题 ………………（70）

　　第三节　我国农村职业教育发展问题的归因分析 ……………（72）

　　第四节　从办学模式角度看当前农村职业教育存在的问题与对策

　　　　　　…………………………………………………………（77）

第四章　嵌入性理论与职业教育办学模式的形成与发展 ………（80）

　　第一节　嵌入性理论的源流与内容 ……………………………（80）

　　第二节　职业教育办学模式的嵌入性分析视角 ………………（88）

　　第三节　嵌入性视角下职业教育办学模式的形成与发展 ………（92）

第五章　生产方式发展与职业教育办学模式变迁 …………………… （104）

　第一节　手工业时代生产方式与传统学徒制模式 …………… （104）

　第二节　前期工业经济时代的生产方式与职业教育办学模式 … （106）

　第三节　发达工业经济时代的生产方式与职业教育办学模式 … （108）

　第四节　知识经济时代的工业生产方式与职业教育办学模式 … （111）

第六章　国家技能形成制度视野下的农村职业教育办学模式变迁 … （117）

　第一节　初见雏形：乡村教育实验模式 ……………………… （118）

　第二节　探索时期：农村职业学校的职业教育 ……………… （124）

　第三节　转折阶段："三教统筹"与"农科教结合"模式 …… （130）

　第四节　创新时期：县级职业教育中心办学模式 …………… （137）

　第五节　改革时期：职业教育城乡一体化办学模式 ………… （144）

　第六节　农村职业教育办学模式变迁过程中的社会建构 …… （148）

第七章　信息技术支持下的农村职业教育办学模式研究 ………… （152）

　第一节　我国信息化的发展历程与特征 ……………………… （152）

　第二节　"专递课堂"：优质职业教育资源扩散至农村的尝试 … （156）

　第三节　信息化条件下农村职业教育办学模式的改革重点 … （159）

　第四节　信息技术促进农村职业教育办学模式改革的路径 …… （160）

第八章　基于新型城镇的城镇社区学院办学模式研究 ………… （166）

　第一节　新型城镇化进程中职业教育发展特征 ……………… （166）

　第二节　新型城镇化视角下当前职业教育的几个问题 …… （171）

　第三节　构建基于新型城镇的社区学院办学模式 …………… （175）

第九章　县级职业教育中心办学模式专题研究报告 …………… （182）

　第一节　县级职业教育中心办学模式的产生与发展 ………… （183）

　第二节　县级职业教育中心办学模式创新的具体内容 ……… （189）

　第三节　县级职业教育中心办学模式的典型案例和经验借鉴 … （195）

　第四节　县级职业教育中心办学模式存在的问题和原因分析 … （203）

　第五节　新形势下县级职业教育中心发展的对策建议 ……… （206）

参考文献 …………………………………………………………… （207）

第一章

导 论

　　经典发展经济学认为，城市化与工业化是发展的主题。作为现代经济的主要聚集地，城市的发展是现代经济增长的主要动力，也是非农就业机会的创造源泉。[①] 2014 年出台的《国家新型城镇化规划（2014—2020）》提出了适应我国经济社会发展特征与需求且符合我国城市化路径现实的发展模式。"人的城镇化"是新型城镇化的核心，体现了我国对城市社会发展阶段的深刻认识与文化自觉。[②] 本章第一节通过分析当前我国新型城镇化推进过程所带来的经济、社会后果，讨论新型城镇建设存在的社会结构约束、人力资本约束以及制度约束等方面的现实状况，提出农村职业教育在城镇化推进过程和社会转型发展中所具有的功能与职能，厘清本书的经济、社会背景。第二节主要内容是本书中所涉及的研究问题，讨论农村职业教育在我国技能形成体系中的独特地位，围绕农村职业教育在经济社会发展过程的办学模式改革的相关问题，明确本书的研究目的。第三节讨论新型城镇化进程中农村职业教育办学模式改革的理论价值与现实意义。

第一节　研究的背景

　　农村职业教育是我国职业教育体系的重要组成部分，这是由我国的人口与地理环境特征所决定的。从人口看，目前我国农村人口占全国人口比重仍然超过一半，2010 年全国人口普查的农村人口比例为 50.32%；而从我

---

① 陆铭，等. 城市规模与包容性就业 [J]. 中国社会科学，2012（10）：47.
② 张鸿雁. 中国城市化理论新模式的建构 [J]. 学术月刊，2012（8）：14.

国的城市化进程看，2014 年，我国城市化率为 54.77%。根据中科院的报告，2012 年，我国的城市化率仍落后英德等发达国家近百年，比巴西、希腊和波兰约落后 40 多年，比韩国落后约 35 年。与此同时，从常住人口的城镇化水平来看，仅仅为 37% 稍强，因此，换句话说，我国有 17% 的人口是"被城镇化"的。

当前，农村职业教育承担了面向农村人口的职业教育与培训的任务，主要包括：提供正式职业教育、为农村剩余劳动力提供转移培训服务、农业技术推广服务、农村创业培训等诸方面的内容。这些任务涉及面广且体系复杂，问题较多，改革的难度较大。从办学模式改革的角度来讨论与研究农村职业教育发展问题，是期待为系统地解决农村职业教育办学所面临的种种问题形成一个整体解决方案。因此，我国在未来的一段时期内，重视发展农村职业教育，提高农村人口的人力资本积累水平，是发展现代职业教育，构建现代职业教育体系的重要议题。在我国当前经济社会发展的整体形势下，推动农村发展和新型城镇化进程是我国经济社会结构优化与发展水平提高的"双套马车"，将农村职业教育发展放在这两大动力的整体框架中进行分析，是理解农村职业教育发展的契机与模式选择的重要基础。

根据国务院发展研究中心和世界银行联合课题组研究发现，在我国，根据当前农业、制造业和服务业之间的生产率差距，每有 1% 的人口从农村迁移到城市，就能使 GDP 提高 1.2%。改革开放以来，我国城市空间扩大了近三倍，但城镇化总体水平较低，人口城镇化进展缓慢，超过 2.5 亿进城农民工被排除在城市户籍之外，无法享受城市居民所拥有的市民权利、公共服务以及社会保障服务体系，生活在城市却被排除在城市生活之外，城市化的成果难以惠及这部分人群，更无法使其实现身份上的转变，成为真正意义上的新市民。

因此，从某种意义上来说，我国超过 50% 的城市化率也并非真正意义上的城市化。为了推动我国城市化进程，避免原有的"伪城镇化"发展路径的弊端，2014 年，我国出台了《国家新型城镇化规划（2014—2020年)》，随即各省也制定了相应的新型城镇化发展规划。在这一轮的城镇化过程中，我国明确提出了"人的城镇化"的发展目标。简单说来，"人的城镇化"主要是指农村人口实现"市民化"，成为新型城镇的"新市民"。而从具体内涵来说，"人的城镇化"主要突出在以下几个方面：一是新市民实现身份上的转变，即突破了长期以来的户口限制，拥有市民身份；二是具有足以支持新市民在新型城镇长期稳定生活的职业，同时新市民也应该具备适应现代产业发展的有关职业技能；三是不管是新市民还是城镇"原住民"，公平享有城市所提供的一切公共服务、社会保障以及福利；四是正如亨廷顿所说，"城市化的本质是人的现代化"，因此要实现新市民在思想观念、行为方式、个人素养与现代城市生活的衔接。

我国的新型城镇化，被认为是二十一世纪影响世界进程的两大力量之一。① 从我国国内的视角看，新型城镇化将在我国经济社会发展过程中大有可为。通过加速推进我国新型城镇化进程，将有效释放社会需求，促进服务业发展，提高我国产业劳动生产率，进而带动产业结构转型升级和经济可持续发展。从我国新型城镇化在未来经济社会发展的作用领域来看，新型城镇化将为我国的可持续发展提供长期动力，主要表现在几个方面：一是新型城镇化将有力激发我国内需。新型城镇化过程中，必然面临着大量的城市基础设施、公共服务设施以及房地产投资需求；城镇人口的剧增必然产生巨大的消费需求，由此带动相关产业的发展。② 二是内需扩大与消费拉升相对应的是催生大量新的岗位，增加就业机会。推动新型城镇化，带动"农民进城"的最大担忧是如何创造与迅速增长的转移劳动力相适应的就业岗位。但是有经济学家研究发现，农村劳动力转移到城市，一方面增加了劳动力供给，满足各类产业的发展需求；另一方面，也将激发新的劳动力需求。城市发展过程中，产生了一系列如保洁、保安、快递等低技能的就业岗位，而农民进城有效地填补了这些需求。良性的城市发展将促进异质性就业为主体的多元就业结构形成。综合地看，就业需求增长通常比劳动力供给的规模更大，需求增长速度更快，因而随着城市的扩张，失业率反而会较低。③ 因此，新型城镇化将能有效提高我国的总体就业率，形成更为良性的就业格局。三是新型城镇化将有利于推动我国产业结构转型和经济发展模式转变。从国际经验看，在城市化超过 50%，人均收入水平达到 4000 美元的时候，服务业及其就业人群比重将出现较为明显的上升。④

---

① 布赖恩，贝利. 比较城市化——20 世纪的不同道路［M］. 顾朝林，等译. 北京：商务印书馆，2010：前言.
② 王国刚. 城镇化：中国经济发展方式转变的中心所在［J］. 经济研究，2012（12）：23.
③ 陆铭，高虹，佐藤宏. 城市规模与包容性就业［J］. 中国社会科学，2012（10）：66.
④ 江小涓. 服务业增长：真实含义、多重影响和发展趋势［J］. 经济研究，2011（4）：15.

从目前我国三次产业的比重来看，仍然存在一、二产业比重较高的状况，第三产业的比重偏低，而经济结构的调整和完善有赖于服务业发展水平的提升与所占比重的提升。经合组织国家的平均城市化率在 1970 年左右超过 50%，在此后 30 年的发展过程中，一个显著特征是制造业平均比重由 25% 下降至 15%，比重下降明显；而服务业比重则超过了 75%。在服务业内部也出现了相应的分化，其中金融等商业服务业就业比重上升，由 5% 上升至 15%；服务于制造业的生产型服务业发展更为迅速，且制造业的增加值也极大地依赖服务业，占比达到 30%。① 因此，无论是从城镇化发展趋势与规律走向，还是从我国的发展现实看，推动新型城镇化，将有效地触发服务业的发展，提升服务业的发展水平，有力地优化产业结构，提高经济发展水平。四是新型城镇化将在提高我国劳动生产率方面发挥独特的作用。以农业生产率为例，由于我国农业生产还处于以大范围小农分散经营与部分集中经营现代农业共存的格局，因而虽然目前我国农业劳动力的比例高达 36%，但是农业劳动生产率处于较低水平，仅为第二、第三产业的 28%。通过发展新型城镇，推动农村人口集中向城市转移，减少农业从业人员，提升农民素质，提高农业产业化和现代化水平，将有效提高我国农业产业的劳动生产率。在第二、第三产业领域，我们可以从城市本身的发展特征看出城市对于提高劳动生产率的积极意义。发展城市的最大效应就是"集聚效应"，包括资源集聚、人员集聚等等，劳动力的集聚促使劳动力市场更大、更高效，同时能降低交易成本，促进知识传播。② 通过集聚带来资源和人员的再遴选，优化资源，提升人才层次，进而促进产业分工的深化，工业和服务业在资源优化和人才水平提高的过程中得到发展。

我国在经济社会发展的关键阶段推出了中长期的城市化发展规划，将推进新型城镇化作为经济社会改革发展总体布局顶层设计框架的核心内容，也是将新型城镇化作为进一步深化改革的突破口。新型城镇化是在对我国快速城市化新阶段的深刻认识与高度文化自觉的基础上而提出来的。快速城市化的新阶段主要体现在我国既要吸取我国过去一段时期内城市化所采取的"摊大饼"式发展思路与方式的教训，避免资源的过度浪费；又要充

---

① 课题组. 中国城镇化的未来：国际比较、发展模式和政策建议 [J]. 金融发展评论，2013 (5)：18.

② 课题组. 中国：推进高效、包容、可持续的城镇化 [J]. 管理世界，2014 (4)：40.

分借鉴西方发达国家城市化的经验，扬弃各国城市化进程中的具体实践，防止"城市病"的出现与过分扩散。基于当前我国经济社会发展所面临的自然资源约束、人力资源约束、政策与制度约束等现实问题，充分理解现代城镇化不是一个简单的城镇人口比重的变化，本质上既是人类现代化的过程，更是现代化的重要结果之一。从城镇化的具体表征来说，包含了社会生活的民主、就业的相对充分、社会保障的公平、人生价值的多样化实现、生态环境的可持续、法制的契约关系及市场取向等丰富内涵和目标。①从高度文化自觉的角度来说，则需要充分理解我国特有的文化传统与城市文化的特征，也要深刻把握新型城镇化推进是植根于我国的政治文化与制度文化之中这一基本的发展现实。因此，新型城镇化的发展战略与路径选择都应该是基于上述基本特征而做出的。

从当前我国城市化推进过程中存在的问题看，低效的土地利用和不完整的人口迁移成为制约城市化水平进一步提高的两个主要障碍。其中，不完整的人口迁移既导致了真实城市化比率较现有比率低，出现一种"伪城市化"的状况；又导致农民向城市流动的意愿降低，引起农民工工资迅速上涨和民工荒。从国际经验看，当劳动力在城市之间和行业间自由流动，以选择更好的工作机会，各地的工资水平和生产效率会趋向一致，亦即发展水平的区域平衡得到进一步提高。但是，我国的现状是 2010 年地级市生产率和实际工资仍然存在差异，中等城市更为突出，说明劳动力流动水平有待进一步优化。与这一状况相应的是我国农民工进城的状况。2012 年，农民工占到城市劳动力总量的 1/3。从相关调研看，农民工在同一城市停留的时间平均为 7 ~ 9 年，20% 的农民工全家迁移，但超过 50% 的农民工希望全家能够在城市定居。② 这一数据说明，如果外部条件具备，将有一个基数庞大的人口群转换身份，成为城镇居民。但是，我国农民工真正实现进城还不止存在一个障碍，除了人口城乡迁移的固有规律方面的因素之外，户籍制度、城乡一体化社会保障制度、低收入人群保障制度等都是阻碍农民工成为市民的重要障碍，导致他们只能像"候鸟"一样在城乡之间往返。

在我国新型城镇化推进过程中，有几个问题不容回避：一是新型城镇发展进程中的人力资源约束问题。有研究者对全世界 50 万个城镇进行研究

---

① 张鸿雁. 中国新型城镇化理论与实践创新 [J]. 社会学研究，2013 (3)：11.
② 课题组. 中国：推进高效、包容、可持续的城镇化 [J]. 管理世界，2014 (4)：40.

和分析发现，在发达国家的城镇中，超过60%是专业城镇，城镇拥有独有主导产业，而中国专业城镇还不到15%。① 小城镇未进入大城市的发展系统，也不能形成与大城市共同发展的地域生产结构体系，导致城镇产业孱弱、经济落后，无法适应城镇化发展在产业定位方面的需求。作为以非农生产而存在的城市（镇）经济体，通过输出和吸纳劳动力、原材料、生活与生产资料……城镇必须是某一区域产业分工的一部分，否则，就会被排除在经济和社会的主流体系之外。② 新型城镇既要在发展规划设计上考虑产业布局的特点，也必须有能力参与地域分工，形成合理的就业机制，进而形成开放包容的发展机制。城镇产业结构调整与经济增长方式的转变，对人力资本类型和教育结构的需求将会发生相应的变化。要通过培养适应城镇特色产业发展需求的产业人才，突破传统城镇家庭作坊式产业在技术、环境友好、生产效率诸方面的约束。

二是支持新型城镇发展的农业现代化问题。"费歇尔－克拉克假设"（The Fisher-Clark Hypothesis）提出，在经济增长、产业结构和劳动力转移三者之间：一是一国的经济发展水平可以利用农业劳动力的比重来衡量；二是经济发展水平变动可以利用三大产业的结构高度来标志；三是结构演进必然伴随就业结构变化，就业结构变动意味着农业劳动力的结构性转移。克拉克更进一步发现一国的工业化过程就是农业劳动力就业比重从高到低的下降过程。从我国新型城镇化的发展战略来看，减少农业人口所占比重，既是目的，也是手段。一方面，通过政策杠杆引导农民进城，实现"农民市民化"本身就是新型城镇化的发展内容；另一方面，随着城镇产业的发展，吸纳足够的劳动力进入城镇相关产业是产业发展的基础。事实上，过去几年我国"民工荒"的重要原因是由于城市缺乏吸引和留住农民的基础。农民进城，就意味着从事农业生产的劳动力进一步减少；农业人口转向非农职业，需要提高单位农民的生产效率才能保证有足够的农业剩余劳动力转换到非农产业。因此，实现农业现代化才是解决城镇化进程中可能出现的"粮食危机"和"用工危机"这对矛盾的关键。

三是新型城镇化催生"新市民"崛起，职业教育将在促进"人的城镇化"进程中发挥重要意义。我国城镇化发展速度慢、水平低，从表现形式

---

① 王廉. 城市经营的规划与策划 [M]. 广州：暨南大学出版社，2005：143.
② 张鸿雁. 中国新型城镇化理论与实践创新 [J]. 社会学研究，2013（3）：8.

上来看是城镇化滞后于工业化进程，而深层次原因则是就业水平较低，进城农民"体面就业"困难。对于进城农民来说，"进城"不仅仅希望在城市"安居"，更重要的是实现"乐业"，二者缺一不可。因此，新型城镇要形成细化的社会分工，产生不同层次的职业需求，形成"职业异质性群体"①，才能形成科学合理的就业结构。创造适应不同技术能力层次的就业岗位，逐步形成包容性的城镇就业格局是新型城镇化和农民市民化的基础。

"人的城镇化"不只是城市化和工业化，更是农村转移人口与原有居民之间的社会融合并成为新市民的过程。② 新市民群体的崛起，需要推进城镇居民在思想观念、素质能力、行为方式、社会关系等方面的现代转型。全体城镇居民享有共同的发展机遇，在个人素质上不断得到提升，个体多元发展有机会，生活水平与生活质量有保证，在思想观念与行为方式等方面都逐步摆脱"小农"或"小市民"的惯性。这一过程中，职业教育与培训既要促使农民获得技能，弥合身份转换过程中的"技能断裂"，通过充分就业实现工作方式与生活方式真正市民化；更要着眼于提高新市民的文化素养，促使价值观念和行为习惯现代化。

四是城镇化的"抽水机"作用与农村"空心化"问题。有研究者通过调研与分析发现，我国外出农村劳动力比农村劳动力整体的文化水平更高，因此可以推定，农村劳动力转移并非均质进行，具有较强劳动能力（性别、年龄、受教育程度等）的壮年劳动力更倾向于流动到非农产业就业以获得更高的回报③，年老体弱的劳动力则留守农村；但优质农村劳动力外流导致务农人员的整体能力与素质降低，很难适应现代农业生产的需要与新农村建设的要求，这也就是近年来农村不断凋敝、农业生产停滞不前的重要因素之一。在缩小城乡差距方面，消除地区差距的根本途径在于消除地区之间的劳动力技能差别，同时其关键又在于消除人力资本和教育水平的差异；但如果地区之间的教育和技能差别存在的话，劳动力流动反而可能会扩大这一差距。④ 有研究已经验证了这一观点，因为各种原因，劳动力跨地区流

① 张鸿雁. 中国新型城镇化理论与实践创新 [J]. 社会学研究，2013（3）：8.
② 刘晓峰，等. 社会融合与经济发展：城市化和城市发展的内生政策变迁 [J]. 世界经济，2010（6）：70.
③ 郁建兴，高翔. 农业农村发展中的政府与市场、社会：一个分析框架 [J]. 中国社会科学，2009（6）：99.
④ 钟笑寒. 劳动力流动与工资差异 [J]. 中国社会科学，2006（1）：35.

动虽然为流入地带来比较高的 GDP 贡献率，但却进一步扩大了地区之间的差距。① 因此，即使通过教育与培训使农村劳动力转移能在城市获得更高的收入，但对农村发展来说，却并不是好事。有研究者从我国近 30 年的数据中分析认为，教育在农村人力资本流失过程中扮演着重要角色，教育投资与人力资本流失率之间具有显著的正相关关系，研究者将其形容为"教育抽水机"。② 目前，由于农村优质的劳动力转移而引起农田抛荒、农业减产、农村发展缓慢、城乡差距进一步扩大，农村"空心化"趋势也越来越明显。

不容忽视的是，近年来随着国家经济社会发展水平的提高，对社会公平与民众福祉的重视程度越来越高，因此，经济不发达地区的经济发展与人民群众生活水平的提高被放在前所未有的高度。"精准扶贫"正是在这一背景下应运而生的，尤其是与精准扶贫相配套的定向农村职业教育的发展成为下一阶段农村职业教育发展的重点之一。从精准扶贫战略看农村职业教育的发展，其基本逻辑是教育的基本功能及其人力资本效应。众所周知，教育在一个人的成长、一个社会的发育以及一个民族的进步中都扮演着关键角色。从农村地区尤其是贫困地区的基本经济社会状况看，虽然经济贫困有自然环境、历史遗留等一系列原因，但是一个共同特点是教育观念落后、教育水平低下、教育资源匮乏，普遍不重视青少年教育问题。研究者发现，从宏观层面上说，教育与贫困之间存在着双向的关系。一个国家或地区的教育水平越低，其收入贫困程度也越严重；反之亦然，即教育贫困与收入贫困之间有正向的反馈机制。与此同时，教育状况的改善能促进一个国家或地区的经济增长，教育水平的提高与贫困缓解之间有正向的反馈机制。对个人而言，教育不仅培养实用的技能，更能拓展受教育者的眼界，增长胆识。而正是由于贫困地区的教育资源匮乏与教育观念落后，导致当地民众在接受新知识、新观念方面远远落后于发达地区。他们既缺乏摆脱贫困的勇气和信心，也没有利用市场脱贫致富的意识，更难具备走出贫穷的工作技能。教育缺乏导致贫困地区的人力资源缺少激活的机会，即使是从贫困地区转移到城市务工的人员也多数是从事最底层的"无技能"类职业，陷入了"越穷越不重视教育，越不重视教育越穷"的怪圈。人力资本理论的流行，启发各国政府的反贫困理念转向了人力资本投资，反贫困政策从改变社会基本制度转向了干预劳动者个体，主要的途径就是通过增加

---

① 孙自铎. 跨省劳动力流动扩大了地区差距 [J]. 调研世界，2004 (12): 31.
② 阮荣平，郑凤田. "教育抽水机"假说及其验证 [J]. 中国人口科学，2009 (5): 36.

教育等人力资本投资，既可以使劳动力充分地发挥知识在价值创造中的作用，满足市场经济的需求，还可以改变劳动力的思想观念，提高其竞争和发展能力，进而符合市场经济的变化。

五是新型城镇逐步发展为我国未来一种新型社会结构形态，作为社会结构的重要构成部分，职业教育呈现适应性特征。新型城镇在我国的发展将触发教育结构与教育模式的新需求，作为一种不同于传统农村社区与传统城市的人口及产业的集聚区域，新型城镇在产业结构、社会结构与人口构成方面都具有全新特征。在结构功能主义者看来，社会是由在功能上满足整体需要从而维持社会稳定的各部分所构成的一个复杂的系统，每个组成部分包括政治、经济、教育、文化等都具备自己独特的功能并发挥自己的作用。新型城镇社会作为一个有机整体而存在，其政治、经济、文化、教育等子系统都具备特质与结构特点并相互联系、相互作用，发挥着不同的功能，每个子系统的顺利运转共同促进新型城镇的发展。在新型城镇社会结构中，一方面，职业教育要与其他系统保持互动与联系，适应新型城镇化过程中政治、经济以及文化等因素对职业教育的需求；另一方面，职业教育应充分考虑自身发展规律和人才培养规律，通过一系列教育政策和制度，构建内外部需求相结合、嵌入新型城镇社会结构的职业教育体系。

农村职业教育发展的契机与问题正是在上述背景下展开的，而办学模式改革则是农村职业教育在新经济社会发展条件下的结构性变迁。在多种发展情境之下，农村职业教育的发展与变迁有其自身的核心特质，并呈现出与经济社会发展相适应的基本特征。正是基于我国经济社会发展的特殊背景，多种力量交汇作用之下，本研究将农村职业教育办学模式的改革与农村职业教育发展作为研究主题。

第二节 研究的问题

科学哲学家卡尔·波普尔曾说："科学的目的是：为一切使我们感到需要解释的东西找出令人满意的解释。"① 对于一项研究而言，寻找解释的逻辑起点是确定研究问题，明确问题的中心，厘清问题的边界。目前，国内

---

① ［美］卡尔·波普尔. 科学知识进化论［M］. 北京：三联出版社，1987：157.

关于新型城镇化与农村职业教育的相关研究较多，但这些研究较多是基于分析新型城镇化发展特点与城镇化发展滞后的状况出发，讨论技能人才需求的规模与质量；或者是新型城镇化背景下农村剩余劳动力转移需求，农民对职业技能培训的需求以及农村职业教育所面临的限度；或者是新型城镇化的条件下，农业产业化发展所带来的农业技能的培养需求；或者是新型城镇化条件下农村劳动力转移至城市之后所面临的市民化问题；等等。上述角度或者背景都是当下农村职业教育发展过程中所不可回避的。在新的发展情境中，农村职业教育面临着前所未有的发展机遇与挑战：一方面，各层次的技能型人才需求水平不断提高，数量与规模都前所未有地扩张，职业教育市场机遇前所未有；另一方面，随着新型工业化的不断推进，尤其是在德国工业4.0思潮的影响下"中国制造2025"战略的提出，技能型人才的培养要求不断提高与农村职业教育培养能力有限之间的矛盾越来越突出，农村职业教育边缘化的状况越来越明显。

选择从农村职业教育办学模式改革的角度来分析农村职业教育的发展问题，主要有以下几个现实的考虑：一是办学模式在农村职业教育结构中处于关键性地位。办学模式是教育活动在运行过程中所要解决的基本问题，每一种教育类型都有其相应的办学模式，而同一种教育类型，也可能根据不同的情况而选择内容与表现形式不一的办学模式。办学模式决定了教育活动的运行机制和管理体制特征，并影响教育活动的效率与质量水平，是我们讨论一种教育活动的基础与根本；同时，办学模式受到教育活动所处的政治、经济、社会以及文化和受教育者的共同影响，它是多方面因素共同建构与形塑的结果。

二是农村职业教育办学模式体现了区域经济社会的结构性特征。农村职业教育办学模式的形成大致取决于几个方面的因素：经济因素、政治因素、文化因素以及人的因素；而在这些因素当中，经济因素对农村职业教育办学模式的形成影响相对较大，尤其是在经济快速发展期，生产方式由传统逐步转向现代，这些都对办学模式产生了重大影响。因此，在考察农村职业教育发展的有关问题时，我们首要考虑的是农村职业教育办学模式的选择问题，因为办学模式是农村职业教育体系的核心与根本；其次从影响因素的角度讨论农村职业教育办学模式如何适应当下经济社会发展对农村职业教育的需求，以实现办学模式的改革与重构。

　　三是农村职业教育办学模式的运作与发展是一个长期过程，并在持续发展变化。办学模式在形塑（shape）的过程中，必定受到多个方面要素的影响，办学模式的构建与办学模式的持续运转，并不是一个单纯的教育部门的运行过程，而是在政治、经济、社会及文化等社会诸要素的共同影响下的复杂过程。嵌入性的理论视角将从行动者与其他人的联系以及行动者与更广阔的经济社会环境相联系的角度对办学模式的改革问题进行讨论。办学模式改革不仅仅要基于职业教育角度，同时更要从政治、经济等角度进行考察。随着外部环境的变化，农村职业教育办学模式的运行条件也在变化，从而诱发办学模式产生变迁。

　　所谓模式，在《现代汉语大词典》中的定义为："某种事物的标准形式或使人可以照着做的标准样式"，这应该是较为简练、准确的定义，而对办学模式这一概念的界定就没有那么容易了。笔者在梳理研究者们对办学模式的界定时发现，很多界定是"你不说我好像还理解，你说了我却搞不清楚了"的状况。但是，一些研究者还是有较为准确、明了的界定，如潘懋元、邬大光先生在讨论世纪之交中国高等教育办学模式变化与走向时认为，作为通常意义上的模式，大致包含两方面的内容：其一，存在的基础在于特点，与众不同的特点是这一模式区别于其他模式的标志；其二，特点在其发展过程中逐渐走向规范，同时，规范化的特点逐渐产生一种惰性，它总是竭力要保留其与众不同的方面，这就使得特点本身容易形成一种长期不变的习性，并在这些方面不断地强化。这种不断强化的过程一方面使得模式在某些方面走上偏执、极端、僵化的发展道路，另一方面也为模式提供了发生变化的条件和基础。在此基础上，他们提出高等教育办学模式"在一定意义上说，是指在一定的历史条件下，以一定办学思想为指导，在办学实践中逐步形成的规范化的结构形态和运行机制。它是有关办学体制、投资体制、管理体制与高等学校之间形成的相对稳定的权力结构和关系。高等教育办学模式和一个国家的政治、经济、文化传统有直接的关系，体现着深刻的历史继承性"。我国高等教育办学模式的特点是比较典型的以国家为主体的办学模式，它是融投资者、办学者、管理者为一体的"集中模式"，国家或各级政府在其中起着决定性的作用。① 也有人从大学的办学模式的角度出发认为办学模式的典型理论有国际迁移理论、规模与结构理论

---

　　① 潘懋元，邬大光. 世纪之交中国高等教育办学模式的变化与走向 [J]. 教育研究，2001(3)：3.

及社会职能理论三种，认为大学办学模式是由相互联系的各种因素按照一定的规律而构成的相互制约、相互影响、相互联系的诸因素的有机结合，从而构成一个完整的大学模式。内容包括：理论、目标、条件、程序、评价等。基本特征包括方向性、示范性、稳定性、实践性和可操作性。① 赵庆典认为办学是一个人为的动态过程，是若干要素有机结合相互作用的一个系统运作过程；是一个系统工程，涉及举办、投资、管理、师资、教学、招生和学生管理多个方面；是指举办、管理或经营学校的体制和机制的样式或范式。② 同时，他认为办学模式具备几个方面的特点：动态性和多维性同在、综合性与多样性并存、优化结构和适度规模相得益彰、追求办学质量、效益与特色的和谐统一等。③ 赵庆典还出版了题为《高等学校办学模式研究》的专著。此外，董泽芳认为，高校办学模式是在一定社会历史条件制约与一定办学理念支配下形成的，包括办学目标、投资方式、办学方式、教育结构、管理体制和运行机制在内的具有某些典型特征的理论模型或操作式样。④ 也有研究者提出了职业教育办学模式的定义，如唐林伟认为，职业教育办学模式是为实现培养目标，在充分了解职业教育内涵特征、准确把握职业教育发展规律的基础上，在一定办学理念的指导下，对职业教育实施机构的管理体制与运行机制所做的特色性、系统性归纳与设计。⑤ 从上述研究者对概念的界定看，大家对办学模式的内涵与外延的认识是有一定差异的。

至于职业教育的具体形式，研究者们根据各个不同时期，各个地方在办学模式上的探索进行了总结与分析。从我们所见的材料看，出现频率最高的一般性总结包括"校企合作的办学模式""产学结合的办学模式""工学结合的办学模式""职教集团的办学模式""中外合作的办学模式"等等。也有研究者将办学模式提炼为具体的表述，上个世纪90年代，郝守本介绍了北京市农村职业教育的几种办学模式：辐射分校模式、选修专业课模式、结合乡村经济乡办职业学校模式、县办普通高中高三分流模式等。⑥ 如钱民

---

① 李玉民. 大学办学模式的基本理论 [J]. 教育发展研究, 1995 (3): 13.
② 赵庆典. 高等学校办学模式探论 [J]. 辽宁教育研究, 2003 (9): 42.
③ 赵庆典. 论高等学校办学模式的发展与创新 [J]. 教育研究, 2002 (3): 39.
④ 董泽芳. 现代高校办学模式的基本特征分析 [J]. 高等教育研究, 2002 (5): 60.
⑤ 唐林伟. 职业教育办学模式论纲 [J]. 河北师范大学学报 (教育科学版), 2010 (5): 96.
⑥ 郝守本. 农村职业教育的办学模式要适应农村实际 [J]. 教育导刊, 1992 (3): 27.

辉博士将农村职业教育总结为"层带模式""复合模式""传播模式""示范模式"。① 江才妹认为澳大利亚 TAFE 是一种办学模式。② 宋全政则将职业教育办学模式划分为"以学校为本位的模式、以企业为本位的模式、以社会为本位的模式、学校—企业综合模式"。③ 姚奇富等人提出的高职院校"总部—基地"办学模式,也是一种合作型办学模式。④ 还有研究者在研究江苏省农村职业教育的四种办学模式:中心辐射型、联合型、远程开放型、职(成)教集团型,也有一定的代表性。⑤ 有的研究者将农村职业教育办学模式总结为以下几种:校企联合、校乡联合、校县联合、校会联合、校站(所)联合、校校联合、中外联合等。⑥ 此外,还有被誉为中国职业教育第四种模式的"永川模式",即"城校互动模式",职业教育发展以城市(区域)为依托,校区建设与城市(区域)发展融为一体的"城校互动、资源共享"的发展模式,是典型城乡统筹发展模式。成都的职业教育城乡一体化办学模式实践同样值得关注。

因此,不难看出,职业教育办学模式这一论题从某种意义上来说,并不是一个非常清晰的、固定的概念,而是一个界定含混、内容丰富的概念群。对于职业教育办学模式这一概念而言,研究者们的抽象与界定基本都是基于高等教育研究的部分成果而展开。但是,我们清晰地知道,"任何一门学科若只满足于从其他学科中获得基本概念或假设,以便迅速推延到具体的经验研究中去,那就迟早会发生整体性的理论危机"⑦。因此,基于职业教育的特质,从办学活动的共有规律与职业教育活动的独有特征出发,分析并形成农村职业教育办学模式这一概念的清晰界定与内涵边界。我们认为,基于各种办学实践,从职业教育的办学形态与办学方式来说,办学模式主要是描述职业教育的办学体制、投资体制以及办学方式和办学内容的规范化形态,亦即"谁负责""谁出钱""办什么"三个方面所形成的相对稳定的状态。

---

① 钱民辉. 职业教育与社会发展研究 [M]. 哈尔滨:黑龙江教育出版社,1999:230.
② 江才妹. 澳大利亚 TAFE 办学模式初探 [J]. 全球教育展望,1999 (6):75.
③ 宋全政. 从职教模式的演化看我国职教发展走向 [J]. 教育研究,1998 (7):58.
④ 黄鸿鸿. 高等职业教育办学模式的国际比较 [J]. 职业技术教育,2002 (19):13.
⑤ 陈震,张斌. 江苏省农村职业教育四种办学模式 [J]. 职业技术教育,2000 (21):43.
⑥ 谢祁,林慧. 农村职业教育办学模式 [J]. 成人教育,2006 (5):64.
⑦ 汪和建. 新经济社会学的中国研究 [J]. 南京大学学报,2000 (2):151.

通过上述分析，我们将研究问题具体确定如下：一是农村职业教育办学模式的相关理论梳理，从多个维度分析农村职业教育办学模式改革的理论问题。主要涉及生产方式发展视角的职业教育办学模式演变、国家技能形成体系视角的农村职业教育办学模式的历史变迁分析以及嵌入性理论视角的农村职业教育办学模式结构性特征分析；二是农村职业教育办学模式的实践探索，案例分析了当前我国农村职业教育办学模式改革的几个重要的实践，如信息技术支持的农村职业教育办学模式改革、精准扶贫模式下定向农村职业教育办学模式构建、对口帮扶模式下农村职业教育办学模式的重构等等。本书希望通过"理论为本、实践为重"的基本思路，借助部分理论工具与分析框架，揭示我国农村职业教育办学模式在新型城镇化的发展背景下所呈现的新特征，探索办学模式变迁与建构的逻辑，解释农村职业教育办学模式的阶段性特征及其变迁规律，为农村职业教育改革与发展提供可能的建议与对策。

第三节 研究的理论价值与现实意义

在本书中，农村职业教育是放在新型城镇化这一重要的历史进程与现实背景下进行研究与讨论的。发展农村职业教育既提高农村人口人力资本积累，为农业产业化提供必要的人力资源保障，也为城市各次产业发展提供充足、合格的技能型人才，突破新型城镇化进程中的人力资源和人口素质约束。同时，更重要的是，发展农村职业教育，对于提高全民职业技能水平和文化素质水平，改进社会公平，促进社会结构不断合理化，也是具有极其重要的意义的。发展农村职业教育，是一个"发现人、重视人、发展人"的过程，为农村人力资源开发提供一条理想途径。对农村职业教育办学模式的关注，则重在关注新的经济社会背景下，农村职业教育面临着与过去迥异的发展环境与发展条件，有机遇也存在挑战。因此，推动办学模式改革是适应新时期农村职业教育发展需求的重要方式。

我国新型城镇化战略的提出，明确了"人的城镇化"理念，这将使我国城市化总体战略布局与思路上有全新的调整。正如研究者所言，新型城镇化是我国城市化发展思路的一次重大战略性转换，也是适应我国经济社会发展现实需求的一种策略性调整。在新型城镇化的发展思路下，一改以往城市化"摊大饼"的重规模扩张而忽视规避大城市的弊端，转而形成了"关注人、重视人、发展人"的新型城镇化核心理念。"人"成为新型城镇化的中心，成为新型城镇化最为关注的内容。

城镇化进程是一个含义丰富、涉及广泛、内容多元的政治、经济、社会变迁过程。基于此，不同学科从不同视角对城镇化问题进行了解读与分析。从经济学视角看，城镇化突出的是经济过程的变迁，注重经济发展方式转变、城乡产业要素变迁等内容与过程，突出经济层面的因素与内容。人口学则关注人口的城市化，强调有多少人从"农村人口"转变为"城镇人口"，城镇人口在人口总体中的比重变化情况，关注人口迁移、聚居以及人口规模变化方面的要素及特征。社会学视角则突出农村意识、行为模式以及生活方式向城市化转变的过程，突出关注城市社会生活方式的产生、发展以及扩散，重在关注社会层面的变迁。文化学则强调城市文化对农村文化超越以及城市文化在社会变迁中的积极意义。[①] 而从教育学层面来看，我们可以从两个层面来理解这一问题：一是城镇化进程对当地教育形态、教育结构、教育文化、教育理念、教育方式的冲击与改变；二是教育对城镇化进程的能动作用，即教育在城镇化进程中的作用，既包括教育对城镇化进程中经济、社会以及文化等方面的影响，也包括了教育在"人"的城镇化过程中的促进意义。从这一视角来看新型城镇化进程中的农村职业教育办学模式改革的研究主要有几个方面的现实意义与价值。

第一，新型城镇化既是当前农村职业教育发展所面临的一种重大战略挑战，也是一个重要机遇。但是，从我们对现有的研究收集、整理与分析来看，目前国内从职业教育角度来观察与讨论新型城镇化的相关文献与资料仍然不足，理论分析与实践讨论的相关成果不够丰富，理论探索的深度与实践分析的广度有待进一步加强，领域的专深研究与跨学科研究有待进一步结合。因此，本研究从理论研究与实践分析相结合的角度，对新型城镇化发展进程中的农村职业教育及其办学模式进行分析与研究，将在这一领域形成相对较为集中的理论成果与实践经验总结，推动教育学视角的新

---

① 徐选国，杨君. 人本视角下的新型城镇化建设：本质、特征及其可能路径 [J]. 南京农业大学学报，2014（2）：17.

型城镇化研究与新型城镇化视角下的农村职业教育改革与发展研究，取得一系列有价值与有意义的研究成果。

第二，研究将为农村职业教育改革与发展提供参考性的思路。这一研究既有理论层面的思考，也有实践方面的深入而全面的探索。更重要的是，通过基于理论研究的政策分析，为农村职业教育改革发展提供理论指导与具体的发展策略引导。在新型城镇化背景下，农村职业教育发展面临着重大的契机，同时挑战也不容忽视。很多问题是以往所不曾存在的，如大量农村人口向城市的迁移，导致农村人口急剧减少，耕地抛荒，入学人口减少；由于城市化的拉动作用，优质教育资源向城市集中的趋势越来越明显，一些有条件、有能力的职业学校都从原有的办学地逐步往城市集中，这在我们的调研中非常常见，农村职业教育在这一过程中面临着新的发展机遇与发展条件，同时所面临的挑战也更为复杂。推动本项目的研究工作，将为新发展形势下农村职业教育改革与发展提供重要的思路与现实对策。

第三，研究将为农村职业教育办学模式改革与发展提供理论支持。办学模式改革作为当前农村职业教育发展过程中的一项核心任务，尤其是在重大的外部发展条件变迁与发展环境变化时，办学模式受到外部影响，进而发生相应的变革。在这种条件之下，本研究将为农村职业教育办学模式变革在理论上提供解释，在变革的理论基础、发展方向与变革条件等问题上形成有力的证据与支持。在理论的基础上，通过与实践案例的结合，形成农村职业教育办学模式改革的政策建议与对策。

第四节　研究的内容、结构及方法

本节主要涉及两个方面的内容，首先是对本书的研究框架结构进行简单说明，讨论本书的研究思路与研究过程，并对本书的结构内容进行全方位的呈现。其次对本书的研究方法进行说明与分析。本书是一项综合性研究，涉及多方面的内容，有理论分析，有历史呈现，也有案例分析与讨论，因此，在研究方法上也是多样的，既有文献研究法，也有通过实地调研、深度访谈以及参与观察法，在不同的研究情境中采用了不同的研究方法与思路。

一、研究的内容与结构

基于本研究涉及的主题，从研究问题上来说，主要包括以下几个方面：

第一部分，从理论角度厘清农村职业教育办学模式及其改革的相关论题，重点解释农村职业教育办学模式存在形态的相关理论因素与现实特征，并解释职业教育办学模式历史变迁的影响因素与建构方式，由此进一步探索与分析职业教育办学模式的历史逻辑、理论路径与制度基础。

在这一部分中，本研究首先对我国新型城镇化的发展历程进行了回顾，从经济社会发展各个方面理清了新型城镇化发展背景，分析与描述了当前新型城镇化的现状，并通过详细而系统的资料梳理分析我国新型城镇化进程的特征与存在的问题，将本项目的总体研究背景系统呈现。

其次，本研究对职业教育办学模式这一核心内容从历史角度进行了回顾。在办学模式这一问题上，本研究认为，生产方式是影响办学模式变迁的根本性因素，各个时期的主流生产方式不同，进而带来职业教育办学模式的差异。生产方式是社会各产业系统内部结构与运行机制的总称，是社会存在的基础，它从根本上和总体上决定着社会性质和面貌。"每一历史时代主要的经济生产方式和交换方式以及必须由此产生的社会结构，是该时代政治的和精神的历史所依赖确立的基础，并且只有从这一基础出发，这一历史才能得到说明。"① 生产方式对应着一定发达程度的生产技术，生产技术变迁一方面提供了技能附加值，同时也增加了生产中的技能密度。② 职业教育发展总是与一定时期的经济社会发展状况相适应的，而办学模式则是一定时期职业教育办学主体、投资主体、办学内容以及办学方式形成的相对固定结构形态。生产方式发展必然要求职业教育进行相应的变革，进而导致职业教育办学模式变迁。因此，课题将经济社会与对应的职业教育办学模式进行了粗略分期，即手工业时代生产方式与传统学徒制模式、前期工业经济时代的生产方式与职业教育学校办学模式初步发展、发达工业经济时代的生产方式与学校职业教育办学模式高度发展以及知识经济时代

① ［德］马克思，恩格斯. 共产党宣言［A］. 马克思恩格斯选集：第1卷［M］. 北京：人民出版社，1995：257.

② Gottschalk Peter, Timothy M. Smeeding. Cross-National Comparisons of Earnings and Income Inequality［J］. Journal of Economic Literature XXV, 1997：622.

的工业生产方式与多形态职业教育办学模式共存。通过梳理,我们将从中初步发现经济社会发展与职业教育办学模式变迁之间的基本规律与主要特征。

历史视野下的农村职业教育办学模式梳理还有另一个重要的视角与方法就是对我国现代农村职业教育的发展进程以及办学模式变迁特征进行全面深入的分析。在分析我国农村职业教育办学模式变迁进程时,我们试图引入"国家技能形成体系"这一重要的理论视角。从表象变迁上看,乡村教育实验模式、农村职业学校模式、"三教统筹"与"农科教结合"模式、县级职教中心模式以及城乡一体化办学模式是随着时间的推移不断创新。实质上,其路径依赖与国家技能形成体系息息相关。20世纪二三十年代,旧中国深处于内忧外患之中,虽知社会贫困,却无暇顾及。以育兴国、以育脱贫的任务落在了社会力量的肩上,为解决乡村贫困这一大问题,乡村教育实验模式由此提出并实施。新中国成立后,中央集权的国家结构形式决定了国家层面统合的产业关系系统,国家技能形成体系由此开启了漫长的探索之路。改革开放前,新中国尚处于襁褓之中,国内各项事业百废俱兴。基于集中化的政治经济制度、单位制、不均衡的产业结构和社会发展现状的背景,此时的农村职业教育办学模式只在各阶段的政策文件中有所表述,尚未成形。"文化大革命"结束后,农村职业教育一朝之间又似乎回到解放前夕,原有的办学模式与技能形成过程相脱节。为摆脱现状,河北省三县和湖南省怀化市争当"吃螃蟹"的第一人,各自结合当地特色,分别采取了"三教统筹"和"农科教结合"的办学模式。在考察两地办学的成功经验后,"三教统筹"和"农科教结合"在全国范围内实施。伴随着工业化进程的大力推进,局限于农村地区的职业教育办学模式痼疾甚多,且内容略显单一和分散,不利于国家技能形成体系的全面构建。为克服农村教育自身的弊端,县级职教中心办学模式和职业教育城乡一体化办学模式逐步形成。一方面,从地域上强调以县域为农村职业教育办学的中心;另一方面,从内容上主张城乡教育目的、形式、资源等方面一体化的办学模式。本章结合历史视角和国家技能形成体系视角,阐述了在技能形成体系的构建过程中农村职业教育办学模式的变化。由此可见,技能形成过程决定了办学模式,办学模式反映了技能形成方式,因而办学模式在国家技能形成体系中的意义不言而喻。

再次，为了更进一步突出职业教育办学模式与经济社会之间的强互动关系，课题引入了新经济社会学的"嵌入理论"，试图以此理论视角解释与分析农村职业教育办学模式与经济社会之间的关系。从字面意义上看，"嵌入"是指一个事物内生于或者恰当地植入于其他事物的一种现象，从一定意义上说，"嵌入"既表明了两种事物之间的联系，又清晰地说明了二者之间联系的密切程度。"嵌入"这一概念由卡尔·波兰尼首先提出，经由格兰诺维特的重新表述，从而发展成为新经济社会学的纲领性术语，影响广泛而深远。① 他在《作为制度过程的经济》一文指出，经济过程的制度化与一个社会的联合与稳定的过程紧密相连，人们的经济行为高度依赖非经济的结构与制度，将非经济的制度包容在内是极其重要的。在这样一种相互关联的过程中，人类的经济活动被制度化。② 而格兰诺维特以社会网络为分析工具，讨论经济行为是嵌入于社会网络之中的，进而说明经济行动与社会结构的密切关系，因此，嵌入是指经济活动在持续的社会关系模式中的情景。③ 在《经济生活的社会学》一书中，格兰诺维特将嵌入分为"关系嵌入"和"结构嵌入"，"关系嵌入"指单个主体的行动嵌入于他们直接互动的关系网络中，并受到其他成员的影响；"结构嵌入"认为行动者所嵌入的社会网络同时嵌入于政治制度、文化传统、价值规范等结构之中。④ 从"嵌入性"的理论视角来观察农村职业教育办学模式，不难发现，在特定的社会结构和经济社会情境当中，职业教育办学模式将如何在具体的情境中得到建构，办学模式的各种要素是如何互动与相互影响的。作为一项具体的制度性建构，农村职业教育办学模式的萌生、发展与成熟，是在一系列的关系网络和影响因素共同作用之下进行的。作为关涉经济、社会诸因素的办学模式，必定涉及多个方面的行动者的参与。因此，农村职业教育办学模式是"嵌入"在农村经济社会的整体环境中，与政治、经济、社会等诸多因素之间互动、影响并互为依赖，体现了经济社会的发展需求。

---

① 符平. "嵌入性"：两种取向及其分歧 [J]. 社会学研究，2009（5）：156.

② Karl Polanyi, etc. Trade and Market in the Early Empires [M]. Chicago：Henry Regnery, 1971：243.

③ Granovetter M. Economic Action and Social Structure：The Problem of Embeddedness [J]. American Journal of Sociology, 1985,（91）.

④ Granovetter M. Problems of Explanation in Economic Sociology [A]. N. Nohria & G. Eccles. Networks and Organizations：Structure, Form and Action [C]. Boston：Harvard Business School Press, 1992.

　　第二，基于多案例的现实考察，分析并解释在新型城镇化、信息化大时代背景之下，我国所涌现的各类农村职业教育办学模式的改革与探索。如信息技术作为一种根本性革命力量对农村职业教育办学模式改革所产生的颠覆性影响以及对办学模式的重构。信息技术在经济社会以及生活的各个领域都形成了前所未有的影响，而教育领域被认为是影响最小、最为滞后的领域，因此，在各类依托信息技术而发展起来的教育形式，如MOOC、微课、翻转课堂等新形式的出现，对教育内容与教育模式都产生了深刻影响。而在职业教育中，类似影响也在不断渗透，并呈现出一些新的特征。因此，对职业教育中利用信息技术探索教育教学以及管理的创新显得尤其有意义。湖南省所建设的"职教新干线"网络云平台探索了将优质职业教育资源输送到农村的方式与途径，在"职教新干线"总平台上，湖南省职业教育搭建了"专递课堂"和"名师课堂"两大空间，将区域内优质教育资源通过"网络专递"的方式送到农村地区。其中"专递课堂"是由省教育行政管理部门通过招标的方式，根据专业对口与资源优质的原则，由中标的高职院校和中职学校专门针对贫困地区农村职业学校的专业发展需要而开发。在本课题研究中，我们将信息技术视为职业教育发展与办学模式变革的结构性力量。因此，我们想要讨论清晰的是，信息技术是如何介入职业教育，并且是如何从办学模式层面改变职业教育的形态的？信息技术与职业教育之间是如何互动、互构的？这是在新的经济社会条件下职业教育发展面临的新问题，也是观察技术与教育的一个理想的视角。

　　又如，当前我国已经进入全面建设小康社会的新时期，但农村贫困问题一直是困扰我国经济社会发展整体水平的"短板"。推进农村扶贫开发工作，尤其是连片特困地区的扶贫工作是我国近年来的重点工作之一。2015年，我国发布《中共中央、国务院关于打赢脱贫攻坚战的决定》，全面部署实施"精准扶贫"战略，目标鲜明地提出要通过精准扶贫，全方位解决农村贫困问题。随着"十三五"规划的推进，"精准扶贫"由宏观战略逐步转换为具体微观扶贫行动。在这一过程中，政府主导的精准扶贫战略如何对接农村发展的现实需求，如何将政府项目转变为本地的发展动力，如何将外来帮扶转化为自身动力，提高农村地区的自我发展能力，回答这些问题是精准扶贫工作的重要基础，同时更是农村贫困地区实现可持续的重要前提。

在以往的扶贫行动中，一个最为常见的现象就是"返贫率"畸高，这也是一个世界性难题。以我国西部地区为例，相关研究显示，西部的部分地区在完成多轮扶贫工作之后，贫困人口返贫现象依然比较严重，返贫率高，平均返贫率在15%～25%之间，个别地方甚至高达30%～50%，部分地区甚至出现了返贫人口超过脱贫人口的现象。这些现象说明了扶贫工作之难，贫困地区自我发展能力培养之不足。"返贫率"畸高会导致政府扶贫资金利用效率低下，还会影响民众脱贫信心，同时也影响扶贫项目的形象。[①] 对于贫困地区而言，"经济穷"是现象，原因是多方面的，既有资源匮乏、居住环境落后、交通不畅、环境恶劣等，也有分配不均、制度不健全、基础设施不足和信息不对称等问题。在这些因素的共同作用下，使得我国部分农村地区的贫困问题变得复杂而深重。"扶贫"成为我国近年来的战略重点，中央出台了多项相关政策与文件，尤其是"精准扶贫"的提出和"扶贫先扶志、扶贫先扶智"思路的确定，为贫困农村地区扶贫与发展明确了新思路，将有力改变以往扶贫工程中返贫率畸高的状况。在这一思路之下，具体如何将扶贫行动变成农村自身的发展行动，形成农村自我建设能力和可持续发展能力，是"精准扶贫"的核心与关键。无论是从哪一个层面来说，"人"的因素是第一位的。因此，"坚持群众主体、激发内生动力"，通过加大贫困农村地区人力资源开发，把"人"进行最大程度的激发，才可能从根本上解决贫困地区的发展问题，从根本上脱贫。因此，在"精准扶贫"政策环境与发展条件下，发展与此相适应的农村职业教育，推动农村职业教育办学模式与内容改革，提高职业教育服务精准扶贫发展战略的水平，是农村职业教育发展的重要契机。但是，与此同时，农村职业教育也要顺应这一发展需求，在办学模式上进行相应改革。通过精准扶贫对农村地区人力资源发展需求的分析与讨论，确定了"定向农村职业教育办学模式"的基本发展思路，并形成了"脱贫能力为核心、可持续发展能力为导向"的定向农村职教总体培养目标，基于区域"精准扶贫"战略布局构建定向农村职业教育分类发展体系，构建"实践为主、技能为重"的定向农村职业教育教学方式，建立"多方合作"定向农村职业教育管理与培养模式，形成"弹性自主、灵活多样"的多途径培养手段。

①　西北大学中国西部经济发展研究中心. 中国西部发展报告（2012）［M］. 北京：社会科学文献出版社，2013：25.

　　同时，为了有效改变当前农村职业教育发展滞后、不能适应精准扶贫人力资源开发的能力需求的状况，因此，本课题通过某县职业教育发展的专题研究分析"资本与能力双重缺失条件下"农村职业学校的发展路径选择。在该研究中，通过以 H 省贫困地区某农村职业学校的发展过程为个案，基于当前反贫困国家战略下强化贫困地区人力资本投资的基本策略与农村职业教育发展面临的"资本与能力双重缺失"现实状况，分析农村职业学校发展的路径选择。学校在"嵌入发展"的人力资本投资能力建设与通过"对口帮扶"实现社会资源汲取的双重作用下，不断积聚自身发展所需的各类资本，进入可持续发展阶段。在不同的经济社会条件和政策环境中，农村职业教育发展存在不同的资源汲取渠道与方式，学校要通过对关键资源的精准识别，立足于自身能力建设，选择合适的发展路径。从办学模式的角度来看，这是农村职业教育办学模式的一种有价值的探索与实践，即"对口帮扶"的农村职业教育发展与办学路径。

　　再如，在新型城镇化快速推进的过程中，我国将出现大批新型城镇。与传统的小城镇不同的是，新型城镇具备一些核心特点，从内涵上来说，新型城镇与工业化、信息化、农业现代化协调互动，强调人口、经济、资源和环境之间的协调发展，区域经济发展和产业布局密切衔接，农业转移人口的有序市民化和公共服务的均等化，并最终实现人的全面发展，总体特征是包容、和谐。[①] 从这一意义上说，新型城镇在产业布局与结构、劳动力分布与城镇居民的生活、居民的个人发展与城镇的总体进步等方面都呈现了与传统城镇不一样的特征。因此，正如前所述，新型城镇将引发形成新的社会结构。大量新型城镇居民的涌现，是伴随着大量农民消失的。有学者通过分析第六次人口普查数据后发现，农民群体 2010 年占比 46.49%，10 年间（2000—2010 年）减少了 16.71%，这一减少正是我国在快速推进新型城镇化进程中发生的，并将持续减少。在大量新型农民转化为新型城镇居民的过程中，社会结构随之发生变迁。随着社会结构变迁，与之相应的社会结构要件也将发生深刻变化。以教育结构为例，发展新型城镇必然伴随新的人口涌入，同时激发新的教育需求与教育形式。从人口结构与社会结构分析不难发现，大量新型城镇居民的出现，伴随着对新型城镇所承

---

① 张占斌. 新型城镇化的战略意义和改革难题 [J]. 国家行政学院学报, 2013 (1)：48.

载的产业布局的适应，城镇居民存在旺盛的现代产业技能培训需求。同时，为了适应现代城市化生活以及人的现代化的发展要求，新型城镇居民应通过在不断接受教育的过程中完成自身的现代化过程。从这两个方面的发展特点分析发现，原有城镇的教育布局与教育内容已经不能适应新型城镇化进程中所不断产生的新的教育需求，因此必然要通过教育机构、教育规模、教育质量、教育模式与教育内容的改革来适应这一需求。一方面，基础教育可能要扩大容量，提高质量；另一方面，职业教育则需要在原有的基础上实施以下改革任务：一是职业教育机构创新，必须要有新型的职业教育机构来满足新型城镇化背景下的教育新需求，原有的职业教育机构已经难以承担新形势下所出现的发展新需求。二是职业教育内容改革，即适应新型城镇化背景下城镇居民的发展需求而产生新的职业教育办学内容需求，如适应城镇新型产业发展的职业技能需求，适应新型城镇周边地区农业现代化的农业技能培训需求，适应城镇居民终身学习的需求，为民众提供诸如法律、休闲、兴趣等方面的培训内容。因此，本研究中提出了为适应新型城镇大量涌现而产生的职业教育与培训需求，有必要依托原有的相关资源，创设新型的教育机构。我们认为，依托新型城镇而设立的"新城镇社区学院"将能有力地承担上述任务，通过为其设计相应的承载功能，形成一类服务新型城镇的教育机构。新城镇社区学院的主要教育功能为社区教育，面向城镇居民而设立，教育内容涵盖新型城镇发展过程中可能产生的教育需求。本研究将深入分析新城镇社区学院的产生动因、结构特征、功能设计以及制度保障等。

二、研究的思路与方法

社会科学的目的就在于对世界做出描述性和因果性的探索，[①] 而研究的思路与方法是决定这一探索本身的深度与高度的重要条件。选择什么样的研究方法，决定了研究的路径与方案。从研究思路中，则看出课题研究的逻辑进路与问题讨论所遵循的基本路径；从研究特征来看，科学研究有三个重要的层面：理论（theory）、资料收集（data collection）和资料分析（data analysis）。科学理论处理的是科学的逻辑层面；资料收集处理的是观

---

① ［美］加里·金，等. 社会科学中的研究设计［M］. 上海：上海人民出版社，2014：5.

察的层面；而资料分析则是比较逻辑预期和实际观察，寻找可能的模式。①在本部分，作者将对本研究的资料与案例收集、整理以及分析的主要过程与方法进行呈现，与此并行的是，本部分也反思了目前职业教育研究中的方法论问题与具体研究方法的应用问题。

"对方法论的追求，反映了一个不成熟学科的发育性痛苦。"② 近年来，职业教育中对于研究方法的应用逐步开始呈现一些新的倾向，出现一些新的现象。一方面，囿于学科发展水平的原因，职业教育在研究方法上一直饱受诟病，这也是国内这一领域长期难见高水平研究的重要原因。大量低水平的重复研究中，最为明显的就是没有方法意识，造成这一状况的根本原因是研究方法能力的不足，缺乏最基本的科研方法训练，基本的研究路径与方法不明确。在大量的研究成果中，我们只看到观点，却没有推论与分析，只看到结论，却看不到材料与支持，既不是思辨研究，也谈不上是质性研究。从某种意义上说，只是作者基于自身经验的一种总结和体会。但是，我们发现这种状况在逐步得到改善，量化的实证研究在不断涌现，基于证据的研究成果也越来越多，研究产出总体水平有了一定的提高。另一方面，值得关注的是，大量其他学科的学者与研究人员不断进入职业教育研究领域，为这一学科的研究注入了新的研究活力。从社会科学研究发展的基本过程来看，由"单学科"研究发展到"多学科"研究，再到当前所大力推行的"跨学科"研究，其中隐含了社会科学研究发展的一般规律：学科不断细化，研究对象越来越局部化；研究范围越来越小，与对象整体性的反差也就越来越大，"精细化"的单学科研究将不可避免地导致舍弃整体而只顾局部的状况。③ 跨学科的研究既突破了学科研究中在知识上的局限性，也因为有多学科的研究人员共同参与，进而形成了多学科知识背景的冲突与融合，将在知识创新产生很多意外的收获。这在近年来所出现的部分社会学和经济学研究者所推出的部分研究中得到较好的印证。

研究方法应该取决于研究问题，研究方法本身并不能使研究科学化，④但是研究方法却也决定了研究的科学水平。因此，本研究试图在尊重职业

---

① ［美］艾尔·巴比. 社会研究方法（第十版）［M］. 北京：华夏出版社，2005：12.

② 王建华. 社会科学方法论与高等教育研究［J］. 高等教育研究，2005（11）：60.

③ 顾海良. 斯诺命题与人文社会科学的跨学科研究［J］. 中国社会科学，2010（6）：15.

④ ［美］国家研究理事会. 教育的科学研究［M］. 北京：教育科学出版社，2000：中文版序言.

教育研究的一般规律的基础上，尽可能在研究方法上有所作为。同时，研究也尽可能地考虑研究者的研究资源与对研究问题本身的操控能力。

从研究方法本身而言，质性研究方法与量化研究方法仅仅只是研究思路上的差异。就像研究者所言，研究方法本身没有优劣之分，适合的研究方法是保证研究结论质量的关键。就质性研究方法本身而言，其方法论基础是建构主义，但对研究结果的真实性与客观性保持较高的关注。正如我们所了解的，量化研究方法是基于大样本的数据分析，比较适合测量稳定社会的理论模型和技术手段，而质性研究则重在对案例进行深度分析与描述，厘清现象，分析因果关系，基于逻辑推论，揭示复杂现象背后的决定机制。从方法论的特征上来说，质性研究方法更适合对具有多变性与缺乏共通性的现象与问题的探索。对于本课题的研究而言，农村职业教育办学模式在不同的历史情境和话语情境中都呈现明显较强的差异性特质，因此，本研究主要采用了质性研究方法，具体涉及文献法、历史比较分析法、个案分析法等。

（一）文献法

在本研究中，文献法的使用较为常见，主要采用了以下几种主要的形式：一是对农村职业教育办学模式相关的理论文献进行全面分析与整理，考察了"职业教育办学模式"这一主题在不同历史时期、不同经济社会与文化情境之下的特征，并对相关的理论论述进行系统评述。二是对当前我国各地农村职业教育办学模式的实践进行全面了解，将办学模式改革的相关文件、办学实践的典型经验材料进行整理与分析。在这一研究中，文献的收集既注重相关理论文献的整理与分析，又重视国家与地方相关政策文件材料的掌握，理清国家政策在农村职业教育办学模式这一问题上的思路与逻辑，还对各地在开展农村职业教育办学模式改革中的总结材料、媒体报道进行收集和整理。

（二）历史比较分析法

历史比较研究法主要指本书在历史研究部分，通过对我国近代以来农村职业教育办学模式存在的主要形式进行分析，总结相关的形式与经验，通过对不同阶段农村职业教育办学模式的对比研究，分析不同阶段农村职业教育办学模式的异同，对成因进行归纳，对办学模式发展过程中可能出现与形成的规律进行归结。历史比较研究的主要目标在于从办学模式的历史发展中探寻我国农村职业教育办学模式存在的问题根源，从历史比较的角度寻求办学模式存在的经验与教训，从历史出发，走向现实，走向问题，进而解决问题。

（三）个案分析法

在科学研究中，一个论点必须有逻辑（logic）和实证（empirical）两方面的支持：必须言之成理，符合人们对世界的观察。[①] 因此，一项理论研究的有关结论，应该得到实践经验的支持与验证。因此，为了形成对理论更合理的讨论，本书运用调查研究法选定个案进行了分析与讨论，对影响调查对象的因素进行全面分析。在个案遴选的过程中，注重个案的典型性，因为典型个案的代表性在信息量上有其他个案所不具备的优势，与此同时，也关注了个案本身可能带来的局限性。因此，在调研过程中，尽量做到不预设立场，不用现有的框架或者理论去附会实践，而是借用理论工具对现象和问题进行尝试性的合理解释。案例研究的主要目的在于通过对调研的描述与讨论，形成对办学模式改革的有关理论讨论和实践支持。

本研究中，由于研究论题的特殊性，根据重点，典型个案的选择有层次和类别的差异，多种个案在同一个大主题研究中出现。在社会学的"微型调查法"中，通过对一种类型归纳与分析，各类型案例的累积与组合，由局部逐步扩展为整体，每一个案例是一张拼图，共同拼成了新型城镇化的总体背景之下的农村职业教育办学模式改革的全景。

---

① ［美］艾尔·巴比. 社会研究方法（第十版）［M］. 北京：华夏出版社，2005：6.

第二章
文献综述

第一节　办学模式在国家教育政策中的出现与演变

"办学模式"一词在国家有关政策中的出现频率比较高。笔者从国家重要的教育政策或文件的梳理来看，主要在以下几个重要政策中涉及办学模式有关内容。

1980 年由国务院批转下发的《关于中等教育结构改革的报告》中虽未明确"办学模式"这一概念，但明确提出要"各行各业举办职业（技术）学校"等内容，从总体上看，其关于结构改革的内容，很多都是涉及办学模式改革的内容。

1998 年，当时国家教委、国家经贸委、劳动部等部门共同发布的《关于实施〈职业教育法〉加快发展职业教育的若干意见》在谈及高职教育时，提及要"利用现有资源，通过对现有高专、职业大学等，通过改革办学模式、调整专业方向……发展高职教育"。

1998 年《面向 21 世纪教育振兴行动计划》中提到，"公办学校办学体制改革，要在政府教育行政部门的指导下进行试点。基础教育阶段要与改造薄弱学校相结合，高等教育阶段主要以地方高校和成人高校为对象，探索多种形式的办学模式"。

1993 年 2 月，国家在阐述基础教育发展的战略和指导方针时，提出"普通高中的办学体制和办学模式要多样化"。但是这里并没有界定什么是办学模式。1993 年国务院发布的《〈中国教育改革和发展纲要〉实施意见》中多处使用了"办学模式"这一提法。在阐述深化教育改革的任务和政策措施中，有两处使用办学模式的提法。如"普通高等学校实行以政府办学为主，积极发展多种形式的联合办学。某些科类的高等学校可以试行以学生缴费和社会集资为主，国家财政补助为辅的办学模式"。"逐步改变高等学校条块分割、'小而全'的状况，优化高等教育的结构和布局，提高办学效益。中央各部门所属高等学校要扩大服务面和经费来源渠道，加强与地方政府、企业及社会各界的合作与联系，改变单一的办学模式和单一的经费来源状况，增强学校适应社会多方面需求的能力。"

1995年5月10日，时任国家教育委员会主任朱开轩在全国普通高中教育工作会议上的报告指出，为适应社会主义市场经济对多规格人才的需要，要逐步实行办学模式多样化，主要以四种办学模式进行规划和建设：一部分普通高中将办成以升学预备教育为主的学校；大部分普通高中将通过分流办成兼有升学预备教育和就业预备教育的学校；少部分普通高中将试办成以就业预备教育为主的学校；还可以举办少量特色普通高中或特色班，这有利于办好所有高中，大面积提高普通高中的质量。

2001年时任教育部长陈至立在《在教育工作会议上的讲话》中提到"教育部门和学校要改变传统的管理和办学模式，主动适应市场的要求，引入竞争机制，重视成本核算，提高办学效益"。

2002年，陈至立在全国职教会议的讲话中提到："职业教育的办学模式、课程设置、教学内容和教学方法，还不能很好地适应劳动力市场变化的需要"；"近几年来，一些地方的民办职业教育发展很快，这些民办职业学校紧贴社会和市场需要，灵活多样地开展办学，搞得红红火火，有声有色。要认真研究它们的办学模式和发展机制，在公办职业学校办学体制改革中，也可以借鉴和汲取这些有益经验"。

2002年，《国务院关于大力推进职业教育改革与发展的决定》中"坚持学历教育与职业培训并重，实行灵活的办学模式和学习制度"。

2002年，《教育部、国家经贸委和劳保部关于进一步发挥行业企业在职业教育和培训中作用的意见》中提到"要进一步落实行业、企业的办学自主权。行业、企业在国家法律和法规许可范围内，结合生产实际和发展需要，可以自主选择单独、联合、委托等办学方式，自主确定集团化、合作制、公有民办、民办等办学模式，自主推进学校内部管理和教育教学改革，自主决定学校的发展规模，自主决定学校的专业设置、教学重点和教学内容"。

2002 年教职成 13 号文件《关于进一步加强农村成人教育的若干意见》中提到"农村成人文化技术学校应积极推广'学校、公司（基地）+农户'等办学模式，把教育培训与开展多种经营结合起来，增强自我发展的能力"。

2003 年《国务院关于进一步加强农村教育工作的决定》中提到，"以就业为导向，大力发展农村职业教育。要实行多样、灵活、开放的办学模式，把教育教学与生产实践、社会服务、技术推广结合起来，加强实践教学和就业能力的培养"。

《2003—2007 教育振兴行动计划》中有一节专门讨论办学模式改革的问题，即"以就业为导向，大力推动职业教育转变办学模式"；"积极推进各级各类教育的体制改革和制度创新，凡符合国家有关法律法规的办学模式，均可大胆试验，使民办教育发展迈出更大的步伐"。

2003 年《教育部、财政部、劳动保障部关于开展东部对西部、城市对农村中等职业学校联合招生合作办学工作的意见》中提到，"要构建招生、培养、就业一体化的办学模式，设置专门机构专职开展招生、就业指导工作"。

2004 年《七部门关于进一步加强职业教育工作的若干意见》中提到："要积极推动职业教育和培训从计划培养向市场驱动转变，从政府直接管理向宏观引导转变，从专业学科本位向职业岗位和就业为本位转变。职业院校要坚持以服务为宗旨，以就业为导向，面向社会、面向市场办学，深化办学模式和人才培养模式改革，努力提高职业教育的质量和效益。"

2005 年《国务院关于大力发展职业教育的决定》中提出："要充分利用东部地区和城市优质职业教育资源和就业市场，进一步推进东西部之间、城乡之间职业院校的联合招生、合作办学，实行更加灵活的学制。有条件的地方职业学校可以采取分阶段、分地区的办学模式，学生前 1 至 2 年在西部地区和农村学习，其余时间在东部地区和城市学习。"

2005 年教育部关于加快发展中等职业教育的决定中提出"采取联合、连锁、集团化等办学模式，提高和增强中等职业学校的办学能力"。

2010 年发布的《国家中长期教育改革与发展规划纲要》中有 4 处提到办学模式改革问题，如"探索适应不同类型教育和人才成长的学校管理体制与办学模式，避免千校一面"；"扩大普通高中及中等职业学校在办学模式、育人方式、资源配置、人事管理、合作办学、社区服务等方面的自主权"；"加强基础教育课程教材建设；开展高中办学模式多样化试验，开发特色课程；探索弹性学制等培养方式"；"职业教育办学模式改革试点，以推进政府统筹、校企合作、集团化办学为重点，探索部门、行业、企业参与办学的机制，开展委托培养、定向培养、订单式培养试点，开展工学结合、弹性学制、模块化教学等试点，推进职业教育为'三农'服务、培养新型农民的试点"。

从我们对相关的国家政策文件看来，办学模式这一概念在近年来得到了更多的重视与加强，说明办学模式的问题在近年来逐渐成为制约我国各种类型办学质量与水平的重要因素，改革办学模式已经成为解决问题的重要突破口，而办学模式的内涵、特征也同样初步得到了认识。

第二节　办学模式的有关研究

以"办学模式"为主题的研究可谓是林林总总，内容繁多。但是，我们却难从现有的研究中得到关于办学模式这一概念的精确的概念界定和明确的内容分析；我们同样发现，有关办学模式的研究，内容五花八门。可能正是由于概念和内涵上的模糊，导致了研究内容上的泛化。

一、"办学模式"概念界定的研究

在《现代汉语大词典》中，"模式"的定义为："某种事物的标准形式或使人可以照着做的标准样式。"

对办学模式理解最为深入与透彻的是潘懋元与邬大光在讨论世纪之交中国高等教育办学模式变化与走向时的一些看法。他们认为，作为通常意义上的模式，大致包含两方面的内容：其一，存在的基础在于特点，与众不同的特点是这一模式区别于其他模式的标志；其二，特点在其发展过程中逐渐走向规范，同时，规范化的特点逐渐产生一种惰性，它总是竭力要保留其与众不同的方面，这就使得特点本身容易形成一种长期不变的习性，并在这些方面不断地强化。这种不断强化的过程一方面使得模式在某些方面走上偏执、极端、僵化的发展道路；另一方面也为模式提供了发生变化的条件和基础。

在此基础上，他们提出高等教育办学模式"在一定意义上说，是指在一定的历史条件下，以一定办学思想为指导，在办学实践中逐步形成的规范化的结构形态和运行机制。它是有关办学体制、投资体制、管理体制与高等学校之间形成的相对稳定的权力结构和关系。高等教育办学模式和一个国家的政治、经济、文化传统有直接的关系，体现着深刻的历史继承性"。我国高等教育办学模式的特点是比较典型的以国家为主体的办学模式，它是融投资者、办学者、管理者为一体的"集中模式"，国家或各级政府在其中起着决定性的作用。① 还有一些其他观点，如李玉民在《大学办学模式的基本理论》中谈到，大学办学模式研究的典型理论有国际迁移理论，规模、结构理论，社会职能理论三种；大学办学模式是由相互联系的各种因素按照一定的规律而构成的相互制约、相互影响、相互联系的诸因素的有机结合，构成一个完整的大学模式。包括：理论、目标、条件、程序、评价等要素，基本特征包括方向性、示范性、稳定性、实践性和可操作性。② 赵庆典认为，办学是一个人为的动态过程，是若干要素有机结合相互作用的一个系统运作过程；是一个系统工程，涉及举办、投资、管理、师资、教学、招生和学生管理多个方面，③ 是指举办、管理或经营学校的体制和机制的样式或范式，同时，他认为办学模式具备几个方面的特点：动态性和多维性同在、综合性与多样性并存、优化结构和适度规模相得益彰、追求办学质量、效益与特色的和谐统一等特点。④ 赵庆典还出版了题为《高等学校办学模式研究》（人民教育出版社，2005 年）的专著。

高等学校的办学模式是指在一定的经济社会环境中，为了一定的办学目标，在某种办学理念支配下经过选择、逐步形成的学校形态，包括办学目标、投资主体、举办方式、管理体制、教学体系和运行机制等等内容。⑤

董泽芳认为："高校办学模式是在一定社会历史条件制约与一定办学理

---

① 潘懋元，邬大光. 世纪之交中国高等教育办学模式的变化与走向 [J]. 教育研究，2001 (3)：7.

② 李玉民. 大学办学模式的基本理论 [J]. 教育发展研究，1995 (3)：11.

③ 赵庆典. 高等学校办学模式探论 [J]. 辽宁教育研究，2003 (9)：42.

④ 赵庆典. 论高等学校办学模式的发展与创新 [J]. 教育研究，2002 (3)：32.

⑤ 郭传杰. 高校办学模式改革需把握的四个要点 [J]. 中国高等教育，2011 (3/4)：5.

念支配下形成的，包括办学目标、投资方式、办学方式、教育结构、管理体制和运行机制在内的具有某些典型特征的理论模型或操作式样。"①

廖清林提出："要建立适应社会主义市场经济需要的高等教育办学模式，提出要大力发展民办高等教育（民办与公办并举）、吸收国外教育资源，开展国际合作办学（国际与国内并举）、积极稳妥地发展成人高等教育（普通高教与成人高教并举），并提出变封闭型办学模式为开放型办学模式。"②

二、关于"办学模式"内涵与外延的研究

潘懋元等人将理解和研究办学模式的逻辑起点分为两个维度：其一是从宏观的高等教育系统出发，探讨高等教育的办学体制、投资体制和管理体制；其二是从微观的某所高等学校出发，探讨其运行状态。③

也有人认为是涉及宏观、中观和微观三个层面。宏观意义上的办学模式，是一个国家或地区为适应其经济社会的现实条件与发展需求，根据兴办高等教育的总体思路和方针，确立的高教布局、体系结构、投资主体、管理体制和相关运作程序等；中观层面的办学模式，是指某个或某类大学在特定办学理念指导下的结构体系、外部社会连接、内部治理结构、运行规范等；微观层面的办学模式，是指一个学校办学者根据自己的办学目的、理念所选择的目标、战略、学科体系、院系结构、管理构架和运行机制等。④ 赵庆典持类似观点，但他认为我们所研究的办学模式一般应限定在中观层次比较合理，并对相关特点和模式选择与创新进行讨论。⑤ 这两项研究较有代表性，也在一定程度上能帮助澄清我们在论述办学模式时的混乱状况。

三、有关办学模式的几个重要内容的研究

研究者们在进行办学模式的研究过程中，对于到底什么才是办学模式

---

① 董泽芳. 现代高校办学模式的基本特征分析 [J]. 高等教育研究，2002（5）：62.
② 廖清林. 建立适应社会主义市场经济需要的高等教育办学模式 [J]. 高等教育研究，1993（4）：63.
③ 潘懋元，邬大光. 世纪之交中国高等教育办学模式的变化与走向 [J]. 教育研究，2001（3）：7.
④ 郭传杰. 高校办学模式改革需把握的四个要点 [J]. 中国高等教育，2011（3/4）：5.
⑤ 赵庆典. 论高等学校办学模式的发展与创新 [J]. 教育研究，2002（3）：42.

的研究内容，有不同的看法，这就直接体现在相关的研究中。通过对在各类期刊发表的论文和学位论文的浏览来看，对办学模式的研究主要集中在以下几个大类：

（一）从产权归属形式来研究办学模式的有关研究

这类研究主要是从学校的举办方是民营还是公立的角度来进行讨论的，关注的是改革开放以来，尤其是在教育的产业属性得到一定程度的确认的情况下，民营资本有限介入教育领域而引发的有关理论研究和讨论。且这类研究非常多，涵盖的面也比较广，证明产权归属形式的确是办学模式中的一个重要内容。有研究者提出我国要建立一主多元的高等教育办学模式，即"以国家、政府办学为主，以公立高校为主，多种形式的办学为辅，如民办民有、民有公助、公立高校整体转制、公立高校部分转制、公民联办、中外合作办学、股份合作制办学、国外（境外）团队、个人独资办学"。①

韩延明在《我国民办高等教育的新型办学模式》中就提出了一般模式的民办大学外，还要探索几种新型办学模式："国有、民办、公助大学""股份制民办高校""中外合资大学""附属型民办学院""外国独资大学"等。② 还有研究者，如吴绍芬③、陈厥祥④、明航⑤等研究者对民营教育的办学模式问题进行研究。将"民营"与"公立"两者作为地位对等的两种不同产权属性的办学模式进行研究，是办学模式研究的重要内容。关涉产权也是办学模式的重要内涵。还有人对美国营利性高校——凤凰大学的办学模式进行了研究。⑥ 有研究者总结新近出现的几种办学模式，并对其优缺点进行详细分析，即：公办民助、民办公助、股份制、股份合作制、民办学校等五种。⑦ 从五种办学模式的内容与特点来看，都是从产权的角度来进行界定的。

---

① 杨德广，张兴.建立一主多元的高等教育办学模式［J］.教育发展研究，2001（2）：19.
② 韩延明.我国民办高等教育的新型办学模式［J］.高等教育研究，1999（4）：23.
③ 吴绍芬.民办学校办学模式的思考［J］.温州大学学报，2004（1）：56.
④ 陈厥祥.万里模式：高等学校"国有民办"的全新组合［J］.黑龙江高教研究，2004（5）：22.
⑤ 明航.民办学校办学模式：产权配置与治理机制研究［M］.北京：教育科学出版社，2008：70.
⑥ 杨红霞.美国营利性高校［J］.教育科学，2006（3）：77.
⑦ 高峰，吕忠堂.五种新型办学模式利弊解析［J］.当代教育科学，2004（5）：20.

　　在这一研究领域有一个重要的研究主题就是针对"独立学院"的研究，一般研究者都认为这是我国高等教育发展起来的一种重要的办学模式，很多有影响的学者都对这个问题进行了研究和讨论，如冯向东①②、潘懋元③、周国宝④等人都关注了这一办学模式。对我们研究的启示就是：在办学模式的研究中，在各类型教育中出现的新的形式是研究的重点。办学模式有具体的表现形式，如"独立学院"则是高等教育办学模式的一种具体表现形式。因此，除了可以划分在以产权为区分度的办学模式研究中之外，我们也可以将其划分为某类特色的办学形式，这就如职业教育中对澳大利亚TAFE办学模式的研究、对法国高等教育中"大学校"办学模式⑤的研究是同一类型、同一概念的研究。

（二）从合作方式对办学模式进行的有关研究

　　这类研究在职业教育中偏多，研究成果质量参差不齐。从研究者的相关研究论述来看，这类研究主要关注各方之间的合作关系以及合作关系的稳定化与可持续发展。从合作的主体方来看，有校企合作、政校企合作、"五位一体"等多种形式。如曹勇安⑥、杜世禄⑦、袁洪志⑧、蔡泽寰⑨、丁金昌⑩等大量的研究者都比较鲜明地把上述"合作关系"的主题作为办学模式研究的重要内容。

　　国际合作同样成为办学模式研究的一个主题，如龚薇⑪、杨辉⑫等的研

---

① 冯向东．处在"十字路口"的独立学院［J］．高等教育研究，2011（6）：37.

② 冯向东．独立学院新一轮发展的制度支撑［J］．高等教育研究，2006（10）：58.

③ 潘懋元．独立学院的兴起及前景探析［J］．中国高等教育，2004（13/14）：30.

④ 周国宝．对独立学院办学模式的质疑及其辨析［J］．中国高教研究，2006（5）：47.

⑤ 陈维嘉，等．法国"大学校"办学模式及其启示［J］．中国高等教育，2010（24）：48.

⑥ 曹勇安．政校合作办学模式研究［J］．国家教育行政学院学报，2011（1）：11.

⑦ 杜世禄．金华职业技术学院"五位一体"办学模式［J］．高等教育研究，2005（12）：107.

⑧ 袁洪志．"工学交替责任分担"办学模式的改革与实践［J］．中国职业技术教育，2011（10）：46.

⑨ 蔡泽寰．高职教育办学模式的再思考［J］．中国高教研究，2007（3）：67.

⑩ 丁金昌．高职"校企合作、工学结合"办学模式的探索［J］．高等工程教育研究，2010（6）：116.

⑪ 龚薇，谭萍．论高等教育中外合作办学的困境及法治对策：以办学模式为视角［J］．吉首大学学报，2010（6）：165.

⑫ 杨辉．中外合作办学模式初探［J］．教育评论，2004（4）：5.

究。也有人对诺丁汉大学在宁波开设分校这种办学模式进行了研究（王福银①、华长慧等人②），这是一种较为特殊的高等教育国际合作形式。

此外，还有国内的跨区域合作办学模式，一般指的是不同地方，尤其是东西部高校之间合作办学的这一模式的有关研究，如谢肖力③、宋正富④等人的相关研究将这种方式的合作称为一种办学模式。

从上述的有关研究看，在办学中形成的各方合作这种形式，也成为研究者所谓办学模式研究的重要内容，值得我们在研究中关注。

（三）从运作模式对办学模式进行的有关研究

运作模式角度的办学模式研究是这一领域研究的深入。我们在高等教育研究与职业教育研究中都注意到有类似成果，如集团化办学模式这几年在职业教育办学中研究得较多，如匡瑛⑤、方华⑥、刘凤云⑦等人的相关研究成果；也有普通教育集团化办学模式的研究，如周彬⑧的相关研究。还有集团化办学具体案例的研究，如陈伟志等人对温州新纪元教育发展（集团）有限公司办学模式框架的研究⑨。

研究者称宁波市高校改革为"高等教育多元化办学模式"，研究中介绍了宁波市高校多元化办学的几种主要模式：高校合并、重组模式；集团化办学模式；名校办学模式。⑩ 事实上，第一种模式是否能称之为办学模式很有疑问，而后两者，分别在前面也有所介绍，名校办学模式其实就是"独立学院"模式（浙大宁波理工学院）。

---

① 王福银，张宝蓉．外国优质高等教育中国化的新探索——宁波诺丁汉大学办学模式解析 [J]．中国高等教育，2005（15/16）：35.
② 华长慧，等．努力打造中外合作大学的成功范例——宁波诺丁汉大学独特办学模式再探 [J]．中国高等教育，2010（23）：16.
③ 谢肖力．东西部高职院校"2+1"合作办学模式的探索与实践 [J]．中国大学教学，2010 (8)：84.
④ 宋正富．东西部高职院校合作办学的探索 [J]．中国高等教育，2009（8）：54.
⑤ 匡瑛．职业教育集团化办学模式的国际比较研究 [J]．外国教育研究，2008（6）：68.
⑥ 方华．职业教育集团化办学模式的实践与思考 [J]．教育发展研究，2006（3B）：53.
⑦ 刘凤云，高建宁．集团化办学——职业教育办学模式的战略选择 [J]．中国成人教育，2007（8）：93.
⑧ 周彬．"名校集团化"办学模式初探 [J]．教育发展研究，2005（8B）：82.
⑨ 陈伟志，郑璧如．集约办学，校企一体，优化规模效应 [J]．教育研究，1999（8）：41.
⑩ 胡坚达．高教多元化办学模式的探索 [J]．教育发展研究，2005（4）：92.

（四）从院校类型来研究办学模式

我们所划分的院校类型是指院校所属的专业或者行业性质，博士论文《高等体育院校办学特性和模式的研究》① 和《我国农业大学办学模式研究》② 即是典型。这两篇论文分别就行业性大学的发展进行了较为深入的讨论，如在《我国农业大学办学模式研究》中，对大学办学模式的内涵，办学模式的外部关系、内部关系，办学模式的流变、案例研究到最后的办学模式创新等内容进行了研究。此外还有徐和昆对农业高等职业院校农科教一体化办学模式进行的探索③和刘旭、白解红对我国教师教育转型期师范大学办学模式改革进行的讨论④。

（五）从一些办学现象来研究办学模式

将一些办学现象归之为办学模式是否合适，值得探讨。有一些研究，如唐安国、张云鹰等人对上海高校实行"宽进严出"的办学方式的研究，称之为"宽进严出"办学模式。⑤ 对二元结构的农村小学办学模式的研究同样值得注意，这指的是小学呈现一种二元结构的办学状态，村庄搭建平台，国家办教育。办学是政府的事情，又是村庄自治的公共事务，小学与村庄政治经济发生着复杂的互动；学校可能被村民用来表达自身的利益；经济环境的变化通过家庭（观念、支付能力）作用于学校。完整的学校教育同时受到国家正式制度和非正式的乡村结构的影响。⑥ 严格意义上来说，这是一项社会学研究，但是这一研究对我们考察办学模式中各种结构性的影响力量很有启发。

四、对职业教育办学模式的研究

通过对中国期刊网（CNKI）数据库以"职业教育""办学模式"为题名进行精确检索，发现从 2000 年至今发表论文分别为 22574 和 1055 篇，但

---

① 陈宁. 高等体育院校办学特性和模式的研究 [D]. 武汉：华中科技大学，2005：25.
② 沈振锋. 我国农业大学办学模式研究 [D]. 武汉：华中科技大学，2010：30.
③ 徐和昆. 农业高等职业院校农科教一体化办学模式的探索与实践 [J]. 高等教育研究，2010（12）：75.
④ 刘旭，白解红. 我国教师教育转型期师范大学办学模式改革略论 [J]. 教师教育研究，2006（3）：12.
⑤ 唐安国，张云鹰. 对上海高校实行"宽进严出"办学模式的探讨 [J]. 高等教育研究，1997（2）：38.
⑥ 马红光. 二元结构：农村小学的办学模式考察 [J]. 首都师范大学学报，2009（4）：56.

与本课题直接相关的"职业教育"+"办学模式"的成果较少；通过对中国国家数字图书馆进行著作检索，以"办学模式"为题名检索学术著作为31本，其中关于职业教育办学模式的著作较少（仅6本相关），而关于农村职业教育办学模式的研究更为不足，通过对 Google 学术进行搜索，只有一本专著与农村职业教育办学模式相关性较强（蒋作斌，《农村职业教育发展的理论与模式》，2001，湖南人民出版社），而研究论文也很少，以"农村职业教育办学模式"为题名查询共有不到10余篇论文，且没有重要刊物，说明这个领域还有待进一步研究。在农村职业教育模式方面，有一些涉及办学模式主题的研究，但少有直接针对"农村职业教育办学模式"的高水平研究论文。

陈旭峰对职业教育办学模式改革研究进行了较为全面的回顾与讨论，认为职业教育办学模式改革研究存在学科视角较为单一，没有很好地结合宏观与中观的视角，质性与量化研究的结合不足，从教师和学生的微观视角的研究很少，对于如何解决问题尚缺乏系统的理论探讨等问题。[①] 在职业教育办学模式研究上，研究者们提得最多的是"校企合作的办学模式""产学结合办学模式""工学结合办学模式""职教集团办学模式""中外合作办学模式"。我们从所见的值得关注的文献看来，主要集中在下面这些方面的内容。

钱民辉在其博士后出站报告中，将我国的农村职业教育总结为"层带模式""复合模式""传播模式""示范模式"[②]。杨喜全在《90年代农村职业中学的办学模式》中认为，当时我国农村职业中学教育是在以单纯追求产值增长速度为中心的农村经济模式下从普通教育结构中分化出来的，其形成是初级的、零散的、非网络的。组织结构上是普通中等教育管理模式，学生培养脱离农村社会实际需求，运行机制上系统内各要素间联系松散，整体不够优化，在基点较低的状态下没能以最佳的整体效应与当地经济结构相连。因此，他认为，农村职业中学办学模式必须适应现代农村社会整体运行方式和走向，具有主动影响农村社会的力量和学校自我完善的力量，学校办学需求主要不是以政府教育主管部门的计划为导向，而是以横向传来的关于生产实际、市场需求等方面的信息为导向的。在这个基础上，他

---

① 陈旭峰. 职业教育办学模式改革研究：回顾与展望 [J]. 现代教育管理，2011（2）：40.
② 钱民辉. 职业教育与社会发展研究 [M]. 哈尔滨：黑龙江教育出版社，1999：230.

认为农村职业中学办学模式在进入 90 年代后期将出现几个特点：系统化、规模化、灵活化、特色化与效益化。① 虽然本书没有对农村职业中学办学模式的核心问题进行深入探索，但是对部分问题，如选择办学模式的影响因素等问题的思考是有价值的。

江才妹对澳大利亚 TAFE 的研究中，认为 TAFE 是一种办学模式，她对 TAFE 模式在高等教育中的地位和特征、构建技术技能培养目标的课程设置方面的特点以及 TAFE 师资队伍、实训设备以及课程与教材建设方面的特色进行了介绍。②

宋全政认为，职业教育的办学模式是指根据办学主体、办学目标和学制形式等主要特征划分的关于职业教育最基本的运作方式。综观各种类型的职业教育，基本的办学模式可概括为以下四种：以学校为本位的模式、以企业为本位的模式、以社会为本位的模式、学校—企业综合模式。同时他对我国上世纪末时我国职业教育办学模式发展趋势进行了讨论，认为学校本位职教模式仍将在较长时期内占首要地位；"大职教"观念进一步扩展，不同层次职教的衔接更为紧密；办学模式综合化成为必然趋势；办学体制多元格局必将形成；建立与完善劳动力市场和职业教育参与劳动力市场越来越重要。③

唐林伟在《职业教育办学模式论纲》中提出，职业教育办学模式是为实现职业教育培养目标，在充分了解职业教育内涵特征、准确把握职业教育发展规律的基础上，在一定办学理念指导下，对职业教育实施机构的管理体制与运行机制所做的特色性、系统性归纳与设计。其特征表现在被决定性与决定性、多样性与统一性、发展性与稳定性的统一；其本质是合规律性与合目的性的统一；其变迁的基础是职业教育办学传统；其变迁的动力包括改进职业教育效能的需要、外部竞争压力的逼迫以及教育理念的变迁；其评价向度为：职业教育资源的利用率、职业教育目标的达成度以及对终极价值的关怀。④

吴建设等人提出地方高职院校"三层对接"办学模式："学校对接产业"

① 杨喜全. 90 年代农村职业中学的办学模式 [J]. 教育与职业，1993（12）：7.
② 江才妹. 澳大利亚 TAFE 办学模式初探 [J]. 全球教育展望，1999（6）：77.
③ 宋全政. 从职教模式的演化看我国职教发展走向 [J]. 教育研究，1998（7）：58.
④ 唐林伟. 职业教育办学模式论纲 [J]. 河北师范大学学报（教育科学版），2010（5）：99.

"专业对接行业企业""师生对接职业岗位"的办学模式,① 虽然从办学模式的角度和职业教育办学的本质来看,其逻辑存在一定的问题,但是不失为一种具体的探索,是校企合作、工学结合等内容的扩展与具体化,有一定的意义。陈添宏也将"校企合作、工学结合"作为中职教育的一种办学模式进行了研究。②

石伟平、徐国庆研究了城市中职办学模式的有关问题,他们认为,"长学制"这种中职办学模式导致了城市中职办学困难,因为这种办学模式不利于对劳务市场中的变化做出灵敏度反应,不利于学生的全面发展,不能适应现有经济及劳动者本人对文化基础知识的需求,不利于提高办学质量,不符合学生、家长的教育消费需求等。他们认为,发展"中学后培训"才是我国城市中职办学的主要模式,这一模式是指在完全高中文化程度上进行的灵活的短期的职业技术培训,在清晰界定相关概念后,两位研究者将其优势进行了深入全面的分析,并将从多个方面解决城市中职办学的困境。③ 但是令人遗憾的是这一优势独具的模式并未得到教育行政部门的充分重视,至今仍未发展起来,城市中职的发展困境也并未得到实质性的改善。

原国家教委高教研究中心主任王冀生认为在探索高职学院办学模式时应贯彻几个方针:"立足地方、办出特色、本科为主、综合发展。"应在明确高职定位的基础上,加大投资力度,办好示范性院校和示范性专业,坚持"三级办学、两级管理"的管理体制等,这样才能够探索适合高职教育发展的办学模式。④

黄鸿鸿对高等职业教育办学模式进行了国际比较研究,概述了各国高等职业教育在办学主体与经费来源、教育对象与招生制度、专业设置与课程教学体系等方面的基本情况与共同特征,并提出了几点对我国的启示。⑤

姚奇富等人提出的高职院校"总部—基地"办学模式也是一种合作型

① 吴建设,等. 地方高等职业院校的"三层对接"办学模式探究 [J]. 高等教育研究, 2010 (11):93.

② 陈添宏. 校企合作工学结合——中等职业教育办学模式的探索 [J]. 教育导刊, 2007 (7):46.

③ 石伟平,徐国庆. 对我国城市中职办学模式的反思与探索 [J]. 教育研究, 2000 (12):35.

④ 王冀生. 积极探索高等职业技术教育的科学定位和办学模式 [J]. 高教探索, 2002 (2):26.

⑤ 黄鸿鸿. 高等职业教育办学模式的国际比较 [J]. 职业技术教育, 2002 (19):11.

办学模式，① 从相关的内容看，这项研究是一个校企合作经验的总结。同样提出高职教育"总部—基地"办学模式的还有熊惠平，他以浙江工商职业技术学院的多年教育实践为例，总结了由高职教育发展战略与企业总部经济发展战略渗透而内生的、在企业的组织和产业的空间布局变化中发展的"总部—基地"办学模式，为高职教育的发展提供了新的机会和产业资源，通过引入总部经济新理念，模拟总部经济的管理模式与运行机制，探索了一种促进高职教育融入经济社会建设的新路径。② 这些都是具体到某一院校的办学模式。

有研究者对江苏省农村职业教育的四种办学模式进行了总结与介绍：中心辐射型、联合型、远程开放型、职（成）教集团型，并研究了其结构和保障条件。③ 张志增对县级职教中心办学模式进行了深入讨论，介绍了县级职教中心的创建背景，认为职教中心具有综合性、开放性、骨干性、企业性特征，县级职教中心的运行机制是政府统筹、部门联办和高效的行政管理。他从教育学的视角对县级职教中心的价值进行了讨论。④

有的研究者将农村职业教育办学模式总结为以下几种：校企联合、校乡联合、校县联合、校会联合、校站（所）联合、校校联合、中外联合等。⑤

俞仲文曾将高等职业教育办学模式归结为 8 个方面的特色：定位与培养目标、办学任务、专业与课程设置、养成教育模式、教学方式与过程、师资队伍、办学体制等。⑥ 祝士明认为，构建现代职业教育办学模式，主要包括"三位一体"的运行保障模式、"双师"和"双证"相结合的培养模式、灵活多样的学习模式、"订单培养"的就业模式、多种教育与培训形式并存的在职培训模式以及适应职业教育发展的管理模式。⑦

吴振荣在其硕士论文中研究了日本中等职业教育办学模式的问题，分办学主体、形式、经费和师资培养途径等进行了历史演变的回顾，并从这

① 姚奇富，林明．高职院校"总部—基地"办学模式探析 [J]．教育发展研究，2011 (1)：70.

② 熊惠平．高职教育"总部—基地"办学模式 [J]．教育研究，2011 (6)：110.

③ 陈震，张斌．江苏省农村职业教育四种办学模式 [J]．职业技术教育，2000 (21)：43.

④ 张志增．论县级职业技术教育中心的办学模式 [J]．教育研究，1994 (5)：21.

⑤ 谢祁，林慧．农村职业教育办学模式 [J]．成人教育，2006 (5)：64.

⑥ 俞仲文．浅谈高等职业教育办学模式的若干特征 [J]．中国高等教育，1996 (Z1)：72.

⑦ 祝士明．现代职业教育办学模式的构建 [J]．天津大学学报，2008 (6)：562.

四个主题对我国中职办学模式存在的问题与改进途径进行了讨论。①

联合国教科文组织（UNESCO）农村教育研究与培训中心的张英在一篇关于"UNESCO 国际职业技术教育项目研讨会"的综述中提到，在该次会议上，来自 11 个国家的代表认为，"农村地区的职业技术教育办学模式一定要把个人的和整个社区的需要作为一个整体加以考虑，吸引人们到大城市去接受传统模式的技术与职业教育和培训计划对有效地制止农村人口流入城市是不利的，也不利于加速农村地区的经济发展"。同时她将会议上提出的 22 条措施进行了逐条列举，并重点讨论了对我国县级职教中心的发展启示。②

田长娟在其硕士论文《我国农村职业教育办学模式研究》中，对农村职业教育办学模式相关理论、农村职教的办学模式分期、农村职教办学模式特点以及发展趋势进行了较为全面的研究。③

在上个世纪 90 年代，郝守本介绍了北京市农村职业教育的几种办学模式：辐射分校模式、选修专业课模式、结合乡村经济乡办职业学校模式、县办普通高中高三分流模式等。④ 贾建国提出了"农村职业教育集团化办学"的理念，认为集团化是农村职业教育发展的一条有价值的路径和方式；类似观点还有张胜军，他认为，农村职业教育集团化办学是以发展农村职业教育为重心，通过组建农村职业教育集团，整合有利于农村职业教育发展的各种资源，使农村职业教育实现规模化、连锁化、集约化发展。

部分硕士论文对职业教育或农村职业教育办学模式的这一主题进行了关注，如康红兵的《农村综合高中办学模式的探索》、马莉芳《对转型时期中专办学模式的思考》、丛培军《平度市职业教育中心"双元制"中等职业教育办学模式研究》、孙志河《新形势下县级职教中心办学模式的研究》⑤、饶坤罗《中外中等职业教育办学模式的比较研究》（提出"多维系统化办学模式"）⑥ 等，这些研究是对农村职业教育个案的办学方式进行的研究，从主要的研究内容来看，这些研究都是对个案办学的一种经验总结和提炼，

① 吴振荣．日本中等职业教育办学模式研究［D］．西安：陕西师范大学，2008：60.
② 张英．适应农村发展的职业教育与培训办学模式［J］．职业技术教育，1998（1）：11.
③ 田长娟．我国农村职业教育办学模式研究［D］．秦皇岛：河北科技师范学院，2010：48.
④ 郝守本．农村职业教育的办学模式要适应农村实际［J］．教育导刊，1992（3）：27.
⑤ 孙志河．新形势下县级职教中心办学模式的研究［D］．天津：天津大学，2003：45.
⑥ 饶坤罗．中外中等职业教育办学模式的比较研究［D］．杭州：浙江工业大学，2007：70.

对各种办学模式出现的背景、形式、内容、特点都进行了较为深入的讨论。

近年来重庆出现的"永川模式",即"城校互动模式",受到了较多的关注,这种职业教育办学模式被称为是中国职业教育的第四种模式。这一模式一经提出就形成了较大影响,部分学者也对此有论述,"城校互动"职业教育发展模式,是在推进城镇化和大城市建设过程中,结合区域经济和城市发展特点,确定的"城市(区域)发展以职业教育为特色,职业教育发展以城市(区域)为依托,校区建设与城市(区域)发展融为一体"的"城校互动、资源共享"的发展模式。永川模式突出了较强的"城乡统筹发展"的思想,如其"以区带区"模式(城校企三位一体乡村基地建设模式)是典型的城乡统筹发展模式。

对新形势下农村职业教育办学模式的新探索主要包括"职业教育城乡一体化发展"和"职业教育城乡统筹发展"等研究主题。如石伟平教授提出通过借鉴国际农村职业教育发展的经验,推动职业教育城乡统筹发展,提出了"职业培训城乡联动"的城乡职业教育一体化办学的新课题。[①] 在"城乡一体化"这个研究主题上,还有一些研究者的成果值得关注,如杨斌讨论了基于"圈层结构理论"的视角设计城乡职业教育一体化发展,提出了"中心发散型""区域集中型""点轴联系型"等三种新模式,并从政府、学校、企业和劳动力市场改革等方面提出了农村职业教育办学模式改革的建议。褚宏启从城乡教育一体化的总体角度提出要"推进城乡、区域合作,强化职业教育资源的统筹协调和综合利用,是重要的实践经验和政策导向",并对一体化的内涵进行了界定,认为城乡一体化的教育制度包括三个层次七种制度。[②] 此外,项继发在其题为《县域社区教育:城乡一体化背景下的农村职业教育》的硕士论文中,从城乡一体化的教育理念出发,提出了构建以县域社区教育为基本和重要形式的农村职业教育办学模式。[③]

在另一个主题"职业教育城乡统筹发展研究"上,也形成了部分研究成果,如雷世平认为要改变农村职业教育状况,必须城乡统筹发展职业教育,认为这种职业教育办学模式是一种新型的职业教育发展观、一项复杂

① 石伟平. 国际视野中的农村职教改革与发展 [J]. 教育发展研究, 2009 (5): 59.

② 褚宏启. 城乡教育一体化: 体系重构与制度创新 [J]. 教育研究, 2009 (11): 8.

③ 项继发. 县域社区教育: 城乡一体化背景下的农村职业教育 [D]. 杨凌: 西北农林科技大学, 2010: 67.

系统工程和改革的过程，要通过推进城乡统筹发展职业教育的制度安排、推进基础能力建设、建设公益体制和保障政策等。刘新智则基于城乡统筹发展的需求，设计了农村职业教育的多种模式，即：政府介入的多向联动模式、城乡互动的多级网络开放模式、核心外围的区域中心辐射模式、五教统筹多层次衔接模式等。虽然他谈的是农村职业教育的发展模式，但从具体内容来看，所涉及的几个概念都是关于办学模式的。张胜军认为，城乡统筹发展战略下，农村职业教育必定发生转型，因此，要以政府为第一投资主体，增强公共性；加强职业教育城乡统筹，建立城乡一体化的职业教育体系，这需要顶层设计、系统集成；同时以办学模式改革为切入点，推进农村职业教育集团化办学。

除了研究者的成果之外，国内还有部分省市实施职业教育统筹城乡的实践，如重庆的城乡职业教育统筹发展实践、成都城乡职业教育一体化发展实践等都为农村职业教育办学模式改革提供了较好的研究案例。

鞠传文对五国中等职业教育办学模式的比较研究，主要从办学主体、筹资渠道、办学形式、教育管理等几个方面的异同对办学模式进行研究。[①]齐兰芬总结了天津职业教育办学模式的历史，并对发展趋势进行了展望，内容主要集中在校企合作、工学结合的办学方式，坚持多元投资办学方式、集团化办学以及办学主体改革等方面。[②]

有研究者将个体院校办学经验总结为办学模式，如周建松从生态学的视阈对高职院校开放合作办学模式问题进行了讨论，认为高职办学的生态需要优化，因此该案例高校通过构建"行业、校友、集团共生态"的开放合作办学模式，重构了以资源为核心的自然环境，以制度为核心的社会环境，以文化为核心的价值环境，营造了良好的办学生态。[③] 说到底，他所谓的办学模式还是校企合作，只是掺杂了部分的新的元素。曹勇安则根据齐齐哈尔职业学院的特点，提出"政校合作"办学模式。有的研究者也试图总结院校办学模式，但是论文看下来，却看不到办学模式的界定和自身办学模式的内容与特点。

---

① 鞠传文．五国中等职业教育办学模式比较研究［J］．比较教育研究，2001（6）：27.
② 齐兰芬．天津职业教育办学模式的回眸与展望［J］．中国职业技术教育，2009（5）：9.
③ 周建松．生态学视阈下的高职院校开放合作办学模式构建［J］．高等教育研究，2009（12）：68.

第三节 国外关于职业教育办学模式 研究的简单回顾

国际上职业教育办学模式多样，典型模式如"双元制""新学徒制""现代学徒制"等，这些模式所包含的内涵有所重合。关于办学模式的研究文献非常丰富，我们通过"google 学术"中对相关主题的搜索，确定了部分引用率较高和新近发表的文献为主要综述内容。从相关文献的研究内容来看，研究者从职业教育办学模式的具体内容研究逐步转向职业教育办学模式的跨学科和跨主题研究，已有的相关文献沿着三条主线展开。第一条是各国职业教育典型办学模式的基本内容和基本特征的研究，这主要是早期的部分研究论文和目前各国的研究机构和国际组织所发布的研究报告，这些文献基本是在呈现一国职业教育的发展现状中，讨论该国办学模式的基本状况；第二条主线是职业教育办学模式中投资体制、管理体制和供给体制，主要是通过多个学科的角度，如经济学、社会学的角度来讨论职业教育办学模式中各个要素的内容、特征与问题；第三条主线是各国在形成各自独特办学模式的过程中的机制性条件与制度性要素。本书将从这三条主线的基本脉络出发，围绕国外关于职业教育办学模式研究的重要文献进行综述。

一、典型职业教育办学模式的内容和特征研究

从我们对职业教育办学模式的基本界定看，围绕职业教育典型办学模式的基本内容和特征研究非常多，如经合组织发表的报告认为世界职业教育主要可以划分为三种模式，即：学校模式（强调全日制学校教育一直到18 岁）、双元制（合作）模式（学徒制和继续教育体系发达的国家）、混合模式，或称之为"分散模式"（即两种模式兼而有之）①，时至今日这一划分仍然较为经典。以下我们分别综述各典型职业教育办学模式的内容和特征。

---

① Furth D. Education and Training After Basic Schooling ［M］. Paris：Organisation for Economic Co-operation and Development Publications and Information Center，1985：23.

（一）"双元制"模式的内容与特征

实施"双元制"职业教育的代表国家是德国。德国双元制的根本特征是将在职培训与公共学校结合起来，大公司一般都有公司内培训场地，而小企业则是几个企业共同享有一个集团培训中心，提供职业培训的企业所雇佣劳动力占德国劳动力总数的 70%。Christian Dustmann 等人认为双元制获得成功是因为其将在私人企业的在职培训与职业学校的正式的、国家提供的教育完善地结合……它结合了国家提供的、学术倾向明显的学校教学与在职培训，为年轻的受训者提供完成工作所需要的重要知识和专长。德国教育部发布的报告中将双元制的组成要素进行了概括，这一模式没有任何正式的准入要求，是一种工作与学习的结合，企业与学校有共同的教育责任，国家针对双元制出台框架性规定，在学校内容和要求上有明确的标准，其中心目标是提高就业率，是一种基于合作的职业教育办学模式。

（二）TAFE 模式的内容与特征

TAFE 是澳大利亚中学后教育的最大提供者。这一办学模式具备一系列特征：一是在澳大利亚广为分布，为民众提供相当广泛的各类课程，既有面向就业的职业教育与培训类课程，也有普通教育文化课程；二是接受TAFE 教育的方式多样，多数学生都是工余学习；与大学不同的第三个特点是，大多数 TAFE 机构都是由政府建立，且是政府部门的组成部分，作为一个教育机构的同时，TAFE 还要在公共管理机构的框架内运作。

（三）社区学院模式的内容与特征

Arthur M. Cohen 等人将社区学院定义为：任何地区性的有权颁发文学或理学副学士学位（且为其颁发的最高学位）的机构。这一定义包括综合性 2年学院和大量的技术学院，性质则包括公立与私立机构。Rosalind Latiner Raby 认为社区学院模式有 7 个重要特征：所有社区学院都是高中后和义务教育后教育；与传统高等教育体系并列；以非传统学生为教育对象；课程的长短不一；相对较低的地位和预算来自政府、大学学者和公众；重视课程教育，且课程变化相当之快。

其他办学模式，如合作教育模式，James R. Stone 认为由于学校无法为年轻人创造长期真实的岗位，因此，虽然学徒制的影响很大，但研究者还是认为其他连接学校与工作的办学模式，如城市中的学校与企业之间的合作教育是一种"连接学校与工作的重要策略"。学校让学生增进知识，同时在高效的工作场所理解职业生涯成功的必备条件，这也是其他社会部门为年轻人创造希望和信心的重要方式。① 学校本位的职业教育模式则是世界上许多国家，如中国、法国、巴西所实施的主要职业教育方式，这一模式的主要特征是学生的受教育时间多数是在学校。

二、职业教育办学模式中投资与收益的研究

职业教育办学模式中非常重要的是投资体制问题，即谁来付费的问题。Wolfgang Franz 等人研究表明，德国并没有强制性的企业参与双元制的规定，但是在"学徒培训费用低于同一技能需求外部雇工工资要求；公司对培训质量有完全知情权，且学徒不能对其他公司示好"的情况下，"以追求利润最大化"的企业能积极投资学徒制培训。② Adrian Ziderman 通过对世界上四十几个国家相关情况研究表明，"薪金总额征收（payroll levies）"（即征收职工薪水总额的1%作为职工培训基金）已成为世界上主要的职业技术培训的资金来源，同时也能在不占用公共资金的情况下鼓励企业参与培训。③ Indermit Singh Gill 等人研究认为，德国双元制有五个方面的特点：一是企业为职业培训付费，并控制培训内容，国家（纳税人）则为职业学校教育付费并控制教育内容；二是小企业一般不参与培训；三是学校本位职业教育的单位花费相当高，即使与大学教育比起来都是高的，而州和地方政府满足了学校本位职业教育花费的需求；四是工作本位的学习费用也相当高，而且不断增加；五是联邦政府和州政府及德国企业相互尊重各自的权责范围。④ Winkelmann 研究认为学徒的薪水只有少于 10 年工龄的非技术工人平均工资的32%，因此，有研究者推测，企业提供学徒制培训的净支出可能

① Stone James R L. Cooperative Vocational Education in the Urban School: Toward a Systems Approach [J]. Education and Urban Society, 1995, vol. 27. (3): 45.

② Franz W, Soskice D. The German Apprenticeship System [C]. Institutional Frameworks & Labor Market Performance: Comparative Views on the US & German. University of Konstanz, Center for International Labor Economics, 1994: 120.

③ Hansen R, Rojewski J W, Hollander A, etal. International Handbook of Education for the Changing World of Work [M]. Springer Netherlands, 2009: 135.

④ Indermit Singh Gill, Fred Fluitman E, Dar Amit E. Vocational Education and Training Reform: Matching Skills to Markets and Budgets [M]. London: Oxford University Press, 2000: 5.

为 0。但是 D. Harhoff 等人的研究表明，这种推测"仅仅部分正确"，对于小型的工艺公司来说情况可能是这样的，但对大型的工业企业来说，他们必须对学徒制进行持续的投资。①

职业教育办学模式下的培训回报问题也为研究者所关注。企业职工参与培训的动机关键在于职工参与学徒制培训之后的收益。Steven McIntosh 通过对英国学徒制项目的研究表明，男性能从学徒制培训中平均提升大约5%~7%的薪资水平，而女性获益不明显，进一步的分析发现年龄、所获资格证书、之前最高学历及产业部门都与之相关。②

从上述研究可以发现，研究者们对典型职业教育办学模式中的办学经费来源问题进行了探讨，最主要是关注了企业在职业教育办学中的投资问题，这也是目前我国职业教育办学中所亟待解决的经费来源问题，而关注投资回报与收益问题则是维持办学模式顺利运转的基本条件。

三、职业教育办学模式中企业与行业的作用与地位研究

Michael A. Burke 认为，校企之间加强合作是开发足够劳动力的根本途径，而所有成功的校企合作关系中的一个共同要素就是"成立咨询委员会"（advisory council）。③ Christian Dustmann（2006）等人研究表明，企业在学徒制框架内投资职工培训的动机在于两个方面，非对称信息和企业特定的人力资本需求。Barley 对早期的"School-to-work"项目研究发现，雇主参与这一项目的最重要原因是他们希望通过此举来提高社区的水平，他在调研中同样发现，"集体动机"（collective motivation）也有可能是雇主参与计划的因素④，而 Lynn 等人发现一般雇主参与工作本位学习计划则是社会公德心的一种表现，这一点与 Barley 在某种程度上达成了一致。在他所调研的企业中，近50%的企业都雇佣了学生工人作为常规雇员。美国教育与经济研

① Harhoff D, Kane T J. Is the German Apprenticeship System a Panacea for the U. S. Labor Market? [J]. Journal of Population Economics, 1997, vol. 10 (2): 140.

② Steven McIntosh. The Returns to Apprenticeship Training [J]. Journal of Education & Work, 2005, vol. 18 (3): 120.

③ Burke Michael A. School-Business Partnerships: Trojan Horse or Manna from Heaven? [J]. NASSP Bulletin, 1986, vol. 70 (493): 111.

④ Thomas R. Bailey. Learning to Work. Employer Involvement in School-to-Work Transition Programs. Employer Involvement in School-to- Work Transition Programs. Brookings Dialogues on Public Policy [M]. Washing-ton, DC: Brookings Institution, 1995: 140.

究院所主持的一项研究发现，雇主参与"School-to-work"项目的最常见动机是对短期低成本劳动力的需求，企业认识到学生劳动力比成人雇工便宜很多。Rainer Winkelmann 通过对德、美不同办学模式的比较后认为，德国学徒制为年轻人提供了相当多的企业本位的培训，而美国则少很多；由于一些使德国学徒制完善运转的机制性因素在美国环境中的缺失，导致了美国企业参与职业培训的动机不强。① Stephen Billett 通过讨论澳大利亚职业教育中企业的诉求后认为，企业在职业学校"教什么""怎么评价""如何教""职业教育管理"等问题上的要求越来越直接和尖锐，因此研究者提出要使职业教育成为"business's business"，成为一种各方的共同事业，② 这无疑是形成高水平校企合作的重要条件。

从上述研究看，行业企业在职业教育办学模式中的地位和作用是各国研究者共同关注的问题。如何在职业教育办学模式中形成一种关注各方的利益框架，社会、企业、个人都在这一框架中获得相应的利益，将企业的参与作用发挥到最大，这将是研究者们继续重点关注的问题。

四、职业教育办学模式发展的机制性条件和制度性要素研究

一种职业教育办学模式在一国是否能顺利地生存与发展，关键性因素是支持其发展的各外在条件，如相关制度、劳动力特征、文化因素等。关注这一问题的研究者也不在少数，较早者如 Cantor 在 OECD 的分类框架下，比较分析了德、日、英三国特征后认为办学模式深刻地反映了其所在社会的典型特征，政治体制、文化环境、教育体制都将影响职业教育办学模式的特征和其运行的效率。③

传统的工业化经济下技能培养政策倾向于市场模式或合作模式，在全球化和竞争不断加剧的形势下，对技术密集、高端技术的需求更为迫切，因此，固守"培训供给方为中心"的职业教育与培训模式已不合适。Buchanan 认为传统的社会合作型职业教育办学模式存在几个问题：一是在

---

① Rainer Winkelmann. How Young Workers Get Their Training: A Survey of Germany versus the United states [J]. Journal of Population Economics, 1997, vol. 10 (2): 160.

② Stephen Billett. From Your Business to Our Business: Industry and Vocational Education in Australia [J]. Oxford Review of Education, 2004, vol. 30 (1): 87.

③ Leonard Cantor. Vocational Education and Training in the Developed World [J]. Vocational Aspect of Education, 2007, vol. 43 (115): 153.

多数国家,如澳大利亚,政治条件很难有利于国家层面的三方协调。二是中央一级的国家层面的综合方式经常协调失败。因此,澳大利亚研究者提出"技术生态系统"模式,并在近年的法案中明确得到采纳,这是一种将各个利益相关方综合考虑、平衡利益的模式,避免了目前占主导地位的市场模式和社会共识模式(social consensus models)存在的各种问题。

Felix Rauner 等人通过欧洲四国的双元制体系的比较研究认为,瑞士模式最为接近双元培训体系的理想模式,其最大的优势在于,完善的国家层面职业教育与培训相关法律框架,为实现全面综合的职教治理体系奠定了基础,要充分发挥这一基础作用则需要国家机关的集中监督功能。

第四节 农村职业教育发展的相关研究

近年来,农村职业教育研究形成了大量卓有成效的研究成果,这些成果是我们研究农村职业教育办学模式改革的基础,需要全面而深入的关注。从大概主题上看,本研究主要将其分为以下几个大类:

一、农村职业教育政策研究

(一) 农村职业教育政策发展历程

李光寒[①]以农村职业教育政策内容为出发点,回顾了我国改革开放三十年以来农村职业教育政策,主要有办学形式与规模的政策、财政政策、师资培养政策以及劳动就业政策。

唐智彬[②]则根据不同的主题将改革开放以来农村职业教育政策分为以"农村教育"为主题的政策、以"教育"或"职业教育"为主题的政策、以"农村职业教育"为主题的政策三类,并指出这些政策是围绕三农问题、农民工问题以及城乡公平和城乡一体化建构的。

金兆怀等人[③]将农村职业教育政策分为 20 世纪 90 年代以前的萌芽阶

---

① 李光寒. 对改革开放三十年农村职业教育政策的回顾与思考 [J]. 教育与职业,2009 (5):6.

② 唐智彬. 改革开放以来我国农村职业教育政策议题 [J]. 职教论坛,2010 (22):42.

③ 于伟主编. 我国欠发达地区农村职业教育问题研究 [M]. 长春:东北师范大学出版社,2007:159.

段、20世纪90年代到21世纪初的发展阶段、21世纪以后的总结提高阶段，他们指出萌芽阶段的农村职业教育不受重视。

曲铁华等人①认为改革开放以来农村职业教育政策经历了恢复、推进、调整、创新的过程，主要受农村经济体制改革、教育政策价值理念变迁以及职业教育发展重心转变等因素的影响。

张琳琳②基于目标定位的视角，将农村职业教育政策发展历程分为仅以培养初中级农业技术人才为目标的阶段（1949—1977年）、以培养农村转移劳动力为目标的阶段（1978—2000年）和以培养新型农民和新市民为目标的阶段（2001年至今）。

（二）农村职业教育政策的发展趋势

众多学者对农村职业教育政策的发展历程进行了回顾，也有少数学者用发展的眼光对农村职业教育政策的发展趋势作了预测。

马建富③认为农村职业教育要与农村社会未来发展相适应，必须对教育资源、教育成本、资助体系、管理体制、办学体制、就业机制、法律法规等农村职业教育政策进行创新。

张祺午④指出十二五时期我国农村职业教育政策的发展趋势是以普及高中阶段教育为目标，以促进教育公平、社会公平为原则，以培养新型农民为抓手，以引领现代农业产业发展为主要内容。

二、农村职业教育发展历程研究

王怡⑤、刘巧利⑥、曲铁华等学者⑦研究了新中国成立以来农村职业教育的发展历程，但是他们对这一历史进程中农村职业教育发展阶段的划分是不一样的。王怡和曲铁华将农村职业教育发展历程分为三个阶段，分别

---

① 曲铁华，李楠. 改革开放以来我国农村职业教育政策影响因素及特征研究 ［J］. 河南师范大学学报（教育科学版），2014（1）：75.
② 张琳琳. 我国农村职业教育政策的演变——基于目标定位的视角 ［J］. 职教论坛，2016（22）：71.
③ 马建富. 我国农村职业教育发展政策的创新 ［J］. 教育与职业，2011（18）：8.
④ 张祺午. 我国农村职业教育政策走向研究 ［J］. 职业技术教育，2013（13）：72.
⑤ 王怡. 新中国农村职业教育发展研究 ［D］. 长春：东北师范大学，2010：20.
⑥ 刘巧利. 中国农村职业教育政策的变迁：办学方向的视角 ［J］. 教育学术月刊，2013（9）：45.
⑦ 曲铁华，王怡. 嬗变与思考：新中国60年农村职业教育回眸 ［J］. 河北师范大学学报（教育科学版），2011（7）：8.

是：为农业恢复和发展服务阶段（1949—1978 年）、为农村经济全面发展服务阶段（1978—2000 年）以及为培养新型农民服务阶段（2001—2009 年）。刘巧丽则将农村职业教育发展历程分为六个阶段，即农村职业教育自发阶段（1949—1956 年）、农村职业教育曲折发展阶段（1957—1965 年）、农村职业教育恢复发展阶段（1966—1976 年）、农村职业教育改革阶段（1978—1990 年）、农村职业教育创新发展阶段（1990—2000 年）、农村职业教育加快发展阶段（2001 年至今）。

王霞[1]、柳劲松[2]、杨世君等[3]学者将改革开放 20 多年来的农村职业教育发展历程分为初步发展阶段（1978—1987 年）、迅猛发展阶段（1988—1993 年）、滑坡阶段（1993—1999 年）和两极分化阶段（1999 年至今），通过对四个发展阶段的研究与分析，总结出农村职业教育改革与发展的成就和不足之处，为农村职业教育实践提供有效的借鉴。

曹茂甲[4]从农村职业学校的发展历程来研究农村职业教育的发展，他将农村职业学校的发展分为起步发展阶段（1949—1965 年）、恢复发展阶段（1980—1984 年）、持续快速发展阶段（1985—1992 年）、结构调整阶段（1993—1998 年）、全面改革发展阶段（1999—2009 年）。在此基础上，从办学规模、办学形式、办学主体等方面总结出农村职业教育的发展规律。

三、不同背景下的农村职业教育发展研究

（一）新时期

邹宽生[5]、刘建平[6]、刘洪银[7]、安冬平、张军[8]、黄志云、谢革新[9]等

① 王霞. 我国新时期农村职业教育的发展历程、现存问题及对策研究 [D]. 重庆：西南大学，2003：7.
② 柳劲松. 回顾与展望：中国农村职业教育研究态势与实践探索 [M]. 广州：世界图书出版社，2013：90.
③ 杨世君，王继华. 发展农村职业教育与解决"三农"问题的研究 [M]. 哈尔滨：黑龙江人民出版社，2009：70.
④ 曹茂甲. 职业教育六十年：农村职业学校的发展历程 [J]. 职教通讯，2011（3）：29.
⑤ 邹宽生. 新时期农村职业教育的改革与发展对策 [J]. 成人教育，2005（6）：59.
⑥ 刘建平. 新时期农村职业教育发展探析 [J]. 继续教育研究，2008（9）：29.
⑦ 刘洪银. 新时期我国农村职业教育发展模式创新 [J]. 职业技术教育，2011（4）：64.
⑧ 安冬平，张军. 新时期我国农村职业教育存在的问题及对策 [J]. 安徽农业科学，2011（15）：632－635.
⑨ 黄志云，谢革新. 新时期农村职业教育发展的困境与对策 [J]. 教育学术月刊，2012（9）：73.

学者对新时期农村职业教育发展的研究主要围绕农村职业教育存在的问题、如何解决这些问题而展开，经概括总结，主要包括以下几个方面：

第一，政府对农村职业教育的财政投入不足，导致农村职业教育办学经费短缺，教育资源严重匮乏。这就要求政府加大经费投入力度，拓宽多元主体投资渠道，还要调整农村职业教育结构布局，合理配置教育资源，构建实力雄厚的农村职业教育。

第二，师资队伍建设落后，教育教学质量差。因此，要加强"双师型"师资队伍建设，形成一支集专业理论知识与专业实践技能、教育理论知识与教育技能于一体的农村职业教育师资队伍，提高农村职业教育教学质量。

第三，忽视专业、课程、教材等内涵建设。要求立足农村经济和社会发展需要，根据农业和农村产业结构调整，积极开展市场人才需求预测，开发具有产业优势、新兴农业特色和发展潜力的新兴专业、课程以及教材，促进农村职业教育内涵式发展。

第四，以学历教育为主，办学模式单一。要积极探索学校与企业、学校与部门、学校与学校之间多元合作，联合办学模式，在学历教育之外，广泛开展职业培训、成人教育等多种形式的农村职业教育。

第五，重学历轻技能的社会价值观导致农村职业教育社会认可度不高。一方面，需要政府加大宣传，使人们对农村职业教育有充分的认识和全面的了解，从而树立正确的思想观念。另一方面，要打通农村职业教育升学渠道，提升教育层次，增强竞争力，提高农村职业教育的社会认可度。

（二）金融危机时期

王小军[1]、邬志辉[2]、肖洪寿、赖志群[3]、孙颖、于伟[4]等学者看到了金融危机给农村职业教育带来的挑战，但是也发现了金融危机给农村职业教育带来了很多机遇，他们更是将研究的重点放在了发展机遇上。

第一，农村职业教育需求增加。金融危机既导致文化程度低、缺乏专

---

① 王小军. 金融危机背景下的农村职业教育发展策略探讨 [J]. 职教论坛, 2009 (13): 49.

② 邬志辉. 金融危机时期加强农村职业教育发展的作为 [J]. 职业技术教育, 2009 (18): 23.

③ 肖洪寿, 赖志群. 金融危机给农村职业教育带来的挑战与机遇 [J]. 教育学术月刊, 2010 (5): 100.

④ 孙颖, 于伟. 金融危机背景下的农村职业教育发展 [J]. 东北师大学报（哲学社会科学版）, 2011 (2): 169.

业技能的失业农民工不断增多，又导致社会对技术技能型人才的需求越来越多，返乡农民工迫切需要通过农村职业教育获得在社会立足的一技之长，大大增加了农村职业教育的需求。因此，要将农民工纳入农村职业教育体系中，实施学历教育与职业培训相结合的农村职业教育形式。

第二，农村产业结构调整。金融危机使大量失业农民工返乡创业，长期脱离农业生产的他们将目光放在了第二、三产业上，原以传统农业为主的农村产业结构发生了变化。但是，由于农村第二、三产业发展滞后，返乡农民工又缺乏相关的知识和技术，需要农村职业教育提供相关指导。为此，要根据市场发展需要，灵活设置专业、课程内容，根据教育对象的特点以及实际情况发展农村职业教育。

第三，农村劳动力转移方式变化。金融危机减少了就业岗位，增加了就业竞争力，这时的农村劳动力由自发、无序转移逐渐变成有目标、有方向的转移。农村职业教育既能为农村劳动力提供知识和技能，又能为他们提供就业指导，为了实现就业目标，农村劳动力需要接受农村职业教育来获得进行转移的知识和能力。因此，要更加注重农村职业教育质量、合理设置专业、开发新课程、加强"双师型"师资队伍建设以及校企合作等。

（三）社会转型时期

汤生玲[①]、何玉霞[②]两位学者对社会转型时期农村职业教育发展的机遇进行了研究，但是两位学者的观点并不完全一致。汤生玲认为，社会转型时期构建社会主义和谐社会、注重社会公平、解决三农问题、发展现代农业和建设新农村以及人与自然、国内外、城乡、区域、经济社会统筹发展等给农村职业教育发展带来了良好的发展机遇。而何玉霞认为，社会转型时期的教育事业发展、产业结构调整和三农问题的解决给农村职业教育提供了前所未有的发展机遇。

孙小会、沈亚强[③]则对社会转型时期农村职业教育资源配置的公平性进行了研究，他们指出在社会转型时期，农村职业教育在教育经费、办学条件、师资力量的配置上存在不公平现象，应该从加大政府财政投入、多渠

---

① 汤生玲. 社会转型时期的农村职业教育 [J]. 职业技术教育，2010 (34)：68.
② 何玉霞. 论社会转型期农村职业教育的发展机遇 [J]. 职教论坛，2010 (15)：46.
③ 孙小会，沈亚强. 社会转型时期农村职业教育资源配置的公平性探析 [J]. 教育与职业，2013 (3)：11.

道筹措资金、合理配置教育资源、帮扶弱势群体等方面加以解决。

马建富①对社会转型时期农村职业教育的发展趋势作出了预测，他指出这一时期的农村职业教育将逐步确立以人为本的价值观，越来越重视以农民教育为主体的成人教育，逐步实施农村义务职业教育，城乡职业教育统筹发展制度逐步健全，成人教育、社区教育社会认可度日益提高。

（四）新型城镇化和城乡一体化

学者们研究了新型城镇化和城乡一体化背景下，农村职业教育存在的问题，并且提出了相应的解决对策。

第一，专业设置与市场脱节。许丽英②认为农村职业教育普遍围绕传统农业来设置专业，无法满足新型城镇化进程中第三产业飞速发展对相关人才的需求。为此，农村职业学校在注重农业发展的同时，要积极创造条件，开设与第三产业有关的新专业，培养第三产业发展所需要的技能型人才，以满足和促进第三产业发展及劳动力就业的需要。

第二，教育经费投入不足。任聪敏、石伟平③、唐梅芝④、范红⑤等学者指出农村职业教育经费投入远远低于农村普通高中教育经费投入，教育经费投入不足制约了农村职业教育办学规模的扩大和教育质量的提高，也难以满足新型城镇化背景下农村经济和社会发展的需要。这就需要政府加大财政投入，同时拓宽资金筹措渠道，通过社会各界的力量，增加农村职业教育经费。

第三，办学模式单一。张胜军⑥、许译心、沈亚强⑦认为农村职业教育办学模式单一，主要以学历教育为主，而职业培训以及其他形式的农村职业教育发展相对落后。因此，要实现中高等职业教育协调统筹发展，还要

---

① 马建富. 社会转型与中国农村职业教育发展道路的选择 [M]. 北京：知识产权出版社，2014：29.

② 许丽英. 城镇化进程中农村职业教育发展的问题与对策 [J]. 东北师大学报（哲学社会科学版），2003（1）：125.

③ 任聪敏，石伟平. 城镇化进程中农村职业教育的新型定位与发展策略 [J]. 教育发展研究，2013（23）：55.

④ 唐梅芝. 新型城镇化背景下农村职业教育发展的挑战与未来 [J]. 成人教育，2016（2）：85.

⑤ 范红. 基于新型城镇化的农村职业教育发展 [J]. 教育与职业，2015（29）：9.

⑥ 张胜军. 城乡统筹发展与农村职业教育转型 [J]. 职教论坛，2010（28）：47.

⑦ 许译心，沈亚强. 新城镇化背景下农村职业教育发展再审视 [J]. 教育与职业，2015（27）：16.

为失学农村劳动力提供职业培训，帮助他们提高专业技能和综合素质。

第四，师资力量薄弱。王征宇、姜玲[1]指出农村职业教育缺乏既有高超专业技能又有丰富实践经验的"双师型"师资队伍，无法保证农村职业教育的质量。这就要求加强农村职业教育师资培训基地建设，广泛开展教师培训工作，建立专、兼职教师聘用制度，从企业行业聘请技术专家担任兼职教师，充实师资队伍。

第五，生源短缺。刘丽红[2]、高维峰[3]指出一方面由于受传统观念的影响，农村职业教育招生困难，另一方面，由于农村职业学校学生自身素质以及农村职业教育质量等问题，造成生源大量流失。因此，要大力宣传农村职业教育，帮助人们树立正确的思想观念，还要合理配置教育资源，公平对待农村职业教育。

第六，城乡二元分离。刘福珍[4]指出由于政府投入不足、重视城镇地区职业教育发展等原因，导致城乡职业教育二元分离，与城乡一体化发展要求相背离。要求树立城乡统筹发展的农村职业教育理念，将农村职业教育纳入社会公共服务范围，并运用行政手段促进城乡职业教育资源共享。邬志辉[5]建议建立城乡统一的劳动力就业培训体系、城乡一体化的职业教育管理体制和劳动力就业制度。李美长[6]则认为在城乡一体化背景下，农村职业教育内容要以一体化创新技能为主，培养机制上要城乡一体化协调发展。

四、农村职业教育研究

对不同地区农村职业教育的研究有利于了解农村职业教育的整体情况，同时又能发现不同地区农村职业教育发展水平的差异，为农村职业教育实践提供现实参考。因此，区域农村职业教育是学者们研究的重点。通过对现有文献资料的总结和概括，可以将学者们研究的区域农村职业教育分为

---

① 王征宇，姜玲. 城乡一体化背景下的农村职业教育发展 [J]. 教育探索，2009（6）：60.
② 刘丽红. 试论城乡一体化背景下农村职业教育的发展 [J]. 教育与职业，2013（20）：158.
③ 高维峰. 城乡统筹框架下农村职业教育发展战略及制度创新研究 [J]. 农业经济，2015（6）：107.
④ 刘福珍. 城乡一体化进程背景下农村职业教育的发展 [J]. 教育与职业，2014（29）：14.
⑤ 邬志辉. 中国农村职业教育的战略转型 [J]. 社会科学战线，2012（5）：194.
⑥ 李美长. 城乡一体化发展农村职业教育培养目标的适应性 [J]. 江苏农业科学，2016（9）：533.

以下三类。

（一）东部地区的农村职业教育

陶春、吴智泉①对北京农村职业教育现状进行了研究，指出北京农村职业教育在师资队伍、教育过程、教学内容、教学方式以及教育发展研究等方面存在诸多问题。这就要求政府实施城乡职业教育统筹发展战略，创新农村职业教育模式与机制。

王凤羽②对辽宁省农村职业教育财政投入与经济增长的关系进行了实证研究，指出辽宁省增加农村职业教育财政投入对经济增长具有促进作用。该学者和温涛③还将辽宁省农村职业教育的财政经费、教职工人数、教育用房面积作为主要投入指标，毕业生人数和就业率作为农村职业教育产出指标，实证分析了农村职业教育投入的办学效应。结果表明，辽宁省农村职业教育内部办学效应相对不显著，而原因主要是农村职业教育的全要素生产率没有得到很好的改善和提高。他们还从提高教学效率、加强师资队伍建设、提高财政资金效用和提高教学资源利用效率等方面提出了建议。

吴佳丽④研究了浙江省湖州市农村社会发展现状和农村职业教育现状及问题，她认为农村职业教育要与农村社会发展相适应，因此从教育观念、专业设置、办学层次、政策体系这几个方面提出自己的建议。朱国辉、张艳⑤对福建省厦门市、龙岩市、漳州市华安县以及泉州市晋江县进行了实地调查，指出福建省农村职业教育发展状况、经济效应、教育投入等都呈现出良好的趋势。黄志雄等人⑥的研究指出广西边境大新、靖西、那坡等民族地区农村职业教育具有一定的基础和规模，但在思想观念、教育投入、办学体制、办学方式等方面存在不足。对此，他们建议树立农村职业教育为

---

① 陶春，吴智泉. 北京农村职业教育实践中存在的问题及对策建议 [J]. 资源与产业，2011（S1）：71.

② 王凤羽. 辽宁省农村职业教育财政投入与经济增长关系的实证分析 [J]. 农业经济，2012（8）：1001.

③ 王凤羽，温涛. 基于 Malmquist 指数模型的农村职业教育投入内部效应分析 [J]. 农业技术经济，2014（7）：36.

④ 吴佳丽. 浙江省湖州市农村职业教育研究 [J]. 中国职业技术教育，2008（8）：27.

⑤ 朱国辉，张艳. 福建农村职业教育发展现状调研报告 [J]. 中国职业技术教育，2008（8）：31.

⑥ 黄志雄，等. 广西边境民族地区农村职业教育发展研究——以大新、靖西、那坡三县为例 [J]. 广西社会科学，2010（8）：20.

农村经济和社会发展服务的正确观念，加强政府统筹领导作用以及建立符合边境民族地区实际的职业教育办学格局。连介德①建议国家把海南作为海峡两岸农村职业教育合作的重点推进地区，并且要通过设立专项经费、实行学费减免政策、对毕业生进行创业资助、广泛开展校企合作等措施，对海南省农村职业教育发展提供一定的支持。

（二）中部地区的农村职业教育

索嘉浓②、张迪③认为农村职业教育对黑龙江省农村劳动力转移，培养新型农民，实现农业产业化、现代化具有积极作用，但目前黑龙江省农村职业教育发展并不完善。张晓东④指出，影响黑龙江农村职业教育发展的因素包括经费投入、保障政策、办学规模、教育质量以及层次结构。

李宁⑤以农村劳动力转移为视角，分析了吉林省农村职业教育发展的取向性和时序性，他认为农村职业教育要为农村劳动力转移服务，要以客观条件为依据来实施。杨吉生、罗青兰⑥则指出吉林省农村职业教育存在办学目标定位不清、为农村经济和社会发展服务能力较弱、办学经费短缺、专业设置没有特色、教育资源缺乏、师资力量薄弱等问题，要从这些问题入手去寻找解决对策。

南海⑦指出山西省农村职业教育面临的主要困难有：招生难、办学难、规模小、管理体制不畅、县级职教中心实力薄弱、政策配套不力。因此，要加强县级职教中心和农村职业中学的建设、增加教育投入、开展合作办学、加强师资培养培训、完善政策体系、实施职业培训等。

左其琨、高利兵⑧研究了安徽省农村职业教育发展情况，指出安徽省农

① 连介德.把海南作为两岸农村职业教育合作的重点推进地区［J］.教育与职业，2008（16）：6.

② 索嘉浓.关于黑龙江省发展农村职业教育的探讨［J］.成人教育，2008（3）：68.

③ 张迪.黑龙江省农村职业教育发展问题研究［D］.哈尔滨：东北农业大学，2015：36.

④ 张晓东.黑龙江省农村职业教育发展影响因素及对策研究［D］.哈尔滨：东北农业大学，2016：40.

⑤ 李宁.农村职业教育发展的取向性与时序性研究［J］.东北师大学报（哲学社会科学版），2006（4）：129.

⑥ 杨吉生，罗青兰.吉林省农村职业教育的发展困境与对策研究［J］.成人教育，2008（8）：76.

⑦ 南海.山西省推进职业教育的探索［J］.中国职业技术教育，2011（7）：67.

⑧ 左其琨，高利兵.促进安徽农村职业教育发展的策略研究［J］.中国职业技术教育，2009（10）：41.

村职业教育存在办学定位模糊、社会认可度低、管理体制混乱、经费投入不足、师资力量薄弱、教学模式单一、教学质量差等问题，还不能满足新农村建设和县域经济社会发展的需要。

李挥、李让恒①、佘利忠、胡小桃②、唐智彬、刘青③等研究者对湖南省农村职业教育发展进行了研究，但是这些学者研究的重点不一样。李挥、李让恒研究的是开展农村职业教育督导评估工作对湖南农村职业教育发展的影响，佘利忠、胡小桃研究的是发展农村职业教育，建设县级职教中心的必要性与可行性，而唐智彬、刘青从"精准扶贫"的全新视角出发，研究了湖南省武陵山片区定向农村职业教育。

潘建华、严淑琴④指出江西省具有发展农村职业教育的环境优势和需求优势，而这些优势也是构建现代农村职业教育体系的基础。陈钰等学者⑤认为要根据江西省农村人才需求结构的变化来调整和建立具有地方特色的农村职业教育人才培养模式。邓红征、舒伟斌⑥、张蕾⑦则研究了江西省农村职业教育招生难、办学难、就业难的发展现状，提出要强化政府统筹领导职能，为农村职业教育发展提供必要的支持，还要加强农村职业教育内涵建设，提高教育教学质量，为江西省农村经济和社会发展服务。

① 李挥，李让恒. 教育督导，督"火"了农村职业教育——湖南省农村职教的突围之路 [J]. 中国职业技术教育，2010（10）：44.

② 佘利忠，胡小桃. 县级职教中心建设——湖南农村职业教育发展的新契机 [J]. 中国成人教育，2010（5）：157.

③ 唐智彬，刘青. "精准扶贫"与发展定向农村职业教育基于湖南武陵山片区的思考 [J]. 教育发展研究，2016（7）：84.

④ 潘建华，严淑琴. 欠发达地区农村职业教育新体系构建：现实基础与基本策略 [J]. 职教论坛，2008（23）：50.

⑤ 陈钰，李峰，苏力华. 江西农村人才需求结构与农村职业教育培养模式探讨 [J]. 职业技术教育，2009（19）：34.

⑥ 邓红征，舒伟斌. 中部省份农村职业教育发展问题研究——以江西省为例 [J]. 职教论坛，2011（22）：72.

⑦ 张蕾. 新型城镇化背景下江西农村职业教育发展对策研究 [D]. 南昌：江西农业大学，2015：28.

（三）西部地区的农村职业教育

赖正奎①、毕晓翠②、何光全、廖其发③等学者对西部地区农村职业教育进行了研究，他们认为我国广大西部地区的农村职业教育发展十分不理想，资金投入不足、教育资源匮乏、生源短缺、办学模式单一、专业设置与市场脱节、师资力量薄弱等问题的存在严重影响农村职业教育的发展。

李华玲④对西部经济相对发达的民族地区的农村职业教育进行了研究，该学者认为经济相对发达民族地区农村职业教育体系的构建要以这些地区的产业结构、市场需求、教育基础为依据。该学者⑤还指出西部民族地区农村职业教育发展模式的构建要以这些地区的经济特征为依据。

袁黔华⑥、杨仁德等⑦学者专门对贵州省民族地区的农村职业教育的问题进行了研究，他指出贵州民族地区农村职业教育主要在思想认识、师资队伍、教育资源、资金投入等方面存在突出问题。高金环、张洁⑧研究了陕西农村职业教育，他们指出陕西农村职业教育存在教育投入不足、忽视职业道德教育、终身教育意识淡薄等问题，这就要构建政府、学校、企业合作办学模式。孙刚成⑨则对陕北农村职业教育进行了研究，他指出陕北农村职业教育存在规模小、结构不合理、教育质量差、脱离农村发展需要等多种问题，严重制约了陕北农村经济和社会的发展。

金珺⑩研究了四川省农村职业教育与农业产业化的关系，该学者指出四川农业产业化过程中存在农民素质不高、劳动力结构不合理、技术含量低

---

① 赖正奎. 对西部地区农村职业教育发展的几点思考［J］. 教育与职业，2005（19）：54.

② 毕晓翠. 实践取向的西部农村职业教育发展策略探讨［J］. 成人教育，2011（5）：23.

③ 何光全，廖其发. 我国西部农村职业教育发展问题与改革对策——基于全国调查和城乡比较［J］. 职业技术教育，2013（10）：71.

④ 李华玲. 经济相对发达民族地区农村职业教育体系建构［J］. 职业技术教育，2014（13）：60.

⑤ 李华玲. 西部民族地区农村职业教育发展模式探析［J］. 职业技术教育，2012（22）：63.

⑥ 袁黔华. 贵州民族地区农村职业教育问题研究［J］. 贵州民族研究，2007（4）：163.

⑦ 杨仁德，向华，魏善元. 贵州省新农村建设中对农村职业教育与农民培训问题的思考［J］. 贵州农业科学，2009（37）：175.

⑧ 高金环，张洁. 对陕西农村职业教育的反思［J］. 理论导刊，2009（8）：70.

⑨ 孙刚成. 陕北农村职业教育现存问题与发展路径探究［J］. 职业技术教育，2009（13）：60.

⑩ 金珺. 试析农业产业化与农村职业教育——以四川省为例［J］. 职业技术教育，2008（22）：76.

等问题，需要通过发展农村职业教育来解决这些问题，实现四川农业产业化。

衡振华①以喀什地区为例对新疆的农村中等职业教育进行了详细研究，他指出该地区农村中等职业教育面临办学目标定位不清、师资力量薄弱、教育方式单一、与当地产业发展脱节等挑战。

刘福军、田静②对云南省农村职业教育进行了研究，他们指出云南省已基本形成市、县、乡、村四级农村职业教育体系，但是，云南省农村职业教育仍然是整个教育体系中的薄弱环节，还存在认识不清、投资不足、不适应农村经济和社会发展需求、教育质量不高、服务能力不强、缺乏专业技能、综合素质不高等问题，需要大力发展农村职业教育来提升农民的综合素质、促进农村人力资源开发、实现农村劳动力有效转移。

邓燕勤③从剩余劳动力转移的视角对重庆市农村职业教育发展进行了相关研究，该学者指出重庆市的农村劳动力文化程度低，缺乏专业技能，且综合素质不高，需要大力发展农村职业教育来提升农民的综合素质、促进农村人力资源开发、实现农村劳动力有效转移。

五、农村职业教育发展路径研究

（一）宏观层面

石伟平④、张力跃、于伟⑤等学者提出农村职业教育要走城乡一体化发展道路。夏金星⑥提出要形成农村职业教育与经济开发良性循环机制，如外部环境的促进机制、内部结构与功能优化机制、内外结合的正反馈机制等。张志增⑦指出农村职业教育的发展要以市场为导向、以农村产业发展为依托、实行产教结合，最终走上以产养教、自我发展的路子。刘必明⑧基于中

① 衡振华. 新疆地区农村中等职业教育发展研究 [D]. 北京：北京林业大学，2014：100.

② 刘福军，田静. 云南农村职业教育初探 [J]. 中国职业技术教育，2006（8）：38.

③ 邓燕勤. 重庆农村职业教育发展探究——基于剩余劳动力转移视角 [D]. 重庆：重庆师范大学，2010：20.

④ 石伟平. 国际视野中的农村职教改革与发展 [J]. 教育发展研究，2009（5）：59.

⑤ 张力跃，于伟. 以减少农民和富裕农民为本 [J]. 国家教育行政学院学报，2008（2）：57.

⑥ 夏金星. 中国农村职业教育与经济开发 [J]. 教育与经济，1995（4）：38.

⑦ 张志增. 论农村职业教育产业化 [J]. 教育研究，2000（12）：40.

⑧ 刘必明. 发挥电化教学优势、振兴农村职业教育 [J]. 现代远距离教育，1988（2）：21.

央电大的实践，提出县区电大与农村职中联合办学的发展思路，借助电化优势拓宽办学路子。王欢①提出要加大政府对民办职业教育的扶持力度，构建区域间差异化的农村职业教育层次结构，健全县域职业教育培训网络。洪俊②提出要构建"面向农村"的职教体系：以地级市为主，统筹构建市域内"面向农村"的职业教育体系；以"面向农村、服务农村"为县域职业教育的首要任务；建立与完善县域职业教育体系的合理结构。

（二）中观层面

于伟等人③强调应该加大农村职业教育投入，完善就业市场准入制度和改革人才培养模式，发展与社会经济建设良性互动的农村职业教育。张力跃④认为农村职业教育要获得新的发展空间，需要适应由职业趋高级化引发的教育层次高移化形势，将培养对象从农民子女转变为农民本身，跨过学历教育的禁锢，走向为全体农民服务的在职教育，找到自身真正的分内之事，实现从设计模式到内生模式的转变。

皮江红⑤提出可以通过优化专业结构、创新培养模式以及提升教育层次等具体措施来推进经济先发地区农村中等职业教育的转型。在职业教育投入研究方面，皮江红⑥提出要通过"教育券"为农村职业教育政府投资模式提供启示，在突出效益、兼顾公平的原则下，改革农村职业教育的政府投入模式。

习勇生、杨挺⑦建议政府在选择农村职业教育发展路径时，应把握如下几点："一个中心"正确处理农村职业教育办学规模和办学质量的关系；"两条腿走路"农村职业教育一方面要为转移农村剩余劳动力服务，另一方

---

①　王欢. 中国农村职业教育结构存在的问题及优化策略 [J]. 河北学刊, 2012（2）：234.

②　洪俊. 农村职教的结构性缺失与"面向农村"职教体系的构建 [J]. 东北师大学报（哲学社会科学版），2013（4）：171.

③　于伟，等. 我国农村职业教育发展的困境与对策 [J]. 东北师大学报（社会科学版），2006（4）：120.

④　张力跃. 职业趋高级化与农村职业教育发展的新空间 [J]. 社会科学战线, 2012（5）：207.

⑤　皮江红. 经济先发地区农村中等职业教育的转型——以浙江省为例 [J]. 教育发展研究, 2014（5）：38.

⑥　皮江红. 教育券与我国农村职业教育政府投入方式改革 [J]. 教育科学, 2006（1）：75.

⑦　习勇生，杨挺. 我国农村职业教育发展的政策变迁、政策环境及路径选择 [J]. 教育与职业, 2009（29）：9.

面要致力于提高农业生产技术水平；进一步强化政府在发展农村职业教育中的责任；积极探索农村职业教育有效的发展模式。

韩俊①提出要强化农村职业教育的公共性，增加对职业教育的预算支出，引导企业和社会资本投资农村职业教育。王凤羽、杨小容②认为新时期发展农村职业教育，应加大农村职业技术人才培养中的财政投入力度，尤其是中央财政投入的力度；科学规范农村职业技术人才培养中的财政转移支付制度；强化对农村职业技术人才培养的财政投入的监督；建立健全职业教育法律体系等对策建议。王凤羽、温涛③认为要促进农村职业教育供给均衡、健康发展就要建立财政补贴管理制度、深化专业改革、加强校企合作。

① 韩俊. 强化农村职业教育的公共性 [J]. 北京大学教育评论, 2007 (3): 31.

② 王凤羽, 杨小容. 财政政策如何作用于微观领域：农村职业教育观点 [J]. 改革, 2012 (10): 62.

③ 王凤羽, 温涛. 农村职业教育供给与需求的经济学分析 [J]. 求索, 2013 (12): 51.

第三章
农村职业教育发展的现状及问题分析

　　长期且严重的"三农问题"一直是研究者们重点研究的主题。近几年，随着农村社会的发展以及经济结构的升级，农村发展呈现了新的特征，为农村剩余劳动力提供多且优质的机会和条件。在农村人力资本不断优化的情况下，农村职业教育发展受到前所未有的关注。农村职业教育对农村人力资源开发以及社会主义新农村建设发挥着关键性的作用，其既要提高农民的农业生产经营技能和务工农民非农就业技能，又要提高农民的人文综合素质；既要培养能安于农村、服务农业的专门人才，又要着力于培养一定数量的能向非农产业和城镇转移的技术人才。① 近年来，农村职业教育在国家政策的强调与偏向下取得了一些成就：教育网络与体系基本健全，职业培训效益逐步显现，办学实践改革不断创新。但是与农村的边缘性地位相对应的是，农村职业教育在我国快速城市化进程中，体系遭到严重破坏，功能不断被弱化，认可度低，数量和质量不能满足需求，面临着严重的"职能困境"与"生存困境"，亟须外部支持与内部改革的共同支持来摆脱当前的困局。本书在对农村职业教育发展的现状与问题分析之余，从不同角度对其产生问题的原因进行了深入分析并给出了相应的对策。

---

① 曹雁，吴英策. 新农村建设中的农村职业教育研究 [J]. 农村经济，2015 (5)：116.

第一节 农村职业教育发展的现状

一、适应新形势的农村职业教育政策不断完善

2011 年，教育部等九部门出台了《关于加快发展面向农村的职业教育的意见》，提出农村职业教育改革与发展的目标与任务，明确农村职业教育要以推动县域经济社会发展为目标，坚持学校教育与技能培训并举、全日制与非全日制并重，大力开发农村人力资源，逐步形成适应县域经济社会发展要求，体现终身教育理念的现代农村职业教育体系。这是新形势下国家对农村职业教育发展的新定位。2014 年，教育部办公厅、农业部办公厅印发了《中等职业学校新型职业农民培养方案试行》的通知，提出要培养具有高度社会责任感和职业道德、良好科学文化素养和自我发展能力、较强农业生产经营和社会化服务能力、适应现代农业发展和新农村建设要求的新型职业农民的目标，并对新型职业农民的专业类别、课程设置、教学形式、教学管理以及考试考核等方面做出了明确的要求与规定，以保障新型职业农民的培养质量。这为农村职业教育的发展指明了方向。2016 年教育部、中华全国总工会联合印发了《农民工学历与能力提升行动计划——"求学圆梦行动"实施方案》，以提升农民工学历层次和技术技能水平，帮助农民工实现体面劳动和幸福生活，有效服务经济社会发展和产业结构转型升级为目标，建立学历与非学历教育并重、产教融合、校企合作、工学结合的农民工继续教育新模式。并提出，到 2020 年，在有学历提升需求且符合入学条件的农民工中，资助 150 万名农民工接受学历继续教育，使每一位农民工都能得到相应的技术技能培训，能够通过学习免费开放课程提升自身素质与从业能力。这是国家最新提出的针对提升农民工学历与能力的具体实施方案，将进一步丰富农村职业教育的发展内容。

部分省也出台了类似促进农村职业教育改革与发展的意见，如湖南省委省政府于 2010 年出台的《关于大力发展农村中等职业教育的意见》，提出发展农村职业教育 6 个方面的举措：切实增强发展农村中等职业教育的责任感和紧迫感，加速调整优化高中阶段教育结构布局，全面推进示范性中

等职业学校和县级职教中心建设，切实加大对农村中等职业教育的投入，不断提高农村中等职业教育办学水平，切实加强对农村中等职业教育工作的领导。安徽省 2009 年出台《关于进一步加强农村成人教育工作的意见》，提出到 2012 年，基本建立全覆盖的、适应农村居民就近接受教育和培训的农村终身教育网络。全省要创建 30 个以上的省级社区教育实验区和 60 个以上省级示范乡镇成人文化技术学校。河北省 2013 年制定《河北省创建农村职业教育与成人教育示范县实施办法》，提出从 2013 年起，用五年时间，全省力争建设 10 个左右国家级农村职业教育与成人教育示范县，建设 30 个左右省级农村职业教育与成人教育示范县，形成我省农村职业教育与成人教育的骨干力量，促进全省城乡职业教育与成人教育全面协调发展。2014 年，河南省人民政府在《关于加快发展现代职业教育的意见》中提到，要加大对农村职业教育的支持力度；服务国家粮食生产核心区建设，积极发展现代农业职业教育，重点支持涉农专业建设；建立公益性农民培养培训制度，大力培养新型职业农民；采取"以奖代补"的办法，推动有条件的城市职业院校和县（市）中等职业学校，以"结对子"的方式建立紧密、有效的合作关系，以城带乡、以强带弱，形成城乡职业院校共同发展的良好局面；以加强县级职教中心建设为重点，以争创国家级"农村职业教育和成人教育示范县"为载体，完善各级职业教育和成人教育培训网络，加快县域职业教育改革发展，提高职业教育服务新型城镇化和农业现代化协调发展的能力。

江西省 2004 年在《江西省人民政府贯彻国务院关于进一步加强农村教育工作的决定的实施意见》中提到，要深化农村教育改革，大力发展农村职业教育和成人教育，进一步增强为"三农"服务的能力；实行多样、灵活、开放的办学模式，把教育教学与生产实践、社会服务、技术推广结合起来，加强实践教学和就业能力的培养；在开展学历教育的同时，大力开展多种形式的职业培训；实行灵活的教学和学籍管理制度，方便学生工学交替、半工半读、城乡分段和职前职后分段完成学业；大力开展就业指导和创业教育，增强农村新一代劳动者的创业意识和创业本领；围绕农业增效、农民增收、以农民培训为重点开展农村成人教育；鼓励和支持"订单"培养，先培训后输出，逐步形成政府扶持、用人单位出资、培训机构减免经费、农民适当分担的投入机制。继续发挥乡（镇）成人文化技术学校、农业广播电视学校和各种农业技术推广、培训机构的重要作用等。中共甘肃省委甘肃省人民政府在 2008 年出台的《关于大力发展职业教育的意见》中提到，要组织实施好"农村劳动力转移培训工程"和"农村实用人才培训工程"，大力推进《2003—2010 年农民工培训规划》、"农村劳动力转移培训阳光工程"和"农村劳动力转移培训计划"。大规模开展劳务输出，促进劳务经济超常规发展。强调继续强化农村"三教"统筹和"农科教"结合，充分发挥农村各类职业学校、成人文化技术学校、各种农业技术推广培训机构和龙头企业的作用，把农业技术推广、科技开发、扶贫开发和教育培训紧密结合起来，积极培养农村实用型人才和技能型人才。此外，广西、湖北等其他省份也围绕职业教育或者农村职业教育发展出台了相应的方案，进一步完善了新形势下农村职业教育改革的政策。

二、农村职业教育网络与体系基本健全

我国一直注重农村职业教育体系的建立与完善，早在 1991 年，中央政府就提出充分发挥农村职业教育的功能，进一步完善县、乡（镇）、村、户的科技网络推广制度。三级农村职业教育与培训体系的网络基础是乡镇农校和乡镇成人学校。从教育部门的有关统计数据我们看到，2008 年，全国共有农村成人文化技术学校 13.78 万所，县级成人学校 1599 所，乡镇成人学校 1.99 万所，村办成人学校 11.27 万所，形成了县（市）、乡（镇）、村三级农民文化技术培训网络。这一覆盖我国城乡的农村职业教育的最基础部分的体系，成为我国农村职业教育中与农民关系最近的部分，发挥着不可替代的作用，教育部相关数据表明，教育系统的农村成人文化技术学校承担了 90% 左右的农村实用技术培训和 50% 左右的农村劳动力转移培训任务。2008 年培训规模达到 4358.22 万人次。全国县级职教中心、县级和县以下的各类中等职业学校共计 4032 所，占全国中等职业学校总数 14847 所的 27.2%；县级职教中心有 1074 所。从招生数看，全国县级职教中心、县级和县以下的各类中等职业学校招生 166.97 万人，占全国中等职业学校招生总数 812 万人的 20.9%；在校生 274.91 万人，占全国中等职业学校在校生总数 2087.09 万人的 13.2%；2008 年县级职教中心招生数、在校生数分别为 51.04 万人和 158.42 万人。① 县级中职学校和县级职教中心是农村职业教育体系中正式教育的重要组成部分，形成了农村职业教育正式教育的

---

① 张昭文. 加快发展农村职业教育的研究报告 [J]. 中国职业技术教育，2011（9）：50.

基本内容。

三、农村职业培训效益逐步显现，影响扩大

上个世纪末期到本世纪以来，随着农民工问题对我国经济社会发展全局产生的影响越来越不容忽视，加强对农民工的职业教育与培训逐步成为政府的一项重要工作。各项政策，如"农村剩余劳动力转移培训工程""阳光工程"等陆续出台，并在全国范围内推广实施。2001 年教育部印发《关于中等职业学校面向农村进城务工人员开展职业教育与培训的通知》，提出按照"实际、实用、实效"的原则培训进城务工人员，内容涵盖职业技能、基础文化教育以及现代生产技术等。2004 年 2 月，教育部在成都召开全国农村劳动力转移培训工作经验交流会议，同年 3 月，教育部印发了《农村劳动力转移培训计划》，28 个省（区、市）教育行政部门通过召开会议，印发文件等各种形式的宣传，推动《农村劳动力转移培训计划》的实施。到 2009 年，仅教育系统开展农村劳动力转移培训人数达到 4249.31 万人次，开展农村实用技术培训为 4130.67 万人次；技能性培训 1564.46 万人次，占培训总人数的 36.82%，转移后（进城农民工）培训 791.62 万人次，占培训总人数的 18.81%。在完成的针对农村人口的培训中，相当一大部分的工作是在农村职业教育机构中完成的，其在整个培训计划中占主导地位。根据《2011 年人力资源社会保障事业发展统计公报》，2011 年全国组织各类农民工培训 1080 万人，据人社部不完全统计，2011 年针对农民工的"春风行动"，全国共组织创业培训 39 万人，组织参加职业技能培训 217 万人，实现本地企业吸纳农村劳动者就业 1267 万人，就地就近自主创业成功 32 万人，安排全国"阳光工程"示范性培训任务 300 万人，开展 7 大类共 21 个专业培训；2012 年安排全国"阳光工程"示范性培训任务 330 万人，其中，农业职业技能培训 140 万人，农业专项技术培训 188 万人。[1]

2005 年教育部下发的《关于实施农村实用技术培训计划意见》中提出了培训的目标和措施，包括开展绿色证书培训、实施"新型农民科技培训素质工程"、建设农民科技书屋、启动实施"百万中专生计划"、启动"高校农业科技教育网络联盟计划"、重点建设 1000 所县级职教中心等 6 个方面

---

[1]　房风文. 近年来农村职业教育发展述评 [J]. 职教论坛，2014（7）：57.

的内容，将农村职业教育在农村实用人才培训方面的功能激发出来。这些工程的实施，一方面为农村实用人才的培养提供了平台与方式，另一方面，也扩大了农村职业教育在农村人口中的影响力，提高了农村职业教育的声誉。

近年来国家相继出台了一系列政策来制定并实施"雨露计划"，既为贫困地区农民进行实用技术培训以帮助其就业、创业，又为贫困地区经济发展注入活力，培养大批人才。2006 年中央组织部、人事部出台的《关于贯彻落实"十一五"规划纲要，加强人才队伍建设的实施意见》提出，扩大"农村劳动力转移培训阳光工程"和贫困地区劳动力转移培训"雨露计划"实施规模，开展各种形式的职业技能培训和创业培训，增强农民转产转岗就业的能力。2007 年国务院扶贫办在《关于在贫困地区实施"雨露计划"的意见》中提出要朝着培养"讲道德、有文化、懂技术、会经营的新型农民"的方向，经过努力，使贫困地区的农民整体素质有所提高，就业能力与创业能力明显增强的目标；对"雨露计划"的内涵作了明确规定，即以政府主导、社会参与为特色，以提高素质、增强就业和创业能力为宗旨，以职业教育、创业培训和农业实用技术培训为手段，以促成转移就业、自主创业为途径，帮助贫困地区青壮年农民解决在就业、创业中遇到的实际困难，最终达到发展生产、增加收入，促进贫困地区经济发展的目的。其中也对"雨露计划"的实施对象、实施方法以及政策措施做了强调。同时，为加快实施"雨露计划"，进一步提高贫困青壮年劳动力转移培训工作的质量，国务院扶贫办出台了《贫困青壮年劳动力转移培训工作实施指导意见》，规定了青壮年劳动力转移培训的目标任务、基本要求、工作措施和组织领导等问题。2011 年国务院扶贫办和财政部联合发布了《关于完善"雨露计划"实施方式改革试点工作的通知》，决定在河北省武强县等 100 个县进行 2011 年雨露计划实施方式改革试点工作，对工作责任机制、情况反馈机制、工作联系机制作了相关要求。2012 年，国务院扶贫办行政人事司和财政部办公厅联合发布了《关于开展 2012—2013 学年"雨露计划"实施方式改革试点工作的通知》，决定把雨露计划实施方式改革试点工作扩展到中西部地区的 200 个县。2014 年，国务院扶贫办行政人事司和财政部办公厅联合发布了《关于开展 2013—2014 学年"雨露计划"实施方式改革试点工作的通知》，决定继续开展雨露计划实施方式改革试点工作，强调积极创新试点工作模式和实施方式。2015年国务院扶贫办、教育部、人力资源和社会保障部联合发布《关于加强"雨露计划"支持农村贫困家庭新成长劳动力接受职业教育的意见》，提出确保每个孩子起码学会一项有用技能，贫困家庭新成长劳动力创业就业能力得到提升，家庭工资性收入占比显著提高，实现一人长期就业，全家稳定脱贫的目标。

据不完全统计，2006年至2012年，全国共投入各级财政扶贫资金135.55亿元用于"雨露计划"。其中，"雨露计划"实施方式改革补助资金6.52亿元，补助贫困家庭中、高职在校生84.14万人次；劳动力转移培训资金49.99亿元，完成转移就业培训921.9万人，转移率达到90%以上；农业实用技术培训资金10.92亿元，培训1235.48万人次；村干部或致富带头人（创业培训）培训资金3.84亿元，培训77.47万人次；其他培训资金5.16亿元；调查结果显示，经过"雨露计划"扶贫培训的贫困劳动力与未经培训外出务工的相比，平均月收入高400元以上。[1]"雨露计划"的实施使得农村职业培训的数量和质量得到一定的保障，具有较强的稳定性。

四、农村职业教育办学实践改革不断创新

2009年3月12日，教育部、国务院三峡办和湖北省、重庆市人民政府在北京签署了《共建三峡库区职业教育和技能培训试验区协议》，并决定在湖北省巴东县、重庆市巫山县先行试点。探索率先发展新政策，实现两个"全覆盖"——对适龄移民进行职业教育和技能培训全覆盖，对接受职业教育和技能培训的移民给予资助全覆盖；制定移民学生就读高职院校鼓励性政策；探索培训就业新机制，优化和完善政府在发达地区建立的就业服务网点，促进库区劳动力永久性转移就业；探索建立大城市对口支援三峡库区职业教育与技能培训长效机制；湖北省、重庆市建立城乡学校"对口帮扶"、"捆绑发展"新形式，教育部、国务院三峡办组织经济发达省市对口支援三峡库区职业教育与技能培训，协调三峡库区职业院校与其他省市开展合作，共同办学。这是我国第一个两部门两省市四方共建职业教育的改革试验区，根据当地移民的实际情况创新职业培训形式，为我国农村职业教育的办学形式拓宽思路，提供借鉴。

---

[1]　王金艳. 雨露计划扶贫培训探析［J］. 理论学刊，2015（8）：82.

2009 年 7 月河北省下发《关于推进"送教下乡",加快培养农村实用人才的意见》。2010 年河北省委、省政府将此列入《河北省中长期教育改革和发展规划纲要》深入实施,并决定采取开门办学、创新教学模式、合理设置课程、科学安排进度、开发实用教材、狠抓规范管理、强化督导检查以及注重效果评价这几项措施。"送教下乡"和"双带工程"以政府统筹协调为根本保证,以实施学历教育为基本途径,以向下延伸教学组织为具体形式,着眼于社会主义新农村建设,落脚在职业农民的教学;以弹性的学制、学分制的管理制度,培养"新型职业农民",培养"农民科技致富带头人"和"农村改革发展带头人"。① 据河北省教育厅职成教处处长王晓飞了解,通过"送教下乡"已让河北省 30 多万在乡从业农民重返课堂;且通过改革试点拉动,参与改革的 150 所中职学校中 32 所涉农中职学校跻身国家中职教育改革发展示范学校建设行列。② "送教下乡"改革试点的建立和运行在教育内容、教学模式等方面为我国农村职业教育实践提供了切实可行的参考。

2012 年 9 月,黑龙江省与教育部在北京签署共建国家现代农村职业教育改革试验区协议。该试验区的建设是以"保障国家粮食安全、建设现代化大农业、建立现代职业教育体系"为目标,积极探索行之有效的加快农村职业教育发展的新体制、新机制和新政策。以系统推进为引擎,加快农村职业教育体制机制创新,健全农村职业教育培养网络,提升农村职业教育发展活力,着力加强农村职业教育内涵建设。试验区建设将分两个阶段实施,建设周期为 9 年左右。这是我国在寻求农村职业教育发展路径上的一次重要的创新,试验区在农村职业教育制度、办学模式、办学举措等多方面的探索,将为我国农村职业教育改革与创新提供宝贵的经验。

第二节　我国农村职业教育发展中存在的问题

在我国农村职业教育在以上几个重要的方面取得不错的成绩的同时,

---

① 席东梅,张志增.为了农业强农村美农民富——河北省农村职业教育创新发展纪实 [J].中国职业教育,2015(10):25.

② 张韦韦.追问职业教育河北模式——访河北省教育厅职成处处长王晓飞 [J].教育与职业,2014(1):65.

仍然存在不可忽视的严重问题。温家宝在 2011 年一次关于农村教育的讲话中，总结农村职业教育的问题时提到"农村职业教育办学条件薄弱、资源不足，农村职业教育和涉农专业教师数量严重短缺，国家中等职业学校资助和免学费政策有待完善，许多民族地区学生和家庭困难学生接受中等职业教育仍有困难"等问题。《中国教育报》2012 年 4 月 19 日在一篇题为《解读农村职业教育——农村职业教育路在何方》的调研报告中，指出了当前我国农村职业教育发展面临的几个重大的问题：一是招生难度大；二是办学条件差；三是质量不稳定；四是网络不健全；五是信息不畅通。

一、农村职业教育基层体系破坏严重，功能难以发挥

目前，由于经费、思想认识以及农村人口不断减少等方面的原因，农村职业教育体系的完善程度仍然不够，许多乡镇农校和村组级农村实用技术培训点，基本上被废弃。虽然近年来乡镇农校的发展重新得到了重视，部分省市还将乡镇农校建设列为省级职业教育重点项目建设内容，不少乡镇农校实现了复建，还获得了省财政的补助，但是建设的实际内容并不理想，对总体格局的改变也不大，无法从根本上改变农村职业教育体系目前的状况。

二、民众对职业教育的偏见仍严重，农村职业教育认可度低

上世纪九十年代早期，一项调查研究表明，尚有 60% 的农村学生打算选择中等职业学校，[①] 但是，目前愿意上中职的学生越来越少了。北京大学中国教育财政科学研究所 2008 年 4 月—2009 年 12 月在西部某省 41 个国家级贫困县农村初中学校对 2216 名初中二年级学生的随机调查和跟踪调查后发现，虽然超过 90% 的学生表示继续学习，但是从教育分流意向来看，有七成的学生打算"上普通高中"，仅有二成左右的学生初中后打算"上中等职业学校"。就实际教育选择结果来看，只有 1/4 的学生上了中等职业学校，有四成的学生上了普通高中。这一研究还印证了经过分流教育的筛选，学习成绩较差的学生被分流进入中等职业学校，这就意味着中职学校在教育教学、学生管理等工作上面的任务相对普通中学更加艰难，进而导致部

---

① 董泽芳，沈百福. 试析农村初中学生教育分流意向 [J]. 湖北大学学报（哲学社会科学版），1997（6）：76.

分教师的工作积极性不够，职业认同度低，职业倦怠症候严重。

三、农村职业教育办学水平与办学质量难以满足需求

农村职业教育与培训在办学质量上的问题主要体现在以下几个方面：一是培训效果难以达到相应的要求，由于师资、学习条件等方面的限制与影响，农村职业学校在培养的过程中往往无法达到预期的培养目标，优质的教学资源、师资队伍难以下乡，缺乏实习实训设备等状况严重影响到培养目标的实现；二是培训内容上难以适应需求，一方面课程内容与专业选择难以体现农村的需求，由于我国的农村职业教育与培训项目在很多时候都是以"工程"和"项目"的方式进行推进的，在实施前，对农村人口的实际培训需求关注不够，未进行广泛需求调研，导致教学内容往往无法贴近农民与农村的实际需求，自然难受农民欢迎；另一方面，面向农村和农业发展的专业越来越萎缩，涉农专业越办越少，无法体现为农业发展服务的目标，如民进中央在安徽的调查发现，该省的农村职业教育办学中，几乎没有为当地建设服务的相关培训，2007 年全省中职高中的涉农专业占 5.1%，而且多数是为了对口升学。缺少为农业发展和农村进步的职业教育与培训服务，农村职业教育是很难得到农村人口的广泛认可的，这种状况将直接影响农村职业教育功能的发挥和其在农村经济社会中的地位。

第三节　我国农村职业教育发展问题的归因分析

上述内容简单地分析了当前我国农村职业教育办学中存在的几个方面的问题，我们可以对问题背后的原因进行分析。在问题归因上，有的问题是显而易见的，有的则有其深层次原因。从我们对农村职业教育的问题分析来看，主要是以下三个方面的原因。

一、农村职业教育所面临的困境是典型的依赖型困境

这里所指的"依赖型困境"是指农村职业教育在整个经济社会中的地位、受重视程度以及发展水平，是与职业教育所处的经济社会环境相互依存的，不是孤立存在的。一方面，农村在整个国民经济社会发展中的地位

和受重视的程度，直接决定了农村职业教育的总体地位，它受到整体的经济社会环境的影响，这里是指的宏观环境；另一方面，农村职业教育的发展程度，也会受到农村当地经济社会发展的微观环境的影响。微观环境虽然没有一个统一的标准抑或是恒定的内容，但是，客观上说，在经济社会较为发达的东部地区，县级政府在解决农村职业教育经费的问题上比经济欠发达的地区相对容易。我们将对这个方面作分析。

在城乡的当前格局中，农村处于弱势地位，政府的政策倾斜与资源分配方面都为城市优先，因此，相应地处在农村地区的农村职业教育，同样无可避免地接受其弱势地位。这种弱势地位体现在几个方面：一是在经费分配上，城乡的差别大。在江苏省的访谈中，有中职校长表示，就江苏省而言，在南京高职院校中，设备生均值近10000元，而县级职校不足一半，乡镇农校悬殊更大。二是实习实训设施的配备上，城市不仅仅有设备先进的实训中心等条件，各校也在财政的支持下建设校内实训中心；而农村职业学校连满足日常职业教育教学的基本设施都无法保证。三是城乡由于地理位置的差异，农村职业学校处于明显的不利位置，交通不便影响了教学活动的开展。四是师资队伍上差距，一方面，农村职业学校的师资在很多方面就天然地无法同城市职业学校相比，且农村职业学校教师在职进修、下企业锻炼等方面的机会都无法与城市职业学校相比较；另一方面，农村职业院校师资的流失问题是农村学校无法承受之"伤"，大城市、中心城市、县城与乡镇之间，或者是不同地区之间，教师的收入与工作与生活条件差距较大，农村教师向城市流动成为一种趋势。农村职业院校既不能阻止正常的教师流动，影响教师向城市流动的愿望，同时，要保证学校的教学质量，必须对教师进行培养，但教师成长得越多，能力越强，流失的危险越大。因此，农村职业学校在教师培养上就长期处在这种困境与悖论当中，虽然政府出台了部分政策进行应对，但更多农村教师流失到城市的趋势短期内无法改变，解决农村职业院校的师资问题成为关键。

二、我国基层财政体制特征导致了农村职业教育投入不足

从目前农村职业教育的办学经费来源状况来看，主要分两块：一是事业收入，即通过学费收入获得的学生培养费用，占到学校办学与运行经费的很大一个部分；二是上级拨款，拨款分为预算内和预算外，预算内包括

员工工资、社保和公积金等项目，预算外则是上级补助。主要来源有县市级政府拨款，看当地财政收入及地方教育投入，具有不稳定性及区域的差异性，经济发达地区和欠发达地区的差异较大；乡镇农校的运行经费一般按全镇人口拨款，由当地镇政府负责。这一基本的经费体制架构决定了农村职教在运行过程中可能面临的经费方面的难题。

从根本上说，我国目前的财政体制决定了农村职业教育在经费方面的困难。从目前的体制看，农村职业教育基本上还是实行地方政府负责体制。而在上个世纪 80 年代的财政政策是财政包干、分灶吃饭，地方政府财力较雄厚（20 世纪 90 年代初中央与地方财政收入比例为 22∶78），这是支持包括农村职业教育的农村教育的重要财政基础。但是上个世纪 90 年代开始的分税制财政体制改革，改变了中央政府与地方政府的财政收入结构，2002 年比例为 50∶50，2003 年调整为中央与地方 6∶4 分成，当年中央财政收入比例为 54.6%，到 2011 年中央本级收入占全国公共财政收入比重的 49.4%，中央转移支付的能力在不断提高，但地方政府的支付能力却因为财政状况的约束不断弱化，尤其是部分县乡政府的财政收入日渐困难，但是教育成本却还是在逐步上涨，如果仅仅靠地方政府的财力收入来支持农村职业教育的发展，的确存在很大的困难。

农村的税费改革同样对农村职业教育办学经费形成了较大的冲击。在 2006 年取消农业税之后，农民已经不再负担任何税费，这对减轻农民负担、缓解农村因征税费而带来的基层冲突，推动农村经济社会发展意义重大。但是不容忽视的是，在取消的各种税费中，包含了教育附加税和主要的教育集资，这在很大程度上减少了农村教育经费的来源。如 1997 年全国农村教育费附加为 269 亿元，而 2000 年为 151.97 亿元，地方教育附加为 25.94 亿元，额度大幅度减少。在农村地区教育费附加是补足教师工资的重要来源，我国由于财政性教育投入一直低于国际标准，且多数教育经费投入在城市，这就直接严重地影响了农村教育经费的足额拨付，引发多个方面的问题。有研究者也指出，县级财政在上级政府分享个人所得税、取消农业税后，财政收入下降的状况与增加教育经费的责任要求不相适应。有的省份规定，城市教育费附加的 30% 应用于农村职业教育，并根据所在县的人口数量征收每人一元的农村职业教育专项经费，这些政策都能在一定程度上缓解农村职业教育的经费不足状况，但是，一方面，这不是解决农村职业教育经费不足的治本之策；另一方面，这种"治标"之策还无法在实际执行中得到贯彻。如中部某省 2010 年 73 个县（市）区城市教育费附加用于职教的比例低于 30%，46 个县市区没有设立职成教育专项经费。这一状况导致政策不能起到应有的效果，许多地方的农村职业学校存在"吃饭靠财政、运转靠收费、建设靠举债"的状况，影响了发展。

办学经费投入还存在地区性不平衡和教育类型投入不平衡的问题。经济发达地区和欠发达地区在财政收入水平上的差距是巨大的，如在广东省，广州、深圳等城市与广州北部的一些地区在财政收入上的差别是非常明显的；如江苏省的苏南与苏北之间同样存在非常显著的差异，财政收入不理想的地区，农村教育经费自然就被严重限制。教育类型投入不平衡是指在同一地区，各种不同类型的教育之间在政府所受到的重视程度是不一样的。九年义务教育由于有国家的强制性规定，且已进入全面免费的阶段，受地区经济发展状况的影响不是非常明显。但是，同属于高中阶段教育，普通高中教育与中职教育在政府部门所受到的重视程度是不一样的。普通高中的办学质量直接影响高考升学率，是几乎所有民众都非常关心的教育，因此地方政府不敢马虎，将尽力满足其经费投入需求。相比较之下，农村职业教育则显得不那么重要了，目前既不存在责任考核，也不存在地方民众的普遍关注，因此其受关注的程度要低得多，其教育经费也自然难以得到切实的保障。

三、功能性约束是导致农村职业教育困境的根本原因

在上个世纪六、七十年代，著名的职业教育专家 Foster 以非洲加纳职业教育失败的案例作为说明，论证一个重要观点，即推动职业技术教育的关键性因素不在于职业教育本身，更重要的是在于职业教育发展所处的经济社会制度、社会环境的支持程度。如果缺乏了制度与社会对职业教育形成共同支持的环境与条件，人们通过职业教育所习得的技能都是"屠龙术"，毫无用武之地。[①] 上个世纪末，也有学者向国内介绍了福斯特的职业教育思想，并在国内引起了广泛的影响，成为我国农村职业教育改革过程中的重

---

① Foster P. The Vocational School Fallacy in Development Planning [M]. New York：Oxford University Press，1977：356.

要思想来源之一。在分析我国农村职业教育困境的成因时，从福斯特的有关理论来进行讨论亦有启发。

不同的人群对职业教育的需求是不一样的，正像福斯特所论述的，如果农村职业教育不能根据农村人口的各自实际需求来进行定位和发展的话，那么，我们肯定没有办法得到理想的教育效果。从我国目前农村职业教育的办学实际来看，主要有三个方面的内容：农业技术培训、农村劳动力转移培训和义务教育后学校职业教育。事实上，在实施的过程中，农村职业教育并不能很好地根据相应的需求来进行有效的教育，这涉及农村职业教育自身体系的成熟程度是否能为农村人口提供相应的需求。从我国目前的正式农村职业教育体系的形式和内容以及非正规农村职业教育与培训的各自内容的特点来看，农村职业教育面向不同的人群、迥异的需求特征，并不能根据受众特征而进行调整，尤其是带有"工程""项目"性质的农村职业培训，事先并未对农村人口的实际需求进行深入的、实在的调研就匆匆上马，结果导致就是一种"绑架式"的培训。"绑架式"培训不仅对提高农村职业教育在农村人口中的影响力没有任何帮助，还可能对其造成负面效应。因此，如何更好地关注受众需求，提高培训的效率是农村职业教育在实施有关培训计划时所需要重点关注的内容。

但是，从我们对部分农村职业中学的了解以及有关公开发表论文的讨论看，目前我国农村职业教育面向农村人口所提供的职业教育培训与服务中，从服务内容的结构上看，影响了服务的效果与水平。一是如前所述，农村职业教育与培训对农村人口的需求关注不多，培训内容多是出于培训者的设计，而并不是出于受训者的需求；二是农村职业教育由于缺乏向上通道的设计，或者说向上的通道非常狭窄，许多农村学生在接受完农村职业中学的教育后，很难再有继续升学的机会，不少学生在接受多年正规职业学校教育之后，就业仍然不理想，影响了学生对农村职业教育的信心。在教育部职教师资培训基地华东师范大学的一次培训上，一位来自广西的教师就对培训教师说，他们到各个村、到学生家里去发动他们到职业学校上学，但是，学生家长的问题让他们觉得很无奈：你让我们到你们学校去念中职，而且免费，这样很好；但是，你告诉我们，我们的孩子到你们学校读完三年书之后是去广东打工，而他现在初中毕业了，也可以直接到广东打工，工作没区别，工钱没差别，那你说说我为什么要到你们学校去花三年时间学习呢？个人都是理性的经济人，对投入与收益的反复权衡，是其选择是否要进入职业学校的重要考量标准。如果职业院校的学习既不能提高学生毕业后短期内的收益，与其他未接受教育的人形成明显的分化与区别，又不能给学生长期生涯发展的希望，那么，农村职业学校学生的希望在哪里，农村职业学校如何在农村人口那里获得广泛的认可？农村职业教育怎么可能有吸引力呢？

第四节　从办学模式角度看当前农村职业教育存在的问题与对策

一、办学体制的单一性导致办学经费不足和机制不活

从现阶段我国农村职业教育的经费来源看，主要是来自于财政性教育经费，此外各个地区根据经济实力和区域发展的具体需求，通过项目经费的方式，部分解决农村职业教育的办学经费问题。这一方式存在一个较为现实的矛盾与困境：贫困地区由于财政收入水平较低，政府在满足职业教育发展所需要的基本经费要求上都存在困难，缺乏其他的经费投入途径；但恰恰是这部分贫困农村地区最需要发展农村职业教育与培训，应该大力发展，以支持地区经济社会的发展。这种困境可能造成的问题就是，越贫困，越无力投入教育；教育越缺，贫困程度进一步加深，最终陷入恶性循环。

目前我国农村职业教育在办学体制上仍然是政府主办的单一体制，形成这种体制有其深刻的政治、经济和社会原因。其中一个很重要的原因是由于农村职业教育的准公共性、社会效益高，但经济收益水平低，因此造成政府财政支持之外的其他经费来源不愿意进入农村职业教育，不愿意投入职业教育。因此，单一的经费来源决定了经费水平受到极大的限制。要突破农村职业教育在经费投入上的问题，最主要的一条途径就是改变单一的办学体制，推动举办主体多元化，通过融入社会资金，拉动农村地区的职业教育办学。可以通过多种途径、多种方式吸引各种民间资本，如民办教育资本、国际各类援助基金、世界银行、亚洲银行等机构的贷款等。只

有通过改变当前农村职业教育办学体制的单一化，才能改变目前办学经费困难的局面。

二、办学内容的结构性缺陷导致农村职业教育吸引力不足

目前我国农村职业教育办学内容的功能性不足主要体现在办学内容无法满足农村经济社会发展的需要和农村人口发展的需求，导致农村职业教育的服务能力欠缺，功能无法得到充分发挥，继而影响农村职业教育在农村的吸引力。从农村职业教育办学内容的现状看，大部分的县级职业中学将重心放在初中毕业生的招录与常规培养上，在中等职业教育发展受到环境的制约的情况下，并未扩展其服务功能，而是通过"买卖生源"等方式在求生存。在具体的办学内容上，欠缺对农村人口的职业教育需求调查，提供的职业教育并非农村人口需要的，而农村人口所需要的培训却没有提供，这之间的矛盾，就直接影响了农村职业教育的吸引力，造成了职业培训并不受农民欢迎的状况。

从功能的角度看，农村职业教育的办学内容应主要突出三个方面：一是为农村剩余劳动力转移提供培训服务，提高转移的水平和效率；二是为留守农民提供多个方面的职业教育与培训服务，如农业技术推广服务、创业培训、农业经纪人培训等内容；三是针对农村适龄人口提供进入高等教育的机会。因此，从功能的角度出发，我们应该考虑进一步完善农村职业教育的体系，通过体系的建构来完善办学内容，激发农村职业教育的功能。

三、培养模式的功能性不足导致农村职业教育参与度不高

培养模式决定了农村职业教育质量与水平，也决定了农村职业教育的农村人口参与度。从农村的现实来看，农村职业教育的培养模式是多元的、复杂的，要满足不同人群、不同的教育内容、不同的教学空间和教学时间的需求。目前农村职业教育培养模式的结构性缺陷主要体现在职业教育与培训在实施的过程中难以协调。

从我国农村职业教育的办学与发展特点看，项目式的推动方式较多，如"阳光工程""燎原计划""农村劳动力转移培训工程"等等，这些项目的一个特点是高效，能够短时间将较多的资源集中起来，形成合力，推动农民培训工作，但同时最明显的缺陷就是不可持续性，在短期内实现一个

阶段性的目标之后，由于缺乏固定的机制，导致很难再将相应的资源进行可持续的利用，最终可能造成的是公共资源的浪费。

　　培养模式的结构性缺陷还体现在培养方式上，农村人口的职业特点和知识基础，限制了其接受农村职业教育与培训的途径、方式与内容。现有农村职业教育对这一方面考虑不够充分，就从根本上造成了农村人口的参与积极性不高。

　　因此，我国农村职业教育要改革培养模式，提高办学水平，首先要调研区域内的农村职业教育的需求，了解产业结构调整与农村剩余劳动力转移的技能需求，实施相应的培养工作；其次是选择适合农村人口的教育教学模式，充分考虑农村人口的知识基础和接受能力，选择合适的教学方式；再次，要将短期阶段性项目与长期稳定的培训项目相结合，形成相对稳定的农村职业教育与培训机制。

第四章
嵌入性理论与职业教育办学模式的形成与发展

　　嵌入性概念最早是经济史学家卡尔·波兰尼使用，在其论文《作为制度过程的经济》中，他首次提出了"嵌入性"概念，认为"人类经济嵌入并缠结于经济与非经济的制度之中"；在其论著《大转型——我们时代的政治与经济起源》中，波兰尼对这一问题进行了更深层次的扩展讨论，他认为，在经济研究的过程中，宗教、政府以及其他的影响因素可能是非常重要的，"宗教和政府可能像货币制度或减轻劳动强度的工具与机器的功能与效率一样重要"。这一概念提出之后，并未引起当时的经济研究或者社会研究界的高度重视。随着格兰诺维特等人对"嵌入性"这一概念的再阐释与发展，"嵌入性"概念得到了广泛的传播，成为经济社会学中的一个核心概念，在多个学科和研究领域中得到广泛的应用，成为一种强有力的解释工具。

　　在本章中，我们通过对嵌入性理论的前人研究进行总结和分析，理清嵌入性理论的发展历程，呈现这一理论的基本内涵和特征。在此基础上，利用嵌入性理论，通过分析职业教育办学模式所嵌入的经济社会环境，讨论职业教育办学模式的嵌入性特征，最后总结这一视角下办学模式的形成与发展。

第一节　嵌入性理论的源流与内容

　　在经济学的发展史上，新古典经济学理论以"完全竞争市场"和"经济人及理性行为"假设作为前提，在一些经济学家的推动下，如贝克尔，他通过利用经济学分析方法对家庭、教育、犯罪等社会问题进行了卓有见地的分析，被称为将新古典经济学用于非经济分析的第一人。贝克尔认为，"理性分析理论能够解决的问题比迄今为止已经解决的问题要多得多，我现在仍然认为理性选择理论是非常有力的武器，经济学帝国主义可能较好地描述了我的工作"。经济生活的立场发展到了极致，经济学的有关理论视角不断地渗入其他学科，逐渐发展成了所谓"经济学帝国主义"。在这一状况之下，有研究者认为，嵌入性概念的出现，是社会学对抗、反击新古典经济学理论的无度扩张和不断入侵其他学科和领域的产物。嵌入性观点与人类学中的"实质主义"学派有关，并在与主流经济学的原子论的斗争过程中而产生的。① 在这一概念被接受并开始产生广泛的影响之后，各个领域，如社会学、政治学等学科的研究者纷纷利用这一概念试图挑战经济学，并迅速发展成为新经济社会学的一个核心的概念工具。② 因此，将嵌入性的理念进行全面考察，对其源流及基本内容进行深入的探索，为我们利用这一理论工具对农村职业教育办学模式的有关问题进行深入的研究奠定坚实的基础。

一、卡尔·波兰尼对嵌入性理论的开创

学术界公认是卡尔·波兰尼提出了"嵌入性"概念。他认为，人类的经济活动从来都不是自发产生，而是嵌入整个社会之中的，在 19 世纪之前更是如此。经济从来不是一个单独的独立领域，在前工业社会中经济是嵌入于社会、宗教以及政治制度之中的。这意味着，像贸易、货币和市场这样的现象是由谋利以外的动机所激发的，并和具体的社会现实结合在一起。在工业革命之前，社会中的经济生活为互惠或再分配的方式所笼罩，市场的交换机制还没有统治经济生活。随着自由主义的兴起，以市场为中心的经济体制开始占据主导地位，这正是由市场控制经济体系会对整个社会组织产生致命后果的原因所在，它意味着要让社会的运转从属于市场。

市场嵌入社会是人类历史的基本逻辑和本质，在波兰尼看来，"人类经济通常都潜藏于人类的社会关系之中……经济体系嵌入在社会关系之中"。经济学关于市场是自发和自律的认识和理解，这是一种陈腐观念，同时这

---

① 甄志宏. 从网络嵌入性到制度嵌入性［J］. 江苏社会科学，2006（3）：100.
② 丘海雄，于永慧. 嵌入性与根植性［J］. 广东社会科学，2007（1）：180.

种自发自律的市场也极具破坏性。一个"脱嵌"的、完全自我调节的市场力量是十分野蛮的力量，因为当它试图把人类与自然环境转变为纯粹的商品时，它必然导致社会与自然环境的毁灭。① 而事实上，完全脱嵌的经济行动也是不可能存在的。他在《大转型——我们时代的政治与经济起源》中一开始就说"自律市场的观点是绝对的乌托邦，除非消灭社会中人与自然要素，否则这种制度在任何时期都不可能存在"。② 在人类发展的历史长河中，经济始终是附属于整体社会，这是经济的本质所在，市场则是臣属于其他的社会制度，这一核心的特点是跨历史和跨文化的普遍定律（在资本主义出现之前表现尤其明显），而市场交易（marketing）与家计、互惠与再分配一样，这些都是经济生活中林林总总的制度模式之一。从根本特征看，市场与其他经济制度模式不存在高级或者低级的区别，在人类发展的某些阶段，市场甚至不如其他制度模式重要。③ 嵌入性研究贯穿了波兰尼学术历程的始终，他一直将反对自发、自律而独立存在的"脱嵌"市场作为其学术研究的中心议题。

我国学者符平认为，"市场嵌入于社会"事实上可沿着两条不同的思路来理解，通过借助波兰尼的区分，具体可以表述为"实体嵌入"和"形式嵌入"。"实体嵌入"指的是"认为市场本身是现代社会的一个有机组成部分，市场交换也因此而成为社会交换的形式之一，深植于社会结构之中。作为一种特定的社会构件（social component），市场交换体现了相当的社会性。正如韦伯所言，经济行动不过是一种特别的社会行动"。"形式嵌入"则是遵循帕森斯理路，将市场看作是经济生活的一种特定组织形式或者纯粹的经济关系与制度，认为市场与社会虽然有着各种不同的、不可分割的关联，同时受到其他社会因素的制约，但并不成为社会的有机组成部分。符平认为："所有针对嵌入性作为一个理论主张的批评，都是指向波兰尼没有将市场本身作为一种社会构件，而波兰尼是从市场作为社会构件的实体嵌入来阐释市场与社会关系的。"④ 换句话说，承认市场虽然是经济的，但更是社会的，是从社会结构中衍生出来的。

① 王绍光. 大转型——1980 年代以来中国的双向运动 [J]. 中国社会科学, 2008 (1): 130.
② [美] 卡尔·波兰尼. 大转型：我们时代的政治与经济起源 [M]. 杭州：浙江人民出版社, 2007: 4.
③ 符平. "嵌入性"：两种取向及其分歧 [J]. 社会学研究, 2009 (5): 151.
④ 符平. "嵌入性"：两种取向及其分歧 [J]. 社会学研究, 2009 (5): 151.

二、格兰诺维特对嵌入性理论的重新阐释与发展

波兰尼之后，格兰诺维特对嵌入性问题进行了重新阐释、表述与发展，使这一概念成为新经济社会学的纲领性术语，并使这一概念广为传播。虽然格兰诺维特同样使用了"嵌入"这一概念，同时都是用同一概念来定位经济与社会的关系，但是，他们对嵌入性的表达与阐释所持的理论立场和表述方式都是迥异的，格兰诺维特与波兰尼的思想并没有延续性，也并不是部分研究者所说的格兰诺维特对波兰尼的思想进行的继承与阐发。① 从格兰诺维特自己的解释来看，他认为他很不一样地使用了嵌入性概念，并不是想去借用或者重新提出这一概念，因为他在使用这一概念之前并未读过波兰尼的著作，也忘记了自己在使用波氏曾经使用的概念。但是，即使如此，嵌入性这一概念所蕴含的基本理论立场与内涵，在很多方面存在共通性，为研究者利用这一理论探索有关问题提供了有力的分析工具。

格兰诺维特认为，行为和制度如何受到社会关系的影响，是社会理论的古典问题之一。② "嵌入"是一种处于中间范围的影响机制，它位于"过度社会化"（指行为较大程度上是由关系和社会背景来决定）和"低度社会化"（指行为几乎不受关系和社会环境的影响）之间。人们的经济行为既非像在前现代社会中那样完全受到制度的制约，又非经济学者认为的完全不受限制，而是嵌入在社会关系网络之中。与波兰尼相比，格兰诺维特将嵌入性缩小到中观理论层面，将其理解为经济行为嵌入具体的社会关系网络中，使得嵌入性成为可量化操作的经济社会学理论。由此出发，嵌入性几乎成为经济社会学研究的基础概念。

嵌入性的实质表明：经济领域是社会领域的一部分。格兰诺维特的嵌入性思想主要在两部作品中得到具体的解释，即 1985 年的《嵌入性》和《经济社会学的解释性问题》。在这两部作品中，他对经济与社会关系的问题进行了深刻的认识，他认为，对待经济与社会关系问题上有两种倾向：一种认为社会关系对理性行为影响较小，因此，也就不存在嵌入性问题；另一种倾向认为经济制度与经济行为均完全受到社会关系等诸要素的制约，

---

① 符平．"嵌入性"：两种取向及其分歧［J］．社会学研究，2009（5）：151.

② Granovetter M. Economic Action and Social Structure：The Problem of Embeddedness［J］．The American Journal of Sociology，1985，vol. 6（1）：178.

具有强嵌入性的特点，没有独立性。以往的研究中，社会学和人类学在考察原始社会、初民社会或者非经济社会时，往往倾向于选择强嵌入性的分析；而在分析市场经济的有关问题时，却又往往具有无嵌入性倾向，其认为伴随着社会变迁，经济逐渐独立于社会，经济行为也摆脱了社会关系的影响。在格氏看来，这两种倾向显然都是有失偏颇的，简单地说，就是"不充分社会化"和"过度社会化"的问题。显而易见，他在使用"嵌入性"这一概念时，采用了一种更为"中庸"的观点，即一方面承认经济行为嵌入在社会关系之中，经济不可能从社会中"脱嵌"；另一方面，从整个经济过程看来，随着经济生活的进一步成熟，经济过程的自主性特征又是明显的，因此是"部分"嵌入。格兰诺维特曾经说道："我自己的观点与这两个思想流派都是背道而驰的。我断定经济行为的嵌入水平，在非市场社会中要比实体主义者和发展理论家所宣称的更低一些，而且随着"现代化"而发生的变迁也比他们相信的更小一些；但是我也主张：这一水平比起形式主义者和经济学家所考虑的，又总是并将仍然是更为实质性的。"①

从这段话中不难看出，在某种程度上，无论是现代社会、工业社会抑或是前工业社会，嵌入性始终存在，区别只是嵌入程度不同，因此，不管从哪个角度来研究经济现象，都必须深入考察经济行动者所处的社会关系网络以及个人或者群体之间的互动问题。美国社会学家科尔曼（Coleman，1988）曾指出："经济理论存在一种失误，即使在新制度经济学中也不例外。这种失误表现在，忽视个人的关系及其社会关系网络对产生信任、建立期望以及确定和实施规范的重要影响。"②

格兰诺维特在研究嵌入的网络机制时，提出了"信任"是其关键。他举了一个非常简明的例子：用"电影院失火"与"家庭失火"情况下人们的不同策略选择问题来说明在不同的社会关系条件下，信任状况是大为不同的，自然就影响到人们的行动选择。因为在经济领域中，交换行为必须以信任为基础，只有双方互相信任，经济行为中的交易成本才最低；而当每次交易都必须通过监督机制来进行保证，那么交易成本将会拖累经济行

① Granovetter M. Economic Action and Social Structure: The Problem of Embeddedness [J]. American Journal of Sociology, 1985, vol. 6 (1): 189.

② Coleman J. Social Capital in the Creation of Human Capital [J]. American Journal of Sociology, 1988, vol. 94 (94): 197.

为。因此，信任影响了经济行为，它是嵌入的网络机制。他提出，影响人们行为的因素是具体的社会关系，经济活动是嵌入在具体的社会关系之中的，只有在具体的社会关系中，我们才能理解具体的经济活动。网络关系的强弱、重复性会影响人的不同行为，网络的位置、结构的差异，也会导致不同的内化过程，使人们在不同的情景下产生不同的行为。①

国内有研究者还关注了格兰诺维特在《古典经济学与新经济社会学：历史与问题》中区分的"关系性嵌入"和"结构性嵌入"问题，这是新经济社会学在研究嵌入性问题时所遵循的两条重要的分析路径。其中，"关系性嵌入"指"单个主体的经济行为嵌入于他们直接互动的关系网络中"，经济行为与经济制度受到个人关系的影响；而"结构嵌入"主要讨论的是"主体的经济行为嵌入其所在的社会网络中"，同时，这一主体指的是经济社会中许多行动者镶嵌于更为广阔的社会关系网络之中。"结构嵌入"与"关系嵌入"的差别在于，前者不仅指涉人际关系，还强调关系网络叠加之后在总体上所呈现的结构性特征。② 在这些研究基础上，格兰诺维特将经济社会学的理论核心归结为三个重要命题：一是经济行动是社会行动的一种特定类型；二是经济行动具有社会性定位；三是经济制度是一种社会性建构。③

在嵌入方式的分类方面，格兰诺维特将嵌入方式区分为"结构嵌入"和"关系嵌入"。其中"关系嵌入"指行动主体的行为嵌入直接互动的关系网络中，信任、社会认同、互惠等都会对经济行为产生重要影响，网络是机制，而信任被认为是网络连接的关键，网络机制建立的关键就在于行动主体之间的信任关系；"结构嵌入"指行为主体的经济行为嵌入其所在的整个网络中，所获得的信息由其所处的网络位置决定。"关系嵌入"与"结构嵌入"是格兰诺维特对嵌入方式的高度概括，也很好地传达了嵌入的内在机制与方式。此外，Zukin 与 DiMaggio 拓展了这一概念，认为"嵌入"是指经济活动在认知、文化、社会结构和政治制度方面的情景依存的本质。对嵌入性问题作了进一步的深入研究与分类，提出了"政治嵌入"、"认知嵌入"、"结构嵌入"和"文化嵌入"四种类型的嵌入方式，政治嵌入显而易

---

① 周雪光. 组织社会学十讲 [M]. 北京：社会科学文献出版社，2003：156.
② 符平."嵌入性"：两种取向及其分歧 [J]. 社会学研究，2009（5）：150.
③ 甄志宏. 从网络嵌入性到制度嵌入性 [J]. 江苏社会科学，2006（3）：99.

见，指的是外部制度框架，如政治体制、法律制度对经济行为所产生的全面性影响；"认知嵌入"指理性行为主体在认知结构与认知水平上的局限性，行为主体在进行理性考量时受到原有意识结构的限制，如特定的价值观和行为规范等；"文化嵌入"指的是经济行为主体在制定经济战略和目标时受到外部共享的集体理解的制约，如文化价值观、传统文化等对行动主体行为的影响。① 从另一个解释方式来看，"结构嵌入"是行动者之间的物质特征与结构关系；"认知嵌入"指的是引领经济逻辑的结构化的心智过程；"文化嵌入"指形塑经济目标的共享信念与价值观；而"政治嵌入"则用以解释限制经济权力的国家角色与制度法规，很多情况下与制度嵌入同义。② 理解行动主体的嵌入方式，是我们利用这一理论工具分析经济行为与经济现象的重要基础。

三、嵌入性理论的几个重要内容

从波兰尼到格兰诺维特以及后来研究者的探索，已经对"嵌入性"这一问题形成了全面而深入的理解，但是，正如诸多研究者所言，包括格兰诺维特在内的学者，很难对"嵌入性"这一概念做出非常确切意义上的界定，这是因为嵌入性概念本身的复杂性，且不同的学者在这一概念的理解和内涵框定上存在一定的差异。但是，研究者在对嵌入性这一理论的基本内容理解上，形成了初步的观点。在新经济社会学中，嵌入性的有关理论中的社会关系网络对个人经济行动的形塑是一个用来描述经济学中的原子化个人图式相对立的概念，用来描述个人与其所处社会环境之间的不可分割的关系，人的经济行动或者社会行为都是嵌入在具体的、持续运转的社会关系之中，并假设建立在亲属朋友或朋友关系、信任或其他友好关系之上的社会网络维持着经济关系和经济制度。③

（1）简单地说，嵌入性理论的根本在于说明，人类的经济活动和经济行为，从来都不是自发产生的，也不会自发存在，而是嵌入在经济社会的总体环境之中，总体环境包括经济和非经济的制度等。人类所作出的某些

---

① Zukin S, Dimaggio P. Structures of Capital: The Social Organization of the Economy [M]. New York: Cambridge University Press, 1990: 3.

② Zukin S, Dimaggio P. Structures of Capital: The Social Organization of the Economy [M]. New York: Cambridge University Press, 1990: 15.

③ 符平. "嵌入性"：两种取向及其分歧 [J]. 社会学研究, 2009 (5): 150.

经济行为或者模式，虽然看起来具有一定的随意性，但是，从根本上说，这是其所存在的社会的社会结构、社会生活方式、种种社会制度等等一系列经济的、非经济的因素影响下的结果。脱离嵌入环境来谈论经济行为往往是无效的，也很难解释某些完美理论推导下所出现的现实行为选择的偏离。这是波兰尼所一直持有的核心观点。

（2）社会中的经济行为（与其他所有的社会行动一样）不能被独立的单个主题所解释，经济行动被嵌入各种私人关系不间断的网络之中，而并不是被单个的、支离的行动者所执行，经济行为嵌入在社会结构之中，而核心的社会结构就是人们生活中的关系网络。因此，经济规则的演化、经济制度的变迁，并不是受到某一种特定力量的支配或者影响，而是嵌入到广阔的社会情境与社会关系网络，在特定关系结构的影响与制约之下形成与变迁。行动者一方面受到广泛的经济、文化以及制度广泛的深度影响，另一方面，行动者的选择具有一定的能动性与自发性，在选择的过程中，诸多决策与制度的形成，均是在具体的人际间互动而产生的。这一点格兰诺维特在 1985 年的论著中就首次进行了纲领性讨论，后来得到了进一步的阐发。

（3）"嵌入性"概念的引入，实现了经济学和社会学在某些内容上的对接。嵌入性有关理论的提示下，人们在讨论和理解经济现象与经济行为时，有了更新、更全面的视角。有研究者认为，嵌入性理论从波兰尼发展到格兰诺维特，理论越来越精致化，但是理论的解释范围与解释能力更狭义化，[①] 作为新经济社会学的基本概念，到底是将其广义化，将各种因素纳入理论考虑的范围以求全面性，并利用其发挥更大范围与边界的解释力来讨论更多的社会问题和经济现象；还是将其解释方式进一步精致化，框定其发挥解释能力的范围与边界，让小范围的解释更加有力，这两者之间存在一定的冲突。因此，我们在利用嵌入性理论的时候，一方面既要充分利用其解释力用以讨论各种社会现象，另一方面又要拒绝这一概念被不断地泛化，导致概念解释力的下降与空泛。

在经济行动中，企业嵌入社会或让社会嵌入企业自身内部是企业主动和自觉地以社会约束换取社会支持的理性行为和组织过程，也是为社会发

---

① 周利敏．乡村寺庙发展脉络中的嵌入性分析［D］．上海：上海大学，2006：24.

挥形塑作用创造条件的战略性措施。这种社会嵌入，不仅是特定主体和具体关键利益相关者的有形互嵌，更是互嵌双方在思想和情感等无形要素上的深度同化。① 因此，从上述我们对嵌入性有关概念和理论的梳理中不难看出，嵌入同样也是综合性的。不仅仅涉及行动主体在地域上的嵌入，也是行动主体从制度、经济、文化、传统等方面嵌入社会中。从嵌入方式与嵌入内容来说，包括空间的地理嵌入、行动主体和组织间系列关系结构的网络嵌入，文化和政治等社会背景对主体行为影响的则可以归为制度嵌入（政治嵌入）等等。② 嵌入性理论的这种复杂性与广泛的应用范围，是我们选择嵌入性理论视角进行职业教育办学模式研究的重要基础。

第二节　职业教育办学模式的嵌入性分析视角

在霍尔和索斯凯斯所言的"自由市场经济"中，职业培养制度是造成不同类型工人群体之间发展机会拉开差距的重要原因，表现尤为明显的是收入不平等。一般而言，低技能工人在霍尔和索斯凯斯所言的"组织化市场经济"中拥有更多机会。由于生产技术变迁的影响，因技能差异导致的薪酬不平等现象已经增多。③ 因此，分析职业教育办学模式时，应该与更为宏观的经济社会及政治背景联系起来。

社会学家迪尔凯姆认为，教育组织与制度从来不是一个自我封闭的、自足的系统，而是始终与外部环境存在互动的，教育组织与制度需要与外部环境进行能量与信息之间的交换，而正是在这个过程中，组织的内在结构和制度安排就会因适应环境的需要而做出调整。④ 从迪尔凯姆关于教育组织与教育制度的这些考虑来看，他是从教育组织与制度的嵌入性特征来进行相应讨论的，从嵌入性的视角，能对教育组织与教育制度的产生、发展及运行过程做出相应的合理解释。而办学模式作为教育制度的一种具体形

① 万俊毅，欧晓明. 社会嵌入、差序治理与合约稳定 [J]. 中国农村经济，2011 (7)：18.
② Hess M. "Spatial" Relationships ? Towards a Conceptualization of Embeddedness [J]. Progress in Human Geography, 2004 (2)：170.
③ [美] 凯瑟琳·西伦著，王星，译. 制度是如何演化的 [M]. 上海：上海人民出版社，2010：7.
④ 吴建平. 组织与制度的嵌入性及其自然演化 [J]. 社会，2006 (5)：196.

态,一方面其具备嵌入性特征这一点是毋庸置疑的;同时,另一方面,如何利用嵌入性这一理论视角将办学模式的问题进行更加深入全面的讨论,是对办学模式问题研究的一种较好的扩展,将突破教育学,从一种更加宽广的理论视角将这一问题的阐释与理解进行深化。

前文我们通过对波兰尼和格兰诺维特的嵌入性思想进行较为全面的回顾与讨论,了解到经济现象和经济行动可以利用嵌入性视角进行解释和讨论,同时不少研究中也将嵌入性理论应用到多个领域的研究和讨论之中,如政策、制度、公司治理的社会嵌入性等等。在讨论经济行为和经济现象时,我们需要结合其所处的社会结构和经济社会环境来进行研究与讨论,那么,对于农村职业教育办学模式的问题,我们是否也可以同样利用嵌入性的理论视角对这一问题进行分析呢?

一、嵌入性理论视角考察职业教育办学模式的适切性

通过对嵌入性理论的相关理解,我们不难发现,其基本思路是反对社会的反历史化和反区域化的比较研究。反对就现实论现实的解释路径,反对忽视过去时间的连贯性,主张将社会事件纳入整体的时间里。[①] 这种思路理想地契合了嵌入性思想的机理,并较好地体现了嵌入性理论的根本意图。我们在教育研究中利用嵌入性理论的视角和方法,正是基于将社会事件或者社会活动纳入整体的社会情境与时间中加以考虑的。事实上,西方有政治学家或者社会学家对不同的技能体系所带来的社会后果进行了关注,不同技能形成体制对宏观社会结果和制度安排产生了重要影响。学者们认为,不同的职业培训制度已经与更宏观的政治和社会结果联系在一起,如霍尔和索斯凯斯所提到的在"自由市场经济"中,职业培养制度是造成不同类型工人群体之间发展机会拉开差距的重要原因,其中尤其表现在收入不平等。[②] 从这些学者对职业教育与培训所带来的社会结果的分析与研究来看,我们不难理解,作为一种社会形塑的结果,职业教育办学模式是与其所处的经济社会环境紧密联系的,一方面,职业教育办学模式带来一定的社会后果,而另一方面,这一社会后果又直接影响到了办学模式的自身特征。

---

① 转引自:周利敏. 乡村寺庙发展脉络中的嵌入性分析 [D]. 上海:上海大学, 2006:28.

② [美] 凯瑟琳·西伦. 制度是如何演化的——德国、英国、美国和日本的技能政治经济学 [M]. 王星, 译. 上海:上海人民出版社, 2010:7.

用简单的话说，就是有什么样的社会环境与社会条件，就有什么样的职业教育办学模式。

从嵌入性理论的基本立论点看，经济行为、经济现象等都是应该结合其所处的政治经济社会环境来进行理解，经济行为与经济现象都是嵌入在社会结构之中的；而在社会学中，同样将嵌入性这一理念理解为某种社会网络镶嵌于其他社会网络之中。在考察职业教育办学模式时，我们如何利用这一理论视角？办学模式嵌入经济社会结构与经济社会环境，是否与经济行为以及经济现象嵌入经济社会结构中有何不同？而办学模式嵌入经济社会环境又有何特点呢？

为什么我们能够选择从嵌入性的视角来考察职业教育办学模式呢？在很大程度上来说，这是由职业教育的自身性质特征决定的；而职业教育办学模式作为职业教育的具体执行方式与办学思想的具体实现，体现职业教育自身的一些根本性质与基本特征。从根本特征来说，职业教育是一类与经济社会发展关系最为紧密的教育类型。当前我国产业转型与产业结构改善所遭遇的一大瓶颈就是高技能型人才的大量缺乏，根据劳动保障部门的统计，我国城镇从业人口中技师、高级技师仅占4%，连一汽集团这样的技能人才高地，高级工比例也才13%，而发达国家高技能工人占30%—40%。高技能人才严重短缺的状况对我国经济社会发展与产业结构转型产生了较为严重的制约，因此，作为担负技能型人才培养任务的职业教育，与经济社会发展存在着紧密的关系。这是从大范围来谈职业教育与经济社会的关系。从区域的概念来说，一方面，职业教育担负着为区域经济社会发展培养技能型和技术型人才的任务，"对接区域产业、服务地方经济"成为职业教育改革与发展的一个重要基调与目标，这是职业教育区域服务功能的最直接体现，是从职业教育基本职能的角度来谈其与经济社会的关系的；另一方面，一个区域的职业教育发展程度与能力直接受制于区域的经济社会发展程度与水平，这一点很明显。在我国部分经济发达地区，职业教育发展的总体水平较其他地区都要高，如江浙沪地区等，影响职业教育发展程度的因素很多，但是，区域产业的发展程度决定了对职业教育的需求程度，同时，区域产业发展水平又从根本上决定了举办职业教育的经费投入、体制机制创新等，尤其是区域经济的发达程度决定了地方政府对职业教育的投入，而经费投入也往往能决定职业教育的办学能力与办学水平。

因此，从职业教育与经济社会的紧密关系看，我们选择嵌入性的理论视角来审视职业教育办学模式，对办学模式进行全面审视，这是较为适切的理论视角。一是职业教育受到经济社会环境的制约与影响，因此，作为职业教育具体实现形式的办学模式，自然而然地受到来自于经济社会的影响。经济的发展程度、教育的发展水平、产业的成熟程度等都从总体上决定了职业教育的发展特征与发展水平，这是从大范围来进行讨论的，指的是职业教育办学模式必须与经济社会发展的大环境相适应、相匹配。二是从职业教育与区域经济社会发展的关系来看，由于职业教育与区域产业的对接特征，区域产业的分布特征与产业的发展水平，决定了职业教育办学模式内在特点。既要适应产业门类分布的需求，同时又要注重产业发展程度。职业教育办学模式必须切合产业发展的需求特征。三是从区域经济社会发展条件对职业教育的影响来看，职业教育同样不可能"脱嵌"于经济社会而存在，一个未充分考虑区域经济社会发展水平与条件的职业教育办学模式是不可能长期存在的，只有在适应经济社会各方面发展需求的职业教育办学模式才有可能满足职业教育发展的需要，并实现模式自身的不断完善。因此，从上述三点的初步讨论我们不难看出，职业教育办学模式的嵌入性特点，作为一种办学模式，它的形成与发展，是在经济社会环境的影响与形塑之下逐步发生，进而嵌入在经济社会环境之下的。职业教育办学模式并不是单一因素影响下而形成，而是受到了更为广泛的经济社会环境的影响，并嵌入在社会结构与经济环境之中的。

二、嵌入性理论视角考察职业教育办学模式的方式

将嵌入性的理论视角引入职业教育办学模式研究领域，一个最大的优势在于观察在特定的社会结构和经济社会情境当中，职业教育办学模式将如何在具体的情境中得到建构，办学模式的各种要素是如何互动与相互影响的。作为一项具体的制度性建构，农村职业教育办学模式的萌生、发展与成熟是在一系列的关系网络和影响因素共同作用之下进行的，作为关涉经济、社会诸因素的办学模式，必定涉及多个方面行动者的参与。

嵌入性视角下的职业教育办学模式研究，到底具体以怎样的方式来进行呢？通过对嵌入性理论回顾和总结以及前人利用嵌入性理论视角进行其他方面的研究，笔者认为主要可以通过以下方式来进行讨论：

一是嵌入性理论视角对职业教育办学模式特征与内容的解释。利用嵌入性理论视角来讨论职业教育办学模式的问题，我们首先必须明确的是我们希望通过经济社会学中讨论经济是如何嵌入在社会结构中的基本思路一样，将职业教育办学模式的建构同样看作是一个社会行动的过程，与经济行动一样，职业教育办学模式的建构形成并非是一个简单的教育因素影响过程。在这个模式的形成过程中，充分考虑职业教育的特点和内容是必需的。但是同时，模式受到的影响更多来自于政治、经济和社会等相关因素。因此，在这一研究中，我们利用嵌入性理论视角对职业教育办学模式的特征与内容进行分析和讨论。

二是利用嵌入性理论解释职业教育办学模式与经济社会互动的特征与方式。职业教育办学模式在形成过程中和定型之后，是如何与政治、经济以及社会互动的，互动的方式、内容、机制、特征等。这一问题是理解职业教育办学模式的嵌入性关键所在。

三是对职业教育办学模式自身的制度性嵌入特征进行讨论。从根本特征来说，职业教育办学模式是一种职业教育制度，只是这种制度具备一定的特殊性。制度是规范人们行为的共同规则，用来防范搭便车行为。办学模式的特殊性在于它是对职业教育办学过程各种刚性制度进行糅合的制度的共同体，但是办学模式不具备刚性，而是遵循刚性制度下的柔性适应。但是，从嵌入性的角度来讨论，主要考察职业教育办学模式的制度嵌入性特征。

第三节　嵌入性视角下职业教育办学模式的形成与发展

作为职业教育的一种具体组织形态或制度形态，某一特定的办学模式是在什么样的环境中发生并发展的；办学模式的那种组织形式和组织结构是如何在外在力量的作用下产生并变迁的；在办学模式的具体运作过程中，主要是投入体制、培养方式和运作方式以及一些微观层面的内容，是如何随着环境的变化而演变的。

有研究者将政治、经济、文化、人口等几个方面视为制约办学模式的主要因素，分析了政体、国家制度、经济体制、经济水平、办学传统与价值观念以及人口水平都对办学模式的形成与发展产生了深刻的影响。① 这一点英国学徒制的沉浮史很好地解释了这一观点。英国学徒制之所以能够得以存续下来，是因为英国工业产业一直对技能存在依赖，但英国学徒制却是脆弱的，因为它所依赖的基础是雇主与技工联合会之间不稳定的权力平衡，而不是一个稳定的跨阶级联合，而且雇主与技工联合会之间的权力平衡经常会因为政治经济宏观环境的变动而瓦解。因而在英国，职业培训在有利的条件下（技工短缺时期或者政府大力支持培训）所取得的显著进步，会因为政治或者市场环境的变化而不断地出现退步或反复。② 日本的年轻人在进入企业之后，发现企业的激励结构鼓励（企业和个人）在技能培训上的不断投资，培训嵌入于一个更大的配套社会政策网络之中，一方面这激励企业提供培训，另一方面也激励工人参与继续培训，学习企业非常需要的技能。③

　　因此，从某种意义来说，职业教育办学模式的嵌入环境就是政治、经济、文化等各方面要素的共同构成，从嵌入性理论视角来分析职业教育办学模式的问题就是考察办学模式是如何与政治、经济以及文化因素互动的。嵌入性的理论视角为我们提供了一个理想的分析工具。那么，职业教育办学模式的形成与发展到底是怎么体现其嵌入性的呢？办学模式又是以怎么样的方式嵌入到其所处的社会结构与经济社会环境呢？嵌入经济社会结构与经济社会环境的职业教育办学模式，又应该具备哪些重要的特征呢？在这一部分中，我们将就这一问题进行初步的讨论。

一、职业教育办学模式体现嵌入性的事实与特征

　　利用嵌入性视角讨论职业教育办学模式的有关问题，首先应该对职业教育办学模式嵌入社会结构与经济社会环境基本事实与特点进行总结与探讨，这是进行理论追寻的重要基础。从基本事实来看，职业教育办学模式从多个方面嵌入在社会结构与经济社会环境当中。办学模式的基本构成要素中，如投入机制、运行机制、管理机制等制度都是与政治、经济及社会

---

① 邬大光，赵婷婷. 高等教育办学模式研究 [M]. 大连：辽宁大学出版社，1997：25.
② [美] 凯瑟琳·西伦. 制度是如何演化的 [M]. 王星，译. 上海：上海人民出版社，2010：249.
③ [美] 凯瑟琳·西伦. 制度是如何演化的 [M]. 王星，译. 上海：上海人民出版社，2010：251.

因素紧密联系，并嵌入其中的。

我们从办学模式的几个主要构成要素来分析职业教育办学模式是如何嵌入到经济社会环境之中的。首先是"谁来办"的问题，"谁来办"直接就是涉及职业教育的投资体制与投资方式，投资体制从根本上决定了职业教育的产权属性。而职业教育投资决定因素包括哪些呢？最为根本的影响因素是政治体制。在政体的不同类型中，有集权制和分权制，教育作为一个国家政权在意识形态的重要影响因素，政权掌握者不会容许私人或者私人团体拥有办学权，但是，教育不能由政府包办，因此，盘活社会资源投入教育，发展教育，这是一种社会发展的必然。在不同的政体条件下，对参与办学主体的要求会有所不同。此外，影响办学投资体制的另一个重要决定因素是经济体制，经济体制在很大程度上决定了办学经费的配置。从世界上现有的经济体制看，可分为市场经济体制和计划经济体制，在计划经济体制下，经济成分是单一的，绝大部分为国有经济和集体经济，很少有私有经济；而市场经济则主要依靠市场对经济进行调控，我国目前是坚持公有制为主体的多种经济成分并存的经济体制。在计划经济体制下，办学主体是单一的，即国家是办学主体，其他各级政府是国家在各地的不同级别的代理人，行使国家的权力与责任，举办各级各类教育，私人部门和民间资本进入教育领域的可能性非常小，民间资本在教育产业领域的空间被严重挤压，因此，计划经济体制下的办学模式也是非常单一的公办模式，少量由民间资本举办的教育领域，也仅仅只是公办模式下的补充。而在市场经济条件下，资源的配置以市场调节为主，同时，政府通过其独有的手段影响资源的配置方式。在市场调控为主的经济体制下，办学模式中的办学主体更多的是多元化，除了政府投资的办学之外，还有更多的民间资本进入教育领域。根据社会对教育资源的需求特征，民间资本以自己的方式介入，能够激活现有的教育资源，让公办教育与民办教育在同一平台与条件下竞争，将有可能提高教育资源的运作效率，提高办学水平。同时，与办学投资多元化的现状相应的是，办学主体拥有更多的办学权和管理权，办学模式更为自由。

通过上述的分析不难看出，办学模式在不同的政体下、不同的经济体制下，会有不同的表现形式，从根本上决定办学模式性质的是教育的主办者是谁，投资来自哪里。以职业教育为例，在我国的计划经济体制时代，职业教育主要由国家举办，即政府作为出资者，包揽了各级各类的职业学校，是投资体制单一的职业教育办学模式。随着市场经济体制在我国的逐步确立，民间资本开始大举进入教育领域，教育产业得到了私人投资者的青睐，在国家政治、经济制度许可的范围内，大量私人资本举办的职业教育开始出现，职业教育办学模式突破了原有的单一公有制模式，形成了公有制为主、大量民办职业教育出现的局面，这是激活职业教育办学资源、提高职业教育办学水平的重要途径。因此，不难看出，正是由于我国政治体制和经济体制的变迁，带来了职业教育模式本质上的改变。在计划经济时代，不可能出现大量的民营职业院校，办学模式是单一的；而在市场经济时代，办学模式的改革也必须适应经济体制改革的需求，与市场经济体制改革的整体设计相呼应，突破单一体制的呼声必定越来越高，即使教育在与经济社会环境的互动中可能相对较为保守，但是教育同样也应该遵循经济社会发展的基本规律与特点，顺应经济社会发展趋势。

其次是"办什么"的问题，即职业教育的办学内容。迪尔凯姆认为，教育主要有两大功能：第一，是为工业经济输送技术工人。第二，也是最为基本的功能，是通过文化传递的方式，成为社会整合的工具。[①] 职业教育的办学内容同样也承载着类似功能。作为办学模式的重要组成部分之一，办学内容影响职业教育办学模式的表现形式与组织架构。办学内容是由什么决定的呢？很明显，是由经济社会的发展程度、生产方式特征等决定的，社会上有些什么样的产业，职业教育就要培养什么；而产业的生产方式特征，就决定了职业教育内容的组织形式与结构，这在上章已经作了初步的讨论。如在手工业时代，主要的内容就是传承手工工艺，工业经济时代就是传递简单的工业生产知识与技能。而随着经济社会的全面发展和现代化进程的加快，为了满足经济社会中的不同需求，职业教育的服务对象进一步复杂，因此，职业教育的办学内容就存在着不同层次、不同类型的职业教育服务需求。如何满足这些不同的需求，是职业教育办学模式改革的关键所在。简单说来，当前我国职业教育的办学内容是如何体现嵌入性的呢？以农村职业教育为例，它的办学内容主要就围绕几个方面的需求来展开，而需求都是来自于经济社会发展的现实需要：一是为农村职业教育体系所

---

① ［英］安迪·格林. 教育与国家形成：英、法、美教育体系起源之比较［M］. 王春华，译. 北京：教育科学出版社，2003：45.

在地的农业经济发展服务，提供农业技术推广与培训服务，适应当前农业产业化发展和集约化生产的总体趋势和对农业技术人才的需求；二是适应当前城市化和农村劳动力大量剩余的状况，为农村剩余劳动力转移到城市，提供职业教育与培训服务；三是针对当前我国农村仍然大量存在小农经济和分散的农业生产状况，为个体农户提供相应的农业技术服务，如除粮食生产之外其他农产品的生产；以上三个方面都是围绕农业发展与农民收入水平提高的；四是针对当前国家的政策导向，即建设社会主义新农村不仅仅需要农村经济的发展和农民收入水平的提高，更需要农村经济社会的总体发展，包括农民各方面素质的提高、农村社区建设等内容的教育与培训服务。这是从一般意义上来谈农村职业教育办学内容与农村发展总体状况与需求的紧密联系，同时更重要的是，具体到某一特定的农村职业教育办学模式，其办学内容则是由农村职业教育体系所处区域经济社会发展特征与需求所决定的，也就是说，不同地区的农村职业教育所需提供的教育服务内容是迥异的，进而影响其办学模式。在我国东部、中部、西部地区的农村职业教育在服务内容上是存在较大差异的，因此在办学模式上也不能以单一模式来适应全国各地的情况，在东部发达地区，主要是根据区域产业结构的特征为农民提供培训服务，促进农民就地转移，实现职业上的转换；或者是为当地企业提供员工在职培训服务等。但是在中部地区，主要是两个方面的服务功能，即提供农村剩余劳动力的转移服务和农业产业化发展的农业技术推广服务等，要提供的培训服务不一样，农村职业教育的办学模式也就不同。因此，选择什么样的办学模式，是由职业教育服务对象与服务内容所决定的；而对象与内容，则是取决于区域经济社会的基础与特征，经济发达地区与欠发达地区农村职业教育的服务对象与服务内容就存在显著的差别，因此，农村职业教育办学模式在不同地区也会呈现其自身特点。从上述的分析不难看出，办学模式嵌入经济社会的特征是清晰的。

再次是"怎么办"的问题，即职业教育的办学运行方式与机制问题，职业教育办学各因素的结构、功能及其相互关系以及各因素产生影响、发挥功能的作用过程和作用原理及其运行方式。这是职业教育办学模式内各个方面要素之间合理配合并发挥自身作用的关键，也是职业教育内部资源是否能得到充分利用的关键。办学模式的运行机制是如何体现嵌入性特征的呢？维系办学模式顺利运转与运行主要包括以下几个方面的内容，其中人才培养模式与培养方式是"怎么办"的核心与关键。在不同的环境与条件下，在面对不同群体的情况下，职业教育的办学运行方式将会呈现不同的特点，进而影响职业教育办学模式。因此，中等职业教育与高等职业教育在办学模式上存在差异，城市职业教育与农村职业教育办学模式也存在差异，而不同区域的同一层次职业教育的办学运行机制和办学模式也会存在差异。

职业教育办学过程的运行方式与机制也是嵌入在经济社会的总体环境当中的。从"怎么办"的核心内容人才培养来看，关键在于技能型人才培养目标与实现技能型人才培养目标的手段相一致，技能型人才培养质量评价与培养目标的衔接、课程体系的建构，并在总体框架下实现教学方式方法以及培养方案的整合，不同的职业教育层次与类型在上述这几个方面均存在较大的差异。以农村职业教育为例，在办学运行的过程中，由于农村在技能型人才需求特点上的差异性，因此其人才培养目标上具有多重性与多样性的特征，同时在培养方式上，要根据农村人口的职业特点和工作习惯，根据农村人口接受培训服务的方式与特征，采取灵活的培养方式，尽可能地适应这些需求，这是解决"怎么办"问题的核心与关键。因此，农村职业教育办学模式必须针对不同区域、不同人群在不同时期的职业教育需求，体现自己的特色。

二、职业教育办学模式嵌入经济社会环境的方式与特点

从嵌入性理论视角对职业教育办学模式进行全面的剖析，需要在理解办学模式具备嵌入性特征的基础上，对办学模式嵌入经济社会环境的方式加以分析。前文我们已经将行动者的嵌入方式进行了较为全面的讨论，分别将格兰诺维特和诸廷（Zukin）等人所区分的"结构嵌入""认知嵌入""制度嵌入""关系嵌入"等嵌入类型进行了分析，理解各种不同嵌入方式的特征，将为我们研究职业教育办学模式嵌入经济社会环境的方式与特点提供思路。正如研究者所言，嵌入性是一种塑造动机和期望并促进协调适应的交换逻辑，这个逻辑的独特性在于行动者并不自私地追求眼前利益，而是集中于培育长期的合作关系，信任是保持这种长期合作关系的基础，也是网络得以维系的关键所在。在格兰诺维特看来，经济行为嵌入在社会

结构中，而核心的社会结构就是人们在社会生活中的关系网络，嵌入性是一种能够容纳多种不同、更加精细研究的"概念伞"，这一理念很好地分析了社会网络联结所引起的社会行为对经济行为、经济制度的影响。① 从这一意义来理解职业教育办学模式的关系嵌入问题，我们才能更准确地利用嵌入性的分析工具，形成有力的结论。

职业教育办学模式的嵌入性具有一定的层次性。最为内核的部分是办学模式内部的各个要素，如学生、教师及相关人员，向外扩展到政府、学生家长、用人单位和校企合作单位等，最外层是其他联系松散的影响因素；而如政治、法律、文化等要素则是无处不在地影响办学模式的嵌入性特征的。职业教育办学模式是嵌入在网络中的，但同时，办学模式自身也是一个网络，内部要素之间也会通过一定的信任机制而形成网络。职业教育办学模式作为整体嵌入在外部网络之中，这可以称之为"外部嵌入"，而办学模式内部的各个要素和主体在办学模式内部网络中的嵌入称之为"内部嵌入"。因此，从我们的分析来看，职业教育办学模式的嵌入性特征属于"双重嵌入"，"外部嵌入"和"内部嵌入"分别涉及不同的嵌入方式。从上文我们对嵌入方式的分类来看，为了讨论方便，可以从以下几个方面对职业教育办学模式的嵌入方式进行讨论：

一是职业教育办学模式的"认知嵌入"。在嵌入性理论中，"认知嵌入"是从主体的角度来理解的，指的是在经济行为中，行动主体的先在内部认知结构或者认知能力与水平所造成的影响，重点在于行动者本身在经济行为上的认识程度，强调行为主体的结构化思维模式过程对理性经济推理的限制，也就是委托人或者代理人所处的社会情景对他们的各自认知框架的影响。② 从这一思路看，"认知嵌入"主要考虑在办学模式的建构过程中，办学模式形成与发展的各个内部主体，如办学模式下的职业教育主体机构（经济行为中是委托人或者代理人）在选择办学模式的建构内容和运作方式时，会受到各个主体在认知结构上的影响，而事实上，办学模式下各个职业教育主体机构在具体的政策选择时，会由各个主体机构中的主要管理者来进行决策，而主要管理者的思维模式与社会情境对其认知框架的影响，

---

① 王凤彬，李奇会. 组织背景下的嵌入性研究 [J]. 经济理论与经济管理，2007 (3)：30.

② Zukin S, Dimaggio P. Structures of Capital: The Social Organization of the Economy [M]. New York: Cambridge University Press, 1990: 87.

将会直接决定办学模式的特点。在这里还有一点值得一提，与企业不同，教育由于更多地受到政府的影响，许多决策与行为都涉及教育行政管理部门对职业教育办学的管理与干预，因此，办学模式的认知嵌入不仅仅受办学模式内部各个主体的主要管理者的认知结构的影响，同样还涉及教育行政有关行动者的认知框架。留意相关行动者原有的意识结构和认知框架对办学模式的影响，讨论其认知嵌入问题，将会是我们理解办学模式的形成与运作的重要基础。

二是职业教育办学模式的结构嵌入。结构嵌入主要从关注经济行动主体在其所处的联结网络中的位置来理解，在经济学中，企业在网络中的位置不同，内部参与者受到网络的影响也会不同。① 办学模式的结构嵌入主要体现办学模式是作为一个整体嵌入在以政治、经济、文化等多方面要素为联结点的网络当中，结构嵌入关注的是办学模式在区域内经济社会网络的事实以及其在网络中所处的位置，与企业的嵌入性的共通之处在于办学模式占据经济社会网络中的位置不同，职业教育办学模式内部各个要素在关系网络中所发挥的作用与效果也会存在较大差异。深入分析不难发现，由于职业教育办学模式与经济社会发展的紧密联系，与分析企业的结构嵌入一样，办学模式的结构嵌入主要关注其在同一层面的各种主体所结成网络中的位置。与其相联系的各种经济机构、政治机构以及教育机构都是其所处的经济社会网络中的联系点，在由上述各类机构所交织而成的网络中，职业教育办学模式形成其自身的特点。刘宏程等人通过研究企业利用社会网络发现存在两种形式：一是进入网络中寻找合适的位置并建立联结；二是自己构建网络。② "进入网络寻找合适位置"是典型的结构嵌入，即企业嵌入在所联结的关系网络之中；构建网络，则是对结构嵌入的认同与追寻。职业教育办学模式在利用社会网络的过程中也存在类似的方式。

三是职业教育办学模式的政治嵌入。这一点很好理解，也就是说，职业教育办学模式所处的国家外部正式制度框架，包括政治、法律、制度对办学模式所产生的影响。正如诺斯所说，正式的法律制度（确保一个国家

---

① Zukin S, Dimaggio P. Structures of Capital: The Social Organization of the Economy [M]. New York: Cambridge University Press, 1990: 35.

② 刘宏程, 仝允桓. 产业创新网络与企业创新路径的共同演化研究: 中外 PC 厂商的比较 [J]. 科学学与科学技术管理, 2010 (2): 75.

内部的市场经济交易行为顺利完成）和相关的配套执行机制，这些制度都是为了识别、指控和惩罚那些超出界定范围的行动者，① 这些都将影响职业教育办学模式的形成与运转。值得注意的是，政治嵌入主要是正式的显性约束，也就是对行动主体的行为规则造成影响。政治嵌入在多个方面影响到职业教育办学模式的内容与特征，如政治体制决定了办学模式中投入体制的特点，经济体制影响了职业院校与企业的关系，法律制度是否健全、是否完善，决定了办学模式运行的有效性。从某种程度上来说，政治嵌入性决定了办学模式的本质特征。

四是职业教育办学模式的文化嵌入。有研究者在公司治理的嵌入性研究中提到，"企业所处国家层面的政治和文化因素会影响目标企业行为人的认知框架，进而影响目标企业最终选择的公司治理机制"②。引申本书研究对象，对职业教育办学模式来说，其所处的政治与文化因素会影响办学模式下的相关主体的认知框架，从而影响办学主体的办学行为。由于正式制度往往存在各种不完善的地方，法律也有诸多不够完善的地方，政治嵌入只允许采用特定的治理机制，以确保签约双方当事人的利益，或者保护他们免受机会主义行为的影响。在这种既可能耗时且效果有限的情况下，对正式制度的采用往往是有限的。③ 但是非正式的文化约束对行动者的影响是潜移默化的，诸多的影响往往是通过潜在的、无意识的方式来进行的。处于某种文化之中的人，意识和行为中都会有集体知识或者理念的痕迹，并影响行动者的行为。在我们考察职业教育办学模式的文化嵌入时，一方面必须充分考虑办学模式所处的文化环境，另一方面，同样应该考虑教育文化传统对办学模式造成的影响。文化环境包含的范围很广，涉及的内容非常复杂，因素多样，所以是一个综合性的隐性嵌入。以我国办学模式的文化嵌入为例，为我们提到最多的文化观念——轻视技术、鄙薄技术劳动等，这些文化上的观念对我国的职业教育办学模式都造成了深刻影响，也会对办学模式的建构产生影响，这是办学模式文化嵌入的最简单体现。世界上

---

① ［美］道格拉斯·C. 诺思. 制度、制度变迁与经济绩效［M］. 上海：格致出版社，2008：98.

② 陈仕华，李维安. 公司治理的社会嵌入性：理论框架与嵌入机制［J］. 中国工业经济，2011（6）：108.

③ 陈仕华，李维安. 公司治理的社会嵌入性：理论框架及嵌入机制［J］. 中国工业经济，2011（6）：108.

各个国家在办学模式选择上的差异，也是因为不同国家的职业教育办学模式所嵌入的文化环境的差异。

五是职业教育办学模式的关系嵌入。关系嵌入重在描述单个行动主体的经济行为嵌入于他们直接互动的关系网络之中，是对嵌入网络中人际社会二元关系的结构与特征的刻画，其测度的标准往往是关系强弱和关系质量等。① 也就是说，关系嵌入更侧重于行动主体在人际关系中的嵌入，在这种嵌入关系中，突出了规则、认同和互惠性交换等主要社会性因素，是一个微观层面的、以人际交往网络为特征的嵌入过程。② 从这一意义上来理解职业教育办学模式，主要指的是办学模式在形成与发展的过程中，重在理解作为拥有独立利益目标的行动主体如何与影响办学模式构建的其他各方形成有效互动。

六是职业教育办学模式的经济嵌入。这是笔者在对办学模式的嵌入方式特征总结与研究时所理解的另一种嵌入方式。由于嵌入性理论是针对经济行为的研究，讨论的是经济嵌入社会的有关命题，自然不涉及经济嵌入的有关问题。但是，当我们讨论职业教育办学模式的嵌入性问题，就必须将其经济嵌入的特点考虑进去。正如我们上文所言及的那样，职业教育办学模式是嵌入在经济社会环境之中的，而且经济因素对职业教育办学模式的影响也很大，考虑其经济嵌入是非常重要的内容。值得注意的是，经济嵌入一方面与本书前章所提到的"生产方式对办学模式的影响"是合一的，这是从宏观层面对经济嵌入问题的研究，因为生产方式是经济生产中的核心内容，也是决定职业教育办学模式的关键要素；另一方面，职业教育办学模式的经济嵌入也体现在现实经济环境与经济发展水平对办学模式造成的影响上。各种现实的经济发展水平与发展程度都会对职业教育办学模式的形成、发展、现实建构与运行产生各个方面的影响。因此，办学模式的经济嵌入特征同样是我们在考察其嵌入性特征时所应关注的重要内容。

总之，上述的简单分析是为了讨论职业教育办学模式构建的过程，一方面，办学模式构建过程中的有关行动主体的活动是嵌入在与其互动的社会关系网络当中的；另一方面，行动主体的行为更是嵌入在更为宏观的政

---

① 陈仕华，李维安. 公司治理的社会嵌入性：理论框架及嵌入机制［J］. 中国工业经济，2011（6）：108.

② 庄西真. 教育政策执行的社会学分析［J］. 教育研究，2009（12）：20.

治、经济以及文化的环境与背景之中的。职业教育办学模式的构建过程，不能从其所处的政治环境、经济体制、社会结构以及相关的制度环境中游离，它是嵌入在由各种要素共同联结而成的社会背景之中的。在办学模式的构建中行动主体的决策与行为，折射了办学模式的嵌入环境的特征，并深受嵌入环境的影响。

在本章中，我们主要将本研究的重要立论点进行了简单介绍与应用分析。嵌入性理论发端于经济史学家卡尔·波兰尼的有关论述，美国社会学家格兰诺维特对这一问题进行了重新阐发与讨论，从"网络"的角度深化了嵌入性问题的研究。应用嵌入性理论视角对职业教育办学模式的问题进行考察，能够充分理解办学模式的整体性特征、阶段性和区域性的特征。本章讨论的主要议题和核心观点在于，办学模式一方面作为一个整体，嵌入在政治、经济、社会以及文化环境当中，受到各个方面因素的影响；另一方面，办学模式是整体嵌入在这一个大的环境之中的，如果"脱嵌"，办学模式可能造成不适应的状况。

本章首先介绍了嵌入性理论，分别对卡尔·波兰尼与格兰诺维特在嵌入性理论方面的研究进行了介绍与讨论。一言以蔽之，正如约瑟夫·斯蒂格利茨在为波兰尼的《大转型》一书所写的前言中所总结的那样，卡尔·波兰尼的嵌入性思想体现在下面这段话中："自发调节的市场从来没有真正存在过；它们的缺陷——不仅仅就它们的内在运转而言，也包括它们的后果（如，对穷人造成的影响）——是如此重大，以至于政府干预成为必需；以及，所产生的这些后果是否严重，很大程度上取决于变迁的速度"[①]。他的这些论点被视为对古典经济学家对经济的自主性的强调和对所谓"经济学帝国主义"的一种反拨，将经济作为一个"由相互连锁的市场组成的体系，这个体系能通过价格机制自动调节供给和需求"，"嵌入"概念经由卡尔·波兰尼提出，赋予了它深刻的内涵，超出了单纯地认为"市场交易有赖于信任、相互理解和法律对契约的强制执行"的理解，深化了经济与社会之间存在的嵌入性关系。格兰诺维特从自己的角度对嵌入性概念进行了自己的阐述。在《经济行动与社会结构：嵌入性问题》一文中，首次提出了市场中的经济行动嵌入在社会结构之中的必然性，社会结构被认为是持续运

---

① ［美］约瑟夫·斯蒂格利茨. 前言［A］. 卡尔·波兰尼著，大转型：我们时代的政治与经济起源［M］. 冯刚，刘阳，译. 杭州：浙江人民出版社，2007：1.

转的人际网络。格兰诺维特的观点主要是将人看作是嵌入于具体的、持续运转的社会关系之中的行动者，并假设行动者的信任关系网络维系了经济关系和经济制度的顺利运转。在研究中笔者从自己对嵌入性理论的理解，从本研究需要的角度，对其理论要点进行了三个方面的总结。

本章第二节重点讨论了本研究选择嵌入性理论视角讨论职业教育办学模式的问题的合理性与可行性。任何制度、规则都是在具体的情境之中运转，并嵌入在制度与规则之外的结构、制度与经济社会及文化条件之中，作为社会规则或者制度一种表现形式的办学模式，同样也是在具体的情境之中并嵌入在经济社会文化环境之中的。办学模式本身是一个复杂的系统，涉及政治、经济、社会等多个方面的因素，内容包罗万象，如果我们在研究职业教育办学模式的时候，欠缺对影响办学模式形成与发展的各种复杂因素的周全考虑，将导致针对办学模式的研究缺乏解释力，同时其与社会现实的脱节也会导致办学模式的有关研究缺乏活力。但是，引入嵌入性概念，将通过借助这一独特理论视角的优越性，使我们在研究的过程中，发现职业教育办学模式是如何在一定的政治、经济、社会、文化等各方面的条件下，在行动者的积极参与下，进而被建构起来，办学模式中的各种要素之间是如何互动的，并通过对嵌入环境的适应，不断地调适，逐步走向高效率的运转和可持续的发展。

第三节中讨论了职业教育办学模式嵌入到经济社会结构中的事实与特征以及嵌入的方式。在嵌入的事实与特征方面，通过对职业教育办学模式嵌入在经济社会环境的事实进行全面的分析，并结合现实，分析办学模式的嵌入特征。办学模式嵌入经济社会主要有几种方式：关系嵌入、结构嵌入、政治嵌入、文化嵌入及认知嵌入，这五种嵌入方式是结合了格兰诺维特与诸昆等人的研究与分类来进行总结的。在不同的环境与条件下，不同的嵌入方式呈现不同的内容，并阐释着不同的问题。这一点在上文中得到了分述。

第五章
生产方式发展与职业教育办学模式变迁

　　生产方式是社会各产业系统内部结构与运行机制的总称，是社会存在的基础，它从根本上和总体上决定着社会性质和面貌。"每一历史时代主要的经济生产方式和交换方式以及必须由此产生的社会结构，是该时代政治和精神历史所依赖确立的基础，并且只有从这一基础出发，这一历史才能得到说明"。① 生产方式对应着一定发达程度的生产技术，生产技术变迁一方面提供了技能附加值，同时也增加了生产中的技能密度。② 职业教育发展总是与一定时期的经济社会发展状况相适应，而办学模式则是一定时期职业教育办学主体、投资主体、办学内容以及办学方式形成的相对固定结构形态。生产方式发展必然要求职业教育进行相应的变革，进而导致职业教育办学模式变迁。分析不同历史时期生产方式的经济社会特征，呈现各阶段的职业教育办学模式内容与特征，讨论生产方式对职业教育办学模式的影响。

第一节　手工业时代生产方式与传统学徒制模式

一、手工业阶段生产方式的典型特征

　　手工业生产方式主要有以下几个方面特征：一是在生产规模上，手工

---

① ［德］马克思，恩格斯. 共产党宣言 ［A］. 马克思恩格斯选集：第 1 卷 ［M］. 北京：人民出版社，1995：257.

② Peter Gottschalk, Timonthy M. Smeeding. Cross-National Comparisons of Earnings and Income Inequality ［J］. Journal of Economic Literature, 1997, vol. 35 (2)：156.

业生产一般都比较小，即使发展到工场手工业阶段，也难以形成大规模的产业化运作；二是手工业生产都是围绕核心手工技术而存在的。手工业生产往往是由一名手工业者利用自己的技艺和技能，创业起家，再通过带动家族内部成员参与，形成家庭作坊。在此基础上，通过收受学徒、雇佣帮工，形成手工生产工场。这一切都是围绕从业者的核心技艺而展开的；三是随着经济社会发展，手工业生产逐步出现分化，分工特征明显。最初，手工业生产是一体化的，之后逐步从中分离出不同的独立部门。在中世纪的一些行业里，某种程度的专业化已经出现。随着工艺的发展，有关的技艺愈来愈复杂，需要掌握的内容越来越多，逐步超出了个人对某一项具体技能的掌握。"某些行业的分工甚至达到了这样的地步：生产过程分为一系列简单的动作，几乎机械地不断重复。这种高效的、高度分化的生产方式距离机器的运用只有一步之遥了。"① 因此，技艺的内部出现分化，具体操作人员的工作开始逐步分解，专业化特征逐步显现。

二、手工业时代的传统学徒制职业教育

寻求有效的技术传承方式，实现技术的传递与扩散，并实现可能的创新，这是手工业从业者所要解决的问题。传统学徒制正是在这种需求之下产生的。关晶博士将手工业阶段的传统学徒制发展期分为"前学徒制"、"中世纪行会学徒制"和"16—18世纪的国家立法学徒制"，这三个阶段的学徒制对应着各个阶段生产力和组织发展的特征，逐步由非正规的"父传子"或"师带徒"的方式，走向制度化的行会干预与国家干预。② 影响传统学徒制一个最重要的因素就是对技术"专利"的保护意识，很多行业都存在类似"传男不传女"的行业规则。这种技术传播的排他性是因为一项复杂工艺的生成成本非常高，而成本越高的技艺，往往带来的收益就越可观。手工业者为了使自己长期以来积累的一技之长成为社会竞争中立足的资本，他们都倾向于保守自己的技术，限制技术传播的范围，技术传播主要形式就是"父传子、兄传弟"。传播方式的排他性导致不可能出现大规模技能培训。

---

① ［法］G. 勒纳尔，G. 乌勒西. 近代欧洲的生活与劳作（从15—18世纪）［M］. 上海：上海三联书店，2008：29.

② 关晶. 西方学徒制的历史演变及思考［J］. 华东师范大学学报，2010（1）：88.

此外，决定手工业时代采用传统学徒制模式的另一个原因是手工技艺的形成过程与特点。现代技能学习主要是基于原理认知的技能操作训练。在手工业时代，学习技能主要就是"试错"，没有理论讲解，徒弟首先看师傅操作，然后在师傅的引导和督促下，耳濡目染，日复一日，年复一年，才有可能掌握一门技能。

第二节　前期工业经济时代的生产方式与职业教育办学模式

到十八世纪六十年代，"珍妮机"等一系列工业机器的发明和应用标志着第一次工业革命的开始：一是机器大量使用，开启了机器化大生产的序幕，机器开始大量代替人工；二是随着工业生产中机器生产逐渐取代手工操作，一种新型的生产组织形式——资产阶级工厂诞生了。

一、前期工业经济时代生产方式的典型特征

在前期工业经济时代，蒸汽机技术使制造业摆脱手工作坊里的单件生产方式，走向以机器生产为基础的小批量生产方式，奠定了机器化大生产的基础。简单分析，前期工业经济时代的生产方式有以下几个方面的典型特征：

首先，人的主要生产与工作对象转变为操作机器，导致部分职业消失。与工业革命之前的大多数制造业建立在小规模家庭生产和手工技能基础上的状况相比较，整个社会生产方式已经得到了彻底的改观。其次劳动日益单一化，操作内容简化，技能学习过程也被简化，不再是一个长期的复杂学习过程，涉及的心力与体力日趋简单。再次，大机器的出现，导致了规模化生产成为可能。由于"工作逐步被分解为相对简单的一系列机械动作，从不改变，这种做法将直接导致机器的采用"①，从事制造业有了一定的门槛，制造业开始逐步规模化，并直接导致了大规模生产工厂的出现。

---

① ［法］G. 勒纳尔，G. 乌勒西. 近代欧洲的生活与劳作（从 15—18 世纪）［M］. 上海：上海三联书店，2008：303.

二、前期工业经济时代的职业教育办学模式

随着工业革命的到来，由于传统学徒制不能适应规模化的集体生产，而行会组织又无力、也不愿意组织新型的职业教育形式，传统学徒制的衰落成为一种必然。在英国，由于学徒制魅力丧失，1814 年《工匠、徒弟法》被废除，而新的职业学校制度未能及时出现，导致了从学徒制到现代学徒制之间的断裂。① 为适应机器化大生产对技工的需求，英国出现了以传授现代生产技术原理和技能为主的技工讲习所（Mechanics Institutes），并形成了所谓"机械工人讲习所运动"。到 1850 年，英国几个主要的工业区已经创办了 600 多所技工讲习所，惠者甚众，超过 50 万。② 机械讲习所逐渐由当初对职工进行技术教育的场所转变为产业革命中产生的新中产阶级——技术员阶层进行成人教育的场所，部分发展为工业学校。③ 在德国，起源于工业革命准备阶段的企业和部分时间制职业学校出现。到 18 世纪末和 19 世纪初，工业学校得到迅速发展。如 1798 年伯门有 674 所工业学校，在普鲁士几乎所有的学校都是工业学校。④ 中国也在这一时期出现了官府和企业兴办的职业训练学校，适应了洋务运动的需要。

适应前期工业经济阶段发展的职业教育办学模式主要有以下几个方面的特征：

一是公共财政支持的职业教育逐渐出现。传统学徒制主要是自发的行为，民众出于自身生存、发展的需求而自生的学徒培训。虽然随着行会力量的强大而不断介入学徒培训，并开始对学徒培训进行规定，但政府很少组织学徒培训。工业革命之后，机器化大生产产生了对掌握一定技能的人力资源的大量需求，政府逐步意识到经济发展对国力竞争的重要意义，机器大生产需要大量熟悉机器操作的技术人员，单纯依靠工厂主进行培训已经无法满足需求。因此，政府逐步注重技术人员培训，技能训练开始规模化，机构设置也逐步常规化。

二是从教学内容与教学形式来说，除了传统学徒制的教育教学形式存

---

① 石伟平. 比较职业技术教育 [M]. 上海：华东师范大学出版社，2001：8.
② 翟海魂. 发达国家职业技术教育历史演进 [M]. 上海：上海教育出版社，2008：46.
③ 石伟平. 比较职业技术教育 [M]. 上海：华东师范大学出版社，2001：37.
④ 孙祖复，金锵. 德国职业技术教育史 [M]. 杭州：浙江教育出版社，2000：16.

在之外，开始出现了班级教学方式的职业教育。班级式教学方式提高了教育教学的效率，同时让更广泛的人群接受技能培训，教育与培训的时间被大大缩短，但不足的是，学员对职业与技术的理解和感情也会随之降低。

三是社会组织与团体开始介入职业教育。从 19 世纪 70 年代起，英国产业界、慈善机构以及专业团队对职业教育表现出较高热情，创办了各类职业教育机构，如"伦敦同业公会"主持的技术人员技术考核鉴定；慈善机构资助创办了"工艺学校"（主要对社区中贫困阶层的青年男女进行职业技能培训、普通教育、健康教育等多功能的成人教育机构），并逐步发展为"夜大学"。职业教育已经由个人行为扩展到小范围组织，再到政府、社会参与的模式。

四是学校形式的职业教育广泛出现，成为职业教育发展史上的重要事件。在某种意义上，技能学习将由一种私人化、个性化的教育行为扩展为一种社会化的行为。技能学习不仅仅影响个人发展，也成为影响社会发展进程的重要因素，推动社会发展与变革。

第三节　发达工业经济时代的生产方式与职业教育办学模式

19 世纪末，科学技术得到了新一轮突飞猛进，这一阶段以电力的广泛运用为标志，被称为是第二次工业革命；续接第二次工业革命，以原子能、电子计算机、空间技术和生物工程的发明和应用为主要标志，开始了第三次工业革命。两次革命我们将其统划为发达工业经济时代。

一、发达工业经济时代生产方式的典型特征

这一时期，新技术、新发明层出不穷，并被迅速应用于工业生产，促进了经济的快速发展。制造企业经历了从机械化生产向自动化生产的转型。同时，流水线与可互换式制造技术的不断升级与自动化技术的融入将大批量生产发挥到极致。企业注重产品质量，并通过对资源简单集成与内涵式扩大再生产的强调来提高企业的市场竞争能力。库兹涅茨（S. Kuznets）把先行工业化国家这个阶段的经济增长称为"现代经济增长"。在经济学家看

来，现代经济增长区别于早期的主要特征在于，现代经济增长主要已经不是靠资本积累，而是靠提升效率来实现。① 这种模式又被称之为"新型工业化道路"。

一是工业生产与服务业取代了农业生产成为经济社会发展主要推动力。社会生产由农业生产为主导逐步转换为工业生产为主导，必将带来经济社会发展方式的转变，也带来社会发展模式、社会结构、社会关系的改变，以企业为单位的工业生产方式代替了以家庭为单位的生产方式。② 此外，服务业在这一阶段，成为降低经济发展成本和提高生产效率的重要产业，在资本主义发达国家，如美国和英国等先行工业化国家，二十世纪初，服务业就已经发展成为与工业同等重要的产业，在国民经济中占主导地位。

二是以科学为基础的技术应用成为生产技术发展的主要潮流。在第二次产业革命之前，技术进步主要是依靠工匠个体的经验积累，通过熟能生巧的方式，达到技术改进的目标。在发达工业经济时代，这一状况发生了根本改观，各种新材料、新工艺、新能源都是基于科学原理的技术应用，很少有单纯基于工匠个人知识与经验的技术改进。

三是"福特主义"生产方式成为这一阶段前期工业生产的主流方式。19 世纪末 20 世纪初，以美国为先导，逐步形成了以流水线操作和 M 型组织结构为特征的"福特制"生产组织，成为发达资本主义国家占据主导的生产组织形式。从特征上看，"福特制"主要是大规模的工厂与投资、死板的机械化生产线、僵化重复的劳动过程，以及所谓"科学化管理"。③ 由于泰勒主义管理模式和流水线生产的工作方式，工人的创造性被剥夺，行为被模式化、简单化，思维线性化，导致工人的日常工作简单机械，生活则突出地表现为一些本性、行为的异化，心理问题丛生，个体之间关系原子化，并引发各种社会问题，这一点为人们所诟病。

二、发达工业经济时代的职业教育办学模式

正如詹恩·夫劳德（Jean Floud）和霍尔塞（A. H. Halsey）所说，先进

---

① 吴敬琏. 思考与回应：中国新型工业化道路的抉择（上）[J]. 学术月刊，2005（12）：44.
② 李东山. 工业化与家庭制度变迁 [J]. 社会学研究，2000（6）：15.
③ 陶东风. 福特主义与后福特主义 [J]. 国外社会科学，1998（1）：88.

的工业社会"对科学研究结果、技术娴熟而又负责的劳动力，即对教育体系的效率的依赖达到了无以复加的程度"①。随着工业经济进一步发展，技能型人才成为经济发展的重要基础。在 20 世纪后半期，发展职业教育成为保证各国经济大发展的重要手段。

以美国为例，在这一期间，1865 年《莫雷尔法案》中提出了"赠地学院"方案，并形成了"赠地运动"，培养了大量的工农业方面高级专业人才；1917 年，《史密斯－休斯法案》颁布实施，标志美国职业教育制度正式确立；20 世纪 30 年代末起，在原有的初级学院基础上，发展了大量的社区学院，并逐步成为美国职业教育主流办学模式。社区学院的定位与其所在社区的文化和社会经济发展之间有着不可割裂的联系，② 使社区学院成为美国教育体系的重要组成部分。

工业经济的发展对职业教育的层次提出了升级的要求，原有的短期集中培训或者中学后的学习已经无法满足工业经济发展对技术型或者技能型人才的知识和能力的需求。于是，1969—1973 年间英国创立了 30 多所多科技术学院（Polytechnic），以加强面向各层面人士的、非全日制的高等技术教育（根据 1992 年的《高等教育法》多科技术学院全部升格为大学），成为职业教育体系中的一个重要部分。③ 德国也在 1968—1969 年间由工程师学校及一些高级专科学校发展起一些高等专科学校（简称 FH），涉及广泛的专业领域，定位于培养工程技术人员，④ 并迅速发展成为德国职业教育中一类重要模式，为其他国家所仿效。日本也在 1970 年代开始创办高等专科学校。

在这一时期，企业培训大规模进入职业教育与培训领域，成为职业教育的重要组成部分和办学模式的重要形式。这一模式承接了工厂学徒制培训的方式，保留了企业内培训的典型特征。企业培训的发达，使整个培训体系具有更强的活力，职业教育与培训的经费来源更加充足。以美国为例，为改善职工的职业技术教育，1962 年开始实行《人力开发与培训法》以来

---

① ［英］安迪·格林. 教育与国家形成：英、法、美教育体系起源之比较［M］. 王春华，译. 北京：教育科学出版社，2003：47.

② 别敦荣. 美国大学定位与个性化发展［J］. 高等教育研究，2003（1）：43.

③ 徐觉哉，等. 上海市科教兴市立法框架研究：国外科技教育政策和法律选［M］. 上海：上海人民出版社，2006：155.

④ 石伟平. 比较职业技术教育［M］. 上海：华东师范大学出版社，2001：94.

联邦在职工培训方面经费达 800 多亿美元。1978 年，在联邦的赞同下，全国建立了 460 个私人工业委员会，由企业控制，负责此项工作,① 企业培训的广泛出现，对完善职业教育体系产生了重要的影响。

在福特主义工作组织下，职业教育以培养能胜任一种岗位工作的工人为目标，将工人终身束缚于一种职业或者某一职业内部的一定工种。福特主义的强化分工把人脑和人手的劳动分离开来，从而可以在生产过程中投入大量未经培训和初步培训的劳动力，其结果是劳动力在技能上的极度分化。为适应这一办学模式，职业教育的重点在于培养大量适应福特主义生产方式所需要的技术人才，工作人员只要适应流水线生产过程所分配的工作任务即可，工作内容单一、工作方式简单、工作过程固定，与此相应的是其培养过程也相对简单，因此只需要掌握简单的技能知识，对于技能之外的知识和能力则不作其他要求。在这种观念的影响之下，职业教育培养模式趋向简单，重在单一技能的重复训练与熟悉，由此带来办学模式的单一化。

第四节　知识经济时代的工业生产方式与职业教育办学模式

知识经济缘起于 20 世纪 40 年代开始的信息技术革命。20 世纪 80 年代随着计算机、信息、生物和航天等高技术的蓬勃发展，知识经济日渐壮大。进入 20 世纪 90 年代后，经合组织主要成员国经济的发展比以往任何时候都更加依赖于知识的生产、扩张和应用。

一、知识经济时代生产方式的典型特征

知识经济时代的生产方式，在很多方面是革命性的。作为人类生产力发展的新阶段，这一时期经济运行中占主导的诸多要素都发生了重大改变，有研究者认为，知识经济促使几个方面的要素凸现：知识型劳动要素、知识要素、信息要素、金融要素、创新能力要素、核心技术要素以及制度要

---

① 梁忠义，金含芬. 七国职业技术教育［M］. 长春：吉林教育出版社，1990：121.

素；同时，工业化时代经济要素地位下降或者性质上发生了变化，这些要素的共同作用，形成了知识经济时代的生产方式。美国进步政策研究所于1999年发表的研究报告《新经济指数：了解美国经济的变革》中，对知识经济的特点进行了归结，如"在办公室工作和提供服务的人员增加""高工资、高技能的岗位增加""富有创新精神的公司快速发展"等。从生产方式的角度对知识经济进行考察，主要有几个方面的特征：

一是劳动内容以知识为中心，劳动者的工作内容主要是从事知识的生产或知识的使用等。知识的多寡和知识水平的高低已经成为影响生产能力与生产效率的关键性因素。

二是生产形式上将发生重要的变革，这主要体现在两个方面：一方面是"刚性"生产方式将被"柔性化"生产方式所取代，"刚性"生产方式主要是工业化时代的标准化生产，大批量、单品种和高效率，从同一条生产线将生产出单一品种、单一标准且数量非常大的产品。而在知识经济时代的柔性生产则主要是非标准化生产，主要特点就是产品批量小，但是品种多，满足顾客多元化、个性化定制的需求，是一种没有固定标准的生产。另一方面是分散生产将逐步取代集中生产。在发达工业经济时代，生产方式都是以集中大规模生产为主，以工厂为中心，把大量的工人聚集起来，实现大规模的生产活动，这些是工业经济的典型特征。虽然知识经济时代仍存在大量的大规模生产活动，但是分散的生产活动将逐步成为主要生产方式。

生产方式的变迁导致了职业结构的变化。20世纪70年代以来，美国在工业部门工作的人数，由占劳动力的33%下降到12%，从事体力劳动的产业工人数量大大减少，"蓝领"的比例越来越小，同时"知识工人"增多，"灰领"大量出现，从美国近年的新就业人群就业结构可以看出，知识工人占90%以上，[①] 这也是当今世界发展的共同趋势。"蓝领"和"灰领"在知识结构、技能水平等方面都有较大差异，因此，技能形成过程与培养方式方面也必定存在较大区别，将影响职业教育与培训办学模式的核心特征。

三是"后福特主义"生产方式适应了这一阶段后期的工业生产模式。从具体生产方式来看，与福特主义相反，后福特主义时代通常与更小型、

---

① 李琼. 当代资本主义的新发展 [J]. 中国社会科学，1998（1）：70.

更灵活的生产单位相关，这种生产单位能够分别满足更大范围以及各类型特定消费者的需求，使得生产行为更加多样化。这个概念所标识的中心过程包含：大工业或重工业的衰落，新兴的、小型的、更加灵活的、非中心化的劳动组织网络以及生产与消费的全球性关系的出现。[①] 而后福特主义所包含的"弹性专业化"（flexible specialization）和"精益生产"（lean production）两种理论仍影响广泛。

二、知识经济时代的职业教育办学模式

随着知识经济时代技术发展的速度不断加快，且呈现综合化特征。工作现场技术的持续更新不断导致低技术岗位消亡，高新技术岗位激增，同时岗位的技术含量上升。[②] 这一发展趋势引发了各国职业教育办学模式的创新，如澳大利亚在20世纪70年代起成立技术与继续教育（TAFE）委员会，开始发展TAFE学院，确立将技术教育与继续教育、学历教育与岗位培训相互联系起来，通过实行灵活的教育培训方式，提供职业教育与培训服务。TAFE学院为学生提供阶段性但又可持续的教育与培训课程，学生可以根据不同的发展需求选择相应的课程，TAFE学院逐步发展成为澳大利亚职业教育与培训的主流办学模式，形成了行业主导、政府、行业、社会及职业学校相结合的多层次综合性职业教育与培训体系。

美国社区学院发展到21世纪初，也逐步在办学模式上不断革新，产生了许多新的因素。如构建学习化社区、提供服务性学习等，同时，更为重要的是，社区学院开始提供合同培训，[③] 引发这一变革的主要原因在于生产技术发展要求现有的工人和未来的工人提高技能水平。

技术的快速变迁和生产过程重组导致德国职业教育体系出现了长期的"不均衡"，赫瑞格尔及其合作者指出德国职业教育体系所培训出来的技术工人的资格和身份是在僵化的传统职业分类基础上进行认证的，这阻碍了德国制造业进行创新以及采用新的、灵活的制造技术。在这种形势下，提高培训标准，新的技术和生产条件要求现有的技能培训必须升级，升级的

---

① 陶东风. 福特主义与后福特主义 [J]. 国外社会科学，1998（1）：88.
② 匡瑛.90年代以来境外"科技大学"现象及其对我国的启示 [J]. 全球教育展望，2009（6）：67 - 70.
③ 张旺. 世纪之交美国社区学院的发展动向 [J]. 比较教育研究，2003（3）：31.

主要内容倾向于更一般性的和更理论化的技能学习。有些产业部门通过逐渐消解传统学徒制培训和高等教育之间的隔阂，使工人从事更为一般性和更理论化技能的学习，① 因此在高等教育与双元培训体系之间逐步构建强有力的联系。

在知识经济时代，由于网络技术的不断发达，对职业教育办学模式形成了新的冲击，如美、英等国都顺应技术发展的特点，鼓励人们使用网络学习的方式，英国产业大学的运作就是政府借助现代化信息技术覆盖全国、公共部门与私人机构共同创造的职业教育机构，通过企业营销和现代化的传媒通信手段，将分散的教育资源进行整合，提高职业教育的办学效率。② 这是一种在知识经济生产方式下出现的全新的职业教育办学模式，深刻地影响了职业教育的办学实践。

在办学模式创新特征上，首先是学徒制重新焕发活力，影响广泛。如英国政府在 1994 年 9 月发起了现代学徒制。最初现代学徒制是在 14 个工业部门启动，从 1995 年起，它把目标定为覆盖所有的工业部门。③ 德国、澳大利亚以及部分北欧国家也有相应的学徒制行动，学徒制在现代社会得到了重生。

学徒制的重新发展，不是偶然的，而是有其深刻的经济社会背景因素，深刻地体现了知识经济生产方式对职业教育与培训的影响，知识经济生产方式的种种特征折射到职业教育办学模式之中。如"教育与培训对象的扩大"则是适应知识经济生产方式之下，职业教育要面向全民、面向终身的发展特征；"与正规教育的融合"则体现了不同学习者不同的学习需求；"重视通用技能"则体现了知识经济生产方式下，对技能人才在沟通、合作、个人管理等方面的需求。知识经济生产方式条件下，学徒制的办学模式与培养方式很好地适应了这一阶段对技能人才的培养需求，其魅力还将进一步得到扩大，这一办学模式的影响将持续深入。

其次是工作场所学习越来越普遍。由于当前快速的技术发展，学校教育无法跟上生产现场的技术和生产发展的需要，通过工作场所学习方式的

---

① Brown, Phillip, Andy Green, Hugh Lauder. High skills: Globalization, Competitiveness, and Skill Formation [J]. Oxford University Press, 2001, vol. 17 (100): 65.

② 石伟平. 时代特征与职业教育创新 [M]. 上海：上海教育出版社, 2006: 33.

③ 徐国庆. 工作本位学习初探 [J]. 教育科学, 2006 (4): 55.

弥补，使学生尽快地接触到生产技术发展的最新进展。在这种要求之下，职业教育办学模式呈现几个方面的特征：一是职业教育更加注重工作现场的教育，在工作现场获得的职业知识和技术能力是直接能够影响到职业能力和职业发展水平的。二是职业教育机构与企业的结合越来越紧密，结成了紧密的共同利益关系，在雇主、学习者以及政府之间形成了强有力的合作关系，校企合作已经逐步发展为职业教育办学模式中的一种制度性关系。

再次，职业教育办学模式更加灵活、更加多元化。当前职业教育全民化、终身化、全纳性的特点越来越明显，由此可能带来职业教育形式的多样化。就学习生产知识与技能而言，原始的以及学徒制等传统学习方式并未随之销声匿迹。相反，在学校教育难以应对生产技能快速更新的形势下，这些传统的、在自然状态下发生的学习悄然受到更多的关注。[①] 也就是说，职业教育在知识经济时代更为灵活、更为"泛在"，人们获得职业教育与培训的方式更为丰富，途径更加多样，相应职业教育办学模式更加灵活。在原有的学校教育基础上，职业教育与培训将会发展出更多形式，尤其是信息技术的不断发展为职业教育办学模式变革注入了新的力量，远程教育、空中课堂、虚拟课堂等多种教育与培训方式将对传统的职业教育办学模式形成直接冲击，也使各种新形式的职业教育办学模式不断涌现。

从上述的讨论看，职业教育办学模式是与一定阶段的社会生产方式紧密联系的。生产方式决定了职业教育办学模式的内在特质。办学模式的核心就是"谁来付费"的问题，这一核心也伴随着生产方式的变迁而发生改变，从而带来办学模式形态的变迁。在手工业生产方式阶段的传统学徒制，由于学徒制在很大程度上仅仅是个人的行为，至多是行业力量渗透到学徒制的实施过程，政府基本不会介入学徒制，不会对个人行为的民间学徒制支付费用，也没有材料显示政府集中发展职业教育与培训。到工业经济阶段，工业革命的初期，政府就开始考虑通过创办贫民学校，资助各种形式的职业教育与培训工作，而随着经济的发展和生产方式的推进，政府介入职业教育越来越深。公共财政与私人投资共同支持、共同影响职业教育与培训。造成付费主体在职业教育与培训活动中变迁的原因：一是政府出于经济发展需要，为工业经济的发展培养大量的技能人才；二是政府出于社

---

① 许竞. 试论国家的技能形成体系 [J]. 清华大学教育研究, 2010 (4): 30.

会进步的需求，提高人口素质和社会的总体受教育水平。在这些因素的共同影响之下，发展职业教育逐步成为政府办学行为中的一个重要内容。同时，由于对职业教育与培训的广泛需求，在政府供给不能完全满足社会需求的情况下，私人资本介入职业教育培训成为可能与必要，因此，从当前世界各国职业教育办学来看，经费来源是多方面的，办学主体也是多元的，办学模式呈现了不同的形态。

第六章
国家技能形成制度视野下的农村职业教育办学模式变迁

技能形成（skill formation）是职业教育研究中的一个重要主题，国家技能形成制度将形塑（shape）具体的办学模式。国家技能形成制度主要是指保证教育和培训机构满足生产系统对技能需求的相关制度安排与政策体系。有研究者认为，从制度类型上来说，技能形成制度可分为外部形成和内部形成两种方式，前者属于技能生产的外部替代，自由的技工劳动力交易市场是其运行路径；后者属于技能的自我生产，劳动力雇佣机构与受训劳动力之间的可信承诺是其运行的关键。①

国民教育系统是国家长期经营的结果，它直接反映执政党、政府的意识形态。职业教育系统贯穿现代人在成长过程中必经的上学和就业两个阶段，潜藏于背后的既有国家的"有形之手"，也有市场的"无形之手"。故而，考察与分析我国农村职业教育时，除了从历史视角厘清农村职业教育办学模式的外在形态变迁外，还可从技能形成体系视角分析农村职业教育办学模式的路径依赖。在我国职业教育发展的长河中，技能形成体系与产业关系系统密切相关，产业关系系统又与政治制度密不可分。具体来说，一个国家的政治制度影响了政府在技能培训中承担的义务和雇主管理培训的能力。一个国家的产业关系系统影响了技能培训的模式与培训知识的范围、技能的属性以及技能培训的等级与政府财政补贴的力度。② 基于国家技

---

① 王星. 劳动安全与技能养成：一种政治经济学的分析［J］. 浙江社会科学，2009（5）：111.

② 马凯慈，陈昊. 政治制度、产业关系与职业教育的起源与发展——基于西方国家的比较研究［J］. 北京大学教育评论，2016（3）：18.

能形成体系的新视角，我们将能发现各时期农村职业教育办学模式①受产业系统与政治制度的共同牵制，是国家政治经济和历史文化等体制因素合理作用的结果。

第一节 初见雏形：乡村教育实验模式

20 世纪二三十年代，由于落后的农业生产方式与生产工具以及连年战乱与自然灾害，我国的农村经济陷入了破产、崩溃的境地。农民境遇凄苦，命运叵测，教育缺失，与现代社会距离越来越大，毫无生气，如梁漱溟所说 "沉滞不动枯窘就死的地步"②。幸运的是，这一时期一大批既接受过传统士大夫教育、又体验过全新西式教育的社会活动家、教育家，心忧天下，心怀黎民百姓，以赤诚之心，脱掉西装革履，穿上布衣草鞋，从城市走向农村，由书斋走向田野，致力于乡村教育和乡村社会改造，试图以农村和农民的改造为起点，以农民教育和乡村教育改造为基本方式，以此提高大多数人的素质，使农村经济和社会恢复活力，从而使中华民族重获新生。这批志在以教育报国的知识分子，以吸收多方思想资源为指导的乡村教育理论为基础，在我国广大乡村开展教育实验，期待通过改造农村教育，通过 "救济" "改造" "复兴" 对农村进行改良。前后长达十余年的实践探索不仅仅在当时影响甚广，在中国乃至二战后诸多的第三世界国家影响深远，直至今日，其精神资源与思想资源仍然在我国教育界有着深刻的影响。在这批教育家中，黄炎培、梁漱溟、陶行知、晏阳初等人是代表人物。这场伟大的乡村教育实验，主要关注了两个方面的重要内容：一是乡村教育的普及化，提高农村人口的受教育水平。二是乡村教育的职业化。③ 两者互为补充，同时又相互促进。在传统科举制度退出历史舞台之后，新的学制对 "贫寒而向学之家的子弟有所排斥，导致乡村读书人数量日益减少、平均识

---

① 本研究所回顾的农村职业教育办学模式是指那些具备现代特征的农村职业教育办学模式，并不包括传统的师徒学徒制。

② 马秋帆编. 梁漱溟教育论著选 [M]. 北京：人民教育出版社，1994：181.

③ 吴洪成. 20 世纪二三十年代中国的乡村教育实验 [J]. 四川师范大学学报（社会科学版），2002（5）：100.

字率逐渐降低。而乡民对新教育传授的'知识'却不那么承认，使新学生在乡村中不受重视，流向城市寻求发展。乡村读书人心态也开始转变，厌弃固有生活，甚至轻视农民"①。这一状况所带来的后果是极为严重的，也直接影响了乡村和乡村人口的命运。乡村教育运动进入乡村变迁，成为我国近现代史上极为有意义的篇章。

清末民初，旧中国根基摇摇欲坠，国尚且不保，何谈国家技能形成体系。一群有志之士开展乡村教育运动，孕育了中国农村技能形成体系中的雏形，虽然只是技能形成体系的雏形，其影响却是广泛而深远的。1935 年，全国共创办了 193 个教育实验区，其中，影响较大的如中华职教社的农村改进实验、梁漱溟的乡农教育实验、陶行知创办的乡村师范学校和山海工学团、定县的中华平民促进总会的教育实验等。本部分将重点对上述黄炎培主导的中华职教社农村改进实验、晏阳初的定县平民教育实验和梁漱溟主导的乡农教育实验所涉及的农村职业教育内容进行介绍。

一、中华职业教育社——农村改进实验

中华职业教育社是黄炎培联合蔡元培、梁启超、张謇等 48 位知名人士 1917 年在上海创立，以倡导研究和推广职业教育，改革传统教育为职志。中华职教社于 1919 年成立了农业教育研究会，并对农业生产生活进行调查。黄炎培倡导的"大职业教育主义"认为，职业教育应该与农村教育、农业教育相结合。1925 年 8 月，黄炎培提出《山西划区试办乡村职业教育计划》，殊为不易的是，他提出"乡村职业教育之设置，不宜以职业教育为限，就交通较便当地方，划定一村或联合数村，先调查其地方农村及原有工艺种类、教育及职业状况，为之计划，如何可使男女学童一律就学，如何可使年长失学者，得补习知能之机会；如何使有志深造者得升学之准备与指导"②。这段话中，黄炎培阐述了几个方面的观点：农村职业教育应该因地制宜、应因人设教、应统筹兼顾政治、经济与社会环境对办学模式的要求与限制等。此外，针对农村当时的状况，黄炎培的一个重要思想就是"富教合一"，将对农民实施职业教育与农民致富结合起来。从上述观点看，

---

① 罗志田. 科举制废除在乡村中的社会后果 [J]. 中国社会科学, 2006 (1): 199.
② 中华职教社编. 黄炎培教育文选 [M]. 上海：上海教育出版社, 1985: 23.

黄炎培这些重要的职业教育思想至今仍不过时，在当下仍然有非常强的现实意义。

为了实践中华职教社与黄炎培的农村职业教育思想，中华职教社于1925年开始农村改进实验，在江苏昆山徐公桥、苏州善人桥、苏北顾高庄、浙江诸家桥等地。江苏昆山徐公桥为第一改进实验区，在划定的实验区内，改革者通过设立乡村改进委员会，委员会下设总务、建设、教育、农艺、卫生、娱乐、宣传等七个部门，七个部门协同工作，共同推进改进工作。大力推动平民教育、义务教育，通过指导升学、就业、改良农事等工作，创办了农民夜校、图书馆、读书室，既指导农民熟悉使用各种新型工具，传授最新的农技知识，并通过编写一系列乡土实用教材，指导农民活学活用。教学的形式多样，设立了讲习所、农学团等教育机构。在昆山徐公桥之后，中华职教社又在镇江黄墟、浙江余杭、长兴渡口等地开办了农村改进实验区，并形成了较为广泛的影响。在中国农村教育史上，中华职教社的农村改进实验探索留下了一笔宝贵的财富。

从黄炎培为主导的中华职教社所实施的农村改进实验中，在农村职业教育办学方向有几个特点：一是能准确把握农村职业教育的办学定位。从黄炎培的有关论述中可以看出，在农村地区推广职业教育，应以所在区域为中心，而不是仅仅着眼于学校，应将一个区域内的经济、交通、社会状况等统筹考虑。二是重视办学内容与农村人口的实际工作与生活需求的贴近。如黄炎培所言，既结合本地产业，提供相关的培训服务，也提供扫盲服务，还提供就业和升学服务，多样化的培训内容满足多元化的需求。三是培养模式的多样化，有夜校、露天课堂等多种形式，很好地切合了农村人口对不同培养方式的需求。四是重视统筹。如实验区设立的乡村改进委员会中的7个不同的部门，通过分工合作，共同推进实验的顺利进行。

二、山东乡村建设研究院——乡农教育实验

梁漱溟先生被称之为中国大陆最后一位"儒家"，他是著名的哲学家、思想家，也是中国近代教育史上无法回避的一个名字，他所倡导并身体力行的乡村教育实验，影响深远，意义深刻。

梁漱溟的乡村教育实验主要集中在山东邹平。1931年春，梁漱溟应山东省政府主席韩复榘的邀请到山东邹平创办山东乡村建设研究院，他与一

批知识分子一起，进行了为期 7 年的乡村建设与乡村教育实验。乡村建设研究院的目标就是"辟造正常形态的人类文明，要使经济上的'富'、政治上的'权'综操于社会，分操于人人。其纲领则在如何使社会重心从都市移植于乡村"①。在乡村建设研究院成立之后，山东省政府将邹平划定为乡村建设实验县区，实施了一系列的县政改革实验，在县域政治、经济、教育、农业、金融、卫生等多个方面推行了系列改革。

　　梁漱溟的乡村教育实验活动主要体现在其设立乡农学校与村学、乡学等相关机构。梁漱溟从丹麦民众高等学校的经验中找到了理论支持：学校既是教育机构又是社会中心，具有私人创办、招收成年人、重在教授一般课程而非职业类课程等特点。② 乡农学校是乡村建设研究院在建设初期在邹平农村建立起来的组织，每一百五六十户至三四百户开办一所乡农学校，每一个行政区划中设中心乡农学校一所。在乡村建设研究院被授予县政实验权之后，大批的村学、乡学成立了。乡学、村学既是农村学校，又类似于乡、村一级的基层的自治组织，它以学校为外部形式，包含了"社学、保甲、社仓"的集政治、经济、安全为一体的基层组织。"就是说村学、乡学既是社会教育机构，又是学校教育机构；不仅要担负社会教育的任务，而且还要完成学校教育的任务。"③ 乡学的办学地点在农村，"学生"主体是农民，农民自有自享，按照学业程度、年龄、性别等不同特点进行分班。是一种以"再造乡村社会的行政系统教育机关化的组织"④。乡农学校或者乡学中，主要由学董会、学长、教员辅导员和学众组成，教育形式主要有学校式教育和社会式教育，学校式教育的学生主要是成年农民，课程内容包括扫盲教育、唱歌、精神讲话，并有因地制宜的职业教育课程，编印了《农村常识》《农民国语课本》《自然常识》《乡农的书》等与农民实际生产、生活紧密相关的课本，是典型的农村成人教育内容。

　　在社会式教育方面，重在社会改良运动和社会建设事业两个方面，开

　　① 梁漱溟. 山东建设研究院设立旨趣及办法概要［A］. 梁漱溟教育文集［M］. 南京：江苏教育出版社，1987：52.

　　② 曹诗弟. 文化县——从山东邹平的乡村学校看二十世纪的中国［M］. 济南：山东大学出版社，2005：109.

　　③ 梁漱溟. 民众何以能救中国［J］. 山东民教月刊，1934（4）：7.

　　④ 宋恩荣. 梁漱溟的乡村教育实验［J］. 教育研究与实验，1988（2）：51.

展了诸如农业改良，推广改良农产品品种等活动；倡导兴办合作事业，将教育寓于合作之中；试图改变中国农民因为小农经济而导致的"原子化""一袋土豆"的狭隘个人意识，培养适应现代文明的集体意识，如组织农民组成机织合作社、棉花运销合作社，这些实践为当前我国农村所大量出现的农业专业协会组织提供了重要的思想资源，梁漱溟所主导的乡村建设研究院还建立乡建金融组织并进行了风俗改良。

虽然说梁漱溟的乡村教育实验并没有取得预期的成果，但是其中的一些思路与做法能为我们在新的环境与条件下进行农村职业教育办学模式改革提供启示。简单总结有以下几点：一是梁所倡导的乡村教育实验，并非简单的、以民众的教育为目标的实验，而是围绕政治、经济、文化等一系列目标的实验，教育只是其中的一个方面，但也是一个抓手；二是与梁漱溟的思想家的身份相匹配的是，乡村建设和乡村社会教育以中国文化改造为根本目标，是整个社会的自救和重建；三是在教育机构的设计上，考虑贴近农民、服务农民，让农民能够便捷地享受到相应的服务。这些都能为我们当前改革农村职业教育办学模式提供有益的启示。

三、中华平民教育推进会——乡村平民教育实验

晏阳初是中国教育史上平民教育先驱。在中国社会的变革时代，他和一批平民教育的工作者身居农村，扎根农村，推行了广为人知的平民教育实验，影响深远。

20 世纪二三十年代，晏阳初在河北定县实践了为期 10 年的乡村平民教育，形成了较大的影响。晏阳初等人构建以"开发民力，建设农村"为目标，以发展农村生产力为主要内容的"乡村建设"体系。从实践层面，晏阳初等人在河北省政府协助下，以保证教育实验的必要性和可行性为调研目的，以农民为调查对象，以研究实验、训练人才和表征推广为实验过程，开始了历时两年的"定县调查"。通过长期的驻村实地调研，总结出两点结论：一是中国农村的问题主要体现在"愚、弱、穷、私"四个基本问题；二是医治四大问题的关键在于要基于"本土化"进行文艺、生计、卫生和公民四方面的教育。

"愚、弱、穷、私"四大疾患的存在造成了"民族衰老、民族堕落、民

族涣散"的历史局面。① 为此，晏阳初有针对性地提出了四种教育，即以文艺教育救愚、以生计教育治穷、以卫生教育救弱和以公民教育治私。在推进以上四大教育的过程中，辅助"三大方式"立体交叉地来教育平民，即学校式教育，包括初级平民学校、高级平民学校和巡回生计学校；社会式教育，以平民学校的毕业生为对象，是继续教育的形式的一种；家庭式教育，以各种形式的"家庭会"，如家长会、妇女会、闺女会将农民分别组织起来，进行教育。② 三种教育方式围绕文艺、生计、卫生和公民教育展开，但教育对象、教育形式和教育方法都有所不同。

此外，晏阳初还制定了六年三期的实验计划，即由村到区再到县进行系统教育的教育计划。殊为重要的是，平民教育会提出了五点实验要求：一是教育内容必须切合农民生活需求；二是教育过程必须四种教育连环进行，相互促进；三是教育方式必须将教育与改造紧密结合，通过教育培养农民的改造意识和改造能力；四是教育目的必须培养农民的主体意识和主动精神，逐步培育农民的组织；五是教育实施必须进行科学化制度化的实施，逐步完善乡村教育实验的有关内容、技术和方式，使之逐步具备可推广性。

晏阳初在农村教育体系的初步构建上，十分注重农村教育的系统性。他认为乡村社会是一个有机联系的整体，要进行乡村建设和乡村改造，必须用全系统的高度，通过统筹规划、整体配合，建设文艺、生计、卫生和公民四大教育体系。通过营造一种全面的教育环境来进行全方位农村教育改进，同时也充分考虑农民的知识接受能力与认知水平，注重教育整体效果和局部效果的实现。在农村教育体系的实践探索中，时刻强调农村教育的实验性原则。日常教育实践活动绝非仅是一种被动的策略，事实上它们向规范体系中注入不断翻新的内容，这种实践过程也构成了一种精细的策略艺术，即如何把自己的差异融进占主导地位的规范体系之中。③

十年的平民教育实践，在理论上为"乡村建设"的后期构建奠定了基石，在实践上为"乡村建设"的后期探索树立了典范，在我国农村教育史

---

① 郝宏桂. 晏阳初"乡村建设"理论与实践的历史启示［J］. 民国档案，2006（4）：74.

② 吴洪成. 20世纪二三十年代中国的乡村教育实验［J］. 四川师范大学学报（社会科学版），2002（5）：100.

③ 丁钢. 教育与日常实践［J］. 教育研究，2004（2）：19.

上具有标本性意义。以下几个方面尤其值得关注：

一是教育改革视角注重整体与部分的结合。首先，树立乡村整体转变的观念。努力实现乡村政治、经济、文化、教育、卫生等多元的社会变迁，这是乡村建设的特殊使命决定的。① 其次，制定农村教育的系统改革。针对农村多方面问题，根据农民的和农村的整体需要进行改革设计。再次，设计面向平民的全面教育培养模式。根据农村居民的工作与生活特点，设计了三种教学形式且提出平民教育五大原则。最后，开展全面深入的教育调查。为避免因单纯的教育理想设计而导致与现实需求偏差太大，进行全面深入的教育调查、形成科学合理的调查结论十分必要。

二是教育改革紧扣生产力和生产关系。实现农村现代化需要生产力的不断进步与发展，牢牢把握生产力和生产关系是晏阳初乡村建设思想中难能可贵的一点。"以知识去愚、以生产去贫、以卫生去弱、以组织去私"的四合力开发民力是乡村建设思想的核心内容。整个平民教育实践，从农民的生活出发，建设他们的"知识力"、"生产力"、"健康力"和"组织力"，为农村生产力储备丰富且高素质的劳动力。

三是教育改革方法侧重实验。十年的平民教育实践，时刻强调以实验性为原则，突出整个教育活动的实践性。对农村教育改革而言，不是设计出来，而是逐步探索、实践、反思的过程。将具体教育改革策略应用在具体教育实践之中，基于农村现实，结合社会经济发展方方面面，将教育改革实践与农村需求、农民需求进行结合，进而提升平民教育改革效果。

第二节　探索时期：农村职业学校的职业教育

1949 年新中国成立初期，百废俱兴，国内政治经济社会形势异常严峻。政治建设处于初步探索之期，经济建设处于崩坍倒塌之状，社会发展处于极不稳定之时。为巩固政权以及稳定经济社会秩序，1949 年 9 月通过的《中国人民政治协商会议共同纲领》，对政治、经济和教育等各领域的建设都做了明确的规定。在一定历史时期的政治、经济与社会环境的影响下，

---

① 郝宏桂. 晏阳初"乡村建设"理论与实践的历史启示 [J]. 民国档案，2006 (4)：74.

农村职业教育办学模式中办学主体由社会力量转向政府，国家统合下的技能形成体系随着办学主体的转变逐渐发展起来。

一、农村职业教育办学模式的新环境

办学主体转变后，农村职业教育面临着来自国家和政府的意识形态的统治，尤其是在1949年9月通过的《中国人民政治协商会议共同纲领》中对政治制度的规定，对其产业关系系统产生了巨大的影响。在此背景下，办学模式出现了巨大的变化。具体而言，受以下几个方面的影响：

首先，政治制度和经济制度决定了国内的产业关系系统是国家层面统合而非行业层面统合。就政治制度而言，新中国成立后，确立工人阶级领导的、以工农联盟为基础的人民民主专政为国体；人民代表大会制度为政体。在单一制的国家中，容易产生一种全国性的、包容性的、高度协调的大法团主义。并且大法团基本上由中央政府所掌控，对福利的财政支出和公共政策的制定等很大程度上转而由全国性的高层代表团体所决定。就经济制度而言，1949年，《中国人民政治协商会议共同纲领》特别规定了国家经济建设的根本方针是"以公私兼顾、劳资两利、城乡互助、内外交流的政策，达到发展生产、繁荣经济之目的"。国家对经济社会建设的干预行动采取了直接计划与间接计划相结合的方式。政治上的集中和经济上的计划，意味着产业关系的集中化，这里的集中不是行业层面的统合，而是全权由国家层面统合。因此，从利益相关者理论得知，产业关系统合者的转变必然导致职业教育办学主体的转变，从而影响职业院校的办学模式。

第二，单位制动摇了乡村教育实验模式的存续环境。单位制是计划经济体制下的一种整合了多种制度安排的"制度包"。它的出现意味着统购统销体系的建立，行政性质雇佣关系的形成，政治功能和社会功能的承担，以及特有的资源分配原则与方法。作为一种分配体制下的制度化组织[①]，单位制克服了旧中国"一盘散沙"的总体性危机，映射出中国经济社会的现状。随着单位制在国内的推广，与经济社会密切相关的职业教育的办学模式也随之变迁。

第三，不均衡的产业结构意味着新中国成立初期无法建立起全国性的

---

① 李猛，等.单位：制度化组织的内部机制［J］.中国社会科学季刊，1996（6）：32.

行业统治的产业关系系统。一方面，常年战争导致国内产业结构极不合理。1949 年全国工农业生产总值 466 亿元，其中，农业产值占比达 70%，工业产值占比只有 30%。① 另一方面，重农抑商的传统观念影响产业人数分布情况。此外，贫困一直是农村的标签，农村人口除了依靠土地养活家庭，别无他法，城乡分割治理的体制将农民牢牢地"绑架"在土地之上。因此，不合理的产业结构和不均衡的产业分布导致了行业统治的根基不深，无法有效整合治理全国的产业关系系统。

二、农村职业教育办学模式的演变历程

1949—1952 年，国民经济恢复时期。为了尽快恢复正常的教育秩序，政务院颁布一系列制度与政策促进教育办学回归正常轨道，建立满足经济社会全面重建的国民教育体系，并明确职业教育的地位。1951 年，政务院颁布《关于学制改革的决定》，中等职业教育由技术学校、中等专业学校和中等师范学校组成，其中技术学校和中等专业学校只有专业领域的区分。1952 年，政务院《关于整顿和发展中等技术教育的指示》中指出，中等技术学校的办学、经费开支、招生、课程设置、实习分配以及其他日常行政工作等分别由各有关业务部门直接决定。

1953—1957 年，"一五计划"实施期间，为建设社会主义工业化国家，"一五计划"实施"一化三改"。为保障"一化三改"的顺利完成，中等职业教育基于经济需求调整专业建设。1953 年，政务院和高教部发布《关于中等技术学校（中等专业学校）设置专业的原则的通知》，提出各业务部门以生产发展为依据、以专业性质相近为原则设置各校专业；同年，高教部、农业部和林业部颁布了《中等农林技术学校调整原则》，提出一个对我国中等职业技术教育影响深远的调整原则：办学科类单一且根据学校所在地的需要设置学科领域相近的 2~3 个专业；少数地方可以根据实际情况办综合性的农业技术学校，初级农业学校及五年一贯制农业学校停止招生等原则。

1958—1962 年，"二五计划"实施期间。为使不能升学的学生掌握一技之长以便就业，国家重新提倡职业教育，其中以工业技术人才和科学研究

---

① 邬正洪，等. 中国社会主义革命和建设史（1949—1992）[M]. 上海：华东师范大学出版社，1993：5.

人才为教育工作的首要任务。一方面，提倡多渠道多形式的办学模式。1958年，中共中央、国务院发布《关于教育工作的指示》，提出国家办学与厂矿、企业、农业合作社办学并举，普通教育与职业教育并举。另一方面，推行两种教育制度和两种劳动制度。同年，当时的国家领导人在天津市观察工作时，提出要试办半工半读学校。随后，两种教育制度和两种劳动制度在全国范围实行起来。

1967—1977年，"文化大革命"时期。十年"文革"是新中国成立以来各方面遭受最严重冲击的一个时期。教育结构严重失衡，普教终止于中等教育，职教遭到否定和取缔。"文革"前期，大中专技校以生产任务为教学内容，以一线工作场所为教学地点，以有实践经验的工农兵为教师来实施办学。"文革"后期，"七二一指示"成为指导"文革"期间举办专业教育的基本方针。①

三、农村职业教育办学模式的特征

新中国成立的前30年，经济制度的计划性，劳动就业制度的制约性，造成职业教育长期处在狭小的发展空间中。这一期间，职业教育办学模式与经济制度和劳动就业制度密切相关，它在具体、动态的社会关系制度中呈现以下特征：

一是办学主体趋向单一性。1952年8月，教育部发布的《中等技术学校暂行实施办法》，规定具备条件的私立中等技术学校，在学校董事会同意的原则下，由省（市）人民政府审核，经大行政区人民政府（或军政委员会）批准，改为公立学校。② 1953年4月政务院财经委员会、高等教育部批准华东、西南、中南、西北四大区的中等工业技术学校调整方案，而后私立中等技术学校改为公立的工作基本完成。③

二是办学范围的口径逐渐扩大。1951年8月，周恩来总理指出："各级各类学校都要由教育部包办是不行的。因此，要分别不同情况，由教育部和各业务部门分工去办，由中央和地方分工去办。"④ 1952年，政务院《关

---

① 教育部，财政部.中国职业教育发展史［M］.北京：高等教育出版社，2012：157.
② 教育部，财政部.中国职业教育发展史［M］.北京：高等教育出版社，2012：134.
③ 教育部，财政部.中国职业教育发展史［M］.北京：高等教育出版社，2012：134.
④ 周恩来教育文选［M］.北京：教育科学出版社，1984：31.

于整顿和发展中等技术教育的指示》提出，中等技术学校应分别由各有关业务部门管理，毕业后也由主管业务部门统一分配工作。自此，除一部分综合型大学归教育部统管外，专业领域单一的本专科院校和中专基本上归对口业务部门办理。

三是办学类型以业余教育为主。1953 年，全国有 1230 多万农民参加了常年学习，1939 万农民参加冬学。1962 年，农业部和教育部发布了《关于农村业余教育工作的通知》，提出"应该从各地的具体情况出发，紧密地同当前农业生产、技术改革和群众的学习要求相结合"。要求积极地有计划地提高农民的思想政治水平和文化层次，为农村发展培养各类初级技术人才。1964 年，教育部专门召开全国农村业余教育工作会议，明确提出农村业余教育的对象是青壮年农民，重视对贫下中农和干部的教育，对业余教育中的政治、文化和技术三种教育统一安排，并开设部分业余学校，通过集中学习的方式传授相关教育内容。业余学校的广泛成立，为农村的脱盲和农业技术推广提供了一定的条件。此类办学以函授、夜校、短训班等形式存在，[①] 丰富了农村职业教育办学形式。此外，这一时期大力举办各种速成性质的技术训练班和业余性质的技术补习班或训练班。[②]

四是办学形式的"社来社去"。1962 年，农业部对各省、直辖市、自治区农牧厅（局）发布《关于进行中等农业学校"社里来，社里去"调查研究的通知》，提出了"社来社去"的问题，并邀请部分同志座谈中等农业学校今后的方针、任务以及如何实行"社里来、社里去"的办法。同年年底，农业部发出了《关于中等农业学校几个问题的意见》，提出中等农业学校应继续贯彻执行"调整、巩固、充实、提高"的八字方针，要试办从公社招生，毕业后仍回公社去的班级，为农村人民公社培养农业技术人才。1963 年"社来社去"工作开始在部分省份进行试点，1964 年试点扩大。[③] 1965 年 8 月，全国有 160 所中等农业学校绝大部分已实行"社来社去"的办法。1965 年，农业部关于《关于全国高中等农业教育会议的报告》中对"社来社去"模式的实施原则和具体操作办法进行了讨论，并提出了"社来社去"

① 吴玉琦. 中国职业教育史 [M]. 长春：吉林教育出版社，1991：69.
② 国家教委职教司. 中国职业技术教育简史 [M]. 北京：北京师范大学出版社，1994：83.
③ 李冰山. 农村教育史 [M]. 南宁：广西教育出版社，2007：237.

的工作发展目标。

五是办学模式的"半工半读"。1958 年之后，民办农业中学和半工半读学校成为两种新型的农村职业教育办学形式，办学形式的创新推动了办学模式的改革。1958 年 5 月，刘少奇在天津市视察工作时，指示要试办半工半读学校，试行新的教育制度和劳动制度。随即，全国各省市相继办起各种类型的半工半读学校。1958 年 5 月 30 日，刘少奇在中央政治局扩大会议上发表《我国应有两种教育制度、两种劳动制度》的讲话，认为两种劳动制度和两种教育制度是多快好省地培养工人阶级和劳动人民知识分子的群众路线。到 1959 年年末，据不完全统计，全国参加半工半读的职工达 14.5 万人。① 1965 年 8 月，中共中央批转农业部党组《关于全国高中等农业教育会议的报告》中，提出"有计划有步骤地搞好现有高中等农业院校的半农半读、社来社去和教学改革，并为今后农业教育的大发展作好准备"，要求"在第三个五年计划期间，继续开展半农半读、社来社去、教学改革。高等农业院校已经试办半农半读的，坚持办好；尚未试办的，应选择一两个专业经省委批准后试办；争取到一九七零年，半农半读的学生占当年招生数的百分之七八十。中等农业学校在三年内全部实现半农半读"。据教育部 1965 年下半年统计，全国有农业中学 54332 所，毕业生人数达到 817 万人，半工（农）半读学校 4000 多所，学生 80 多万。② 此外，为了加强半工半读教育的领导工作，1964 年底教育部成立半工半读教育办公室，一些省市也成立专管半工半读的教育机构。

在这种特殊的历史时期内，教学计划开展围绕"教育活动与农业生产紧密结合"的原则。这种针对学生的特点和当时社会需要而进行的理论与实际相结合的活动，既有利于生产，又合理利用了空闲时间，这在当时具有重要的意义。

---

① 国家教委职教司. 中国职业技术教育简史［M］. 北京：北京师范大学出版社，1994：149.
② 曲铁华，王怡. 嬗变与思考：新中国 60 年农村职业教育回眸［J］. 河北师范大学学报（教育科学版），2011（7）：8.

第三节　转折阶段："三教统筹"
与"农科教结合"模式

1978 年，十一届三中全会提出改革开放，自此经济建设和民生保障成为社会发展的中心。在经济生产优先地位得到确立的同时，教育的生产功能和社会功能日益凸显，国民长期被压抑的受教育热情随着改革的浪潮被充分释放出来，国民教育得到了高度重视和全面发展。随着国家用工政策的改变以及国企市场化改革的推进，基于单位制而发展的厂内培训开始走向衰落，以职业学校的学校教育为主的厂外培训开启新的征程。

一、"三教统筹"与"农科教结合"办学模式的形成背景

"文革"结束后，以师徒制和技工学校为主的厂内培训面临着来自市场力量的强大冲击，尤其是在政府 1978 年实行改革开放后，厂内培训的技能形成方式逐渐衰弱。此外，农村经济体制改革，原有从业体制土崩瓦解。在技能形成方式转变和农村经济体制改革的背景下，农村职业院校大胆提出并大力推广职教教育领域的"农科教结合""职教、成教与基教三教统筹"。总体上看，农村职业教育办学模式的创新之举之所以得以实现和认可，主要依赖于以下四个重要前提条件：

首先，国家用工政策的转变冲击了以厂内培训为主的师徒制技能形成方式。20 世纪 80 年代初期，劳动制度的改革首先从突破原有国家安置就业的格局开始，国家提出了"形成在国家宏观调控和政策指导下，企业择优用人、个人竞争就业、劳务市场调节供求、劳动力合理流动的新格局，最终实现全员劳动合同制"的改革目标和任务。[①] 1983 年，用工政策的改革逐步开始，转变固定工为主体的用工制度为多种形式并存的劳动合同制度，转变厂内培训为"先招生、后招工""先培训、后就业"的用工政策。自此，直接以学徒工身份进行招工的做法慢慢被淘汰，职业院校成为承担国家技能形成重任的主力军。

---

① 王丹. 回顾企业用工制度改革［J］. 企业管理，2008（9）：19.

其次，国企市场化的转型改制打破了以单位制为主的企业治理机制。改革开放前的相当长时间内，国家与单位、单位与个人长期处于一种依附性的关系：国家力量控制和占有全国各种资源，形成对单位的领导和支配；单位相对优势性地控制和占有单位成员发展的各种资源和机会，形成对单位成员的绝对领导和支配。改革开放以后，由于经济体制改革这种纲举目张的作用，非国家控制的各项资源急剧扩张和迅速成长，且有了制度性的保证和空间。① 资源配置方式逐渐从政策行政计划配置转向市场配置，国有企业不再是各项优质资源的垄断者，一切竞争都遵照市场的游戏规则。因此，以厂内培训为主的技工学校和师徒制难以适应市场规则，转型之路迫在眉睫。

再次，微观环境的推波助澜促使了教育资源的深度融合。一方面，以家庭联产承包责任制为核心内容的农村改革，使农民获得了生产和经营的自主权，农民的生产热情空前高涨。同时，基层单位人民公社和生产大队的撤出，乡镇企业获得了良好的发展机会。但由于农村普遍存在文化素质低、技术人才短缺的现象，培养高素质、懂技术的人才成为了农村经济发展农业进步的基础；另一方面，农村教育因办学条件差、经费短缺、师资力量薄弱等问题，在数量和质量方面均难以适应要求。农村学生升学困难，学习技术无门路，只能从事简单工作，造成了人力资源的浪费。

最后，内部利益格局的争风吃醋加速了办学模式的教育改革。一方面，在"城市中心取向"的影响下，形成了"城市教育政府办、农村教育农民办"的局面，造成城乡之间教育资源鸿沟进一步扩大，城乡二元体制格局逐步固化；另一方面，以"城市优先发展"的教育整体改革实际上是一种"非帕累托改进"，即通过调整经济利益格局而形成新的制度均衡，其中一部分利益集团会受到损害。② 这一时期城市与农村的关系表现在：城市利益集团是利益收获方，农民是利益折损方。在这种背景下解决农村经济与教育发展的不协调状况，主要依赖于农村有限教育资源的高效使用。

总体而言，无论是宏观层面的政策变化，还是微观层面的利益驱动，实质上深受国家市场化改革的影响。市场决定技能的发展，技能受制于市场的需求。以技能知识习得和技能经验累积的技能形成过程，并非单位制

---

① 李汉林. 变迁中的中国单位制度回顾中的思考 [J]. 社会，2008（3）：37.
② 柳新元. 利益冲突与制度变迁 [M]. 武汉：武汉大学出版社，2002：74.

下的师徒制和技工学校所能完成的重任。以瞬息万变为特征的市场需求，厂内培训等技能形成方式与手段难以及时调整并满足。因此，以培养各式各样技能人才的职业院校成为技能形成的主干道，这是市场的选择，也是时代的选择。就农村职业学校而言，为顺应国家政策的转变和自身利益的需求，以"三教统筹"和"农科教结合"为主的办学模式是当时最佳选择。

二、"三教统筹"和"农科教结合"的发展阶段

改革开放后，国家行政力量对资源配置的干预力度弱化，市场在资源配置中的影响随市场化程度的发展越来越大。市场经济影响农村职业教育办学模式的改革可分为三个阶段：

第一个阶段，小范围试点。在农村经济社会深刻变革和农村各要素发展落后的巨大反差之下，农村教育尤其是职业教育的发展应具有高度的适应性和自身特色，要体现农村经济发展需求。"三教统筹"是"基础教育"、"职业技术教育"和"成人教育"统筹，其中职业技术教育是核心内容。

一定的生产方式下必然有一定的劳动力再生产的形式与之相适应。现代大农业生产方式，需要大批懂科学且有现代农业科学文化知识的新型劳动者。而教育应该在生产方式变迁的进程中扮演重要角色，是驱动生产方式转型和适应的重要动力。农村职业教育在适应农村经济社会发展和生产方式转变过程中，必定要求对农业、科技与教育的跨界与融合。1985 年前后，湖南怀化基于农业发展和农村经济进步的出发点，首次提出"农科教结合"。其基本思路：打破长期以来农业、科技和教育部三部门之间零沟通、各自为政的局面，充分利用互不隶属的三部门在农村经济发展中的交互关系，强化三部门的联结，提高资源利用效率，发挥部门合力和整体效益。基于政府统筹，将历来属于政府部门主办的农业学校逐步转为以农业部门办学为主、教育部门统管、科技部门和其他有关部门紧密配合参与的农村职业教育办学的新体制，这就是"农科教结合"的最初形态。1900 年，鉴于怀化地区"农科教结合"模式的成功实施，湖南省政府下发了《关于实行农科教结合加速农业振兴的决定》（1990 年 15 号），一方面，对农科教结合领导体系和发展资金筹措颁发进行了细致规定；另一方面，对农科教结合下农村的农业、科技和教育发展作出了明确的规定，即计划在三五年内建立健全"农科教结合"的农村教育体系，培养培训大批适用技术人才、

全范围推广网络技术和实用科技成果、开发一批以科技为先导的区域性支柱产业，基于以上两方面保证农科教结合实践推广的有效性。为将"农科教结合"工作的相关教育与发展理念落到实处，湖南省于同年制定了《湖南省示范乡镇农校标准》①，在领导机制上，强调建立健全农科教结合的新的领导机制，由政府相关负责人统筹任组长，农业、科技、教育、扶贫、财政、供销等多部门负责人作为小组成员，明确规定各部门在农科教结合中的相关职责，相互合作、共同协调相关工作。在机构建设上，农科教中心的县乡两级实行"上挂横联下辐射"机制（"上挂"指与大专院校、科研单位及上级科技部门挂钩；"横联"指与县外单位、兄弟院校联系、合作；"下辐射"则是指以农科教中心为基地，向区域内的各个乡镇、村组和农户辐射扩散），基于该机制，"农科教结合"办学模式形成了内外相联、上下交流、左右沟通的纵横交错的网络。在经费保障上，多渠道、多途径保障农科教结合的经费，建立专项资金，用于农科教结合工作。在具体实践上，要求各个县乡重点办好一所中等农业技术学校，建立农科教中心，实现村村有农技人员、村村有科技示范户、户户掌握新的实用技术，重点开发一批以科技为先导的体现区域特色的支柱产业。

第二个阶段，全国推广。河北"三教统筹"的成功实施，在全国掀起了一阵借鉴热潮。据统计，到 1988 年年底，全国有 28 个省、自治区、直辖市 80 多个县建立了农村教改实验区。农村教育综合改革实验区从促进经济开发、帮助脱贫入手，因地制宜地发展各类中、初级职业技术教育和短期实用技术培训，取得了适应不同类型地区的经验，具体可归纳为：② "三位一体型"、"衔接型"、"联合型"、"主体延伸型"和"外分内统型"。这五种"三教统筹"的类型，是研究者根据全国各地在"三教统筹"的实践经验进行总结而分类整理的，基本上反映了"三教统筹"的一些基本做法。此外，还要一些地区结合本地实际情况，走出一条富有当地特色的"三教统筹"之路。如湖南省汨罗市在《突出重点，整体推进，构建职业教育服务经济网络》的职业教育发展模式实验报告中对该市强化基、职、成三教协调发展，构建立体型职业教育网络进行了较为清晰的介绍："该市'以市

---

① 面临新的发展形势，湖南在 2010 年再次制定了《湖南省示范性乡镇农民文化技术学校建设方案（试行）》，进一步推动农村职业教育在新时期的发展。

② 李少元. 谈"三教统筹"模式的选择 [J]. 吉林教育科学：普教研究，1997（6）：43.

农职业中专为龙头、以部门主办的职业高中为骨干、以乡镇农职校为主体、以普通中小学劳动技术课程为基础的多行业、多层次的职业教育网络'为三教统筹的目标。"在具体的做法与策略上,从教育渗透的角度,基于"三教统筹",增强职业教育在其他类教育中的渗透功能,例如在中小学增加劳动技术课;从层次配套的角度,在优化和发展市所属的四所中等职业学校的同时,把职业教育引向农村。在该市的 29 个乡镇农职校中,分别开办了职业初中班和"3+1"模式班。从培训模式的角度,改变单一的长班培训形式,实行长、中、短班并举;并为配合三教统筹的实施,积极构建了科技辐射、服务网络,形成了推广辐射网络链。①

为进一步将"农科教结合"办学模式落到实处,1989 年,中央提出了"科教兴农"的方针,国务院颁发《关于依靠科技进步振兴农业、加快科技成果推广工作的决定》,并于同年 8 月成立了由农业、科技、教育、林业、农业银行等五部门共同组成的全国农科教统筹与协调指导小组,联合下发了《关于推进农科教结合,促进农村经济社会全面发展的意见》。1990 年 5 月,召开 14 省农科教结合工作经验座谈会,进一步扩大农科教结合的试点范围。自此农科教结合工作由自发的探索阶段走向了由中央政府组织推广阶段。

第三个阶段,政策保障。根据 1987 年《关于全国职业技术教育工作会议精神的报告》和 1994 年《中国教育改革和发展纲要》,县乡两级政府把教育纳入当地经济社会发展的整体规划之中。自此,"三教统筹"在经济体制改革和教育体制改革的双重背景下应运而生。县乡政府分级统筹负责农村地区基础教育、职业教育和成人教育,注重三者之间资源的共享与相互利用,通过对三种教育类型在师资、校舍、设备、基地和教材等方面的统筹,促进三种教育类型相互补充、协调发展,提高投资效益水平。"三教统筹"是一种"符合现代化发展要求和我国国情的农村各类教育的分工与组合形式",也是教育内部的资源统筹与协调的体现。

1989 年,农业部、国家教委等五部委联合发出了《关于农科教结合,共同促进农村、林区人才开发与技术进步的意见》,提出农村社会经济发展中实现农科教结合。十一届三中全会、十三大和十三届七中全会的会议要

---

① 蒋作斌,等. 农村职业教育发展:理论与模式［M］. 长沙:湖南人民出版社,2001:373.

求，都提出我国农村要推行"农科教结合"模式，即农业、科技和教育的结合。这是一项在农村广泛推广的旨在发展农业，推动农村经济、提高农民科技文化知识的教育理念与做法。1993 年 3 月国务院《关于在全国积极实行农科教结合推动农业和农村经济发展的通知》指出，要根据农业发展靠科技，科技进步靠人才，人才培养靠教育的客观规律，在政府统筹协调下，使农科教形成强大合力，即以促进农业和农村经济发展为目标，以推广先进农业科学技术为动力，以加强农村教育特别是职业技术教育和实用技术培训为基础，实现农业和农村经济的全面振兴。随着农科教结合得到了中央政府的进一步高度重视，相关的组织、领导工作也得到了进一步的加强。1991 年，农科教结合工作被列为国务院研究室的重点课题，进行专题调研。1992 年，颁布了《关于积极实行农科教结合推动农村经济发展的通知》，对农科教结合工作的意义、目标、重点做了全面的阐述，将农科教结合工作作为实现农业现代化的一个重要途径，认为农科教结合要紧紧围绕振兴农业和农村经济，农、科、教三部门事业紧密结合，相互促进、协调发展，逐步实现农业和农村经济现代化。1994 年，国务院决定成立由农业部牵头、九部委共同参与的"全国农科教结合协调领导小组"，全国的农科教结合工作在该小组的统一领导下开展实施，各省也相应地成立了有关工作部门，共同推进农科教结合工作。1994—1996 连续三年国务院和全国农科教结合协调领导小组召开会议，此外，农科教结合已经成为党的十五届三中全会等重要会议突出内容，强调了农科教结合在科教兴农等工作中的重要意义。

从具体的工作内容来看，一是成立了专门的机构，既有领导管理机构，也有具体负责农科教结合工作的机构，据全国农科教结合协调领导小组办公室统计，到 1999 年上半年，全国已经有 30 个省成立了农科教结合协调领导小组及办公室，市（地）一级和 80% 以上的县农科教办公室均有单设机构、编制和经费单列，形成了机构健全的组织机构工作体系。此外，各地均根据需要成立了农科教中心，具体负责实施。二是建立健全了投入机制，各省通过多种途径、多种方式，保障农科教结合工作经费，如从其他项目经费（科教兴农资金、农业发展基金、科技发展基金、教育附加费等等）为农科教结合工作提供经费保障。三是将工作落到了实处，通过大力开展各类培训工作、推广实用技术，并充分利用国家"星火计划""丰收计划"

"燎原计划""绿色证书"等项目，通过多种形式、多种方式，为农村发展、农业进步和农民致富服务。四是成为国家"科教兴农计划"等重要战略的抓手，成为发展的重要依托工程，为推动区域经济发展提供了重要的智力支持。

三、"三教统筹"与"农科教结合"的意义

就"三教统筹"而言，统筹三教就是提倡农村三教都要为农村服务，特别强调农村普通教育的主要任务是就业而不是升学，主要采取"普职结合"或"普职渗透"的方式，统筹使用各教资源，"一校多用、一校多能"。① 也就是说，"三教统筹"是不改变已有的利益格局，只是基于某种组合方式改变利益方的相处方式来提高效率。其意义主要表现在以下两个方面：

基于整体的视角，"三教统筹"有利于充分利用有限教育资源，减少各方对农村教育的投入；也有利于大力培养农村所需的大量人才，推动农村经济的发展。对于政府而言，一场有利于诸方利益，实现社会中的"帕累托改进"的改革，是主政者乐见的；对于城市集团而言，不触动任何一方利益的资源整合有利于促进城乡已有资源的优化；对于农民而言，有效且高效的教育资源整合有利于农村家庭生产和乡镇企业对人才的迫切需求。

就"农科教结合"而言，农业是国民经济的基础，农村教育直接关系着我国农业的发展和广大农民的命运。在党的"科技教育兴农"的思想指导下，全国 500 个县的 1500 个乡镇实施燎原计划。"燎原计划"是进行农村教育改革，促进农业发展的一项具有深远历史意义的工程。燎原计划中"农科教结合"的崭新教育模式，发挥了农村教育在"育人兴农""治愚致富"的巨大功能，促进了"教促富，富促教"的良性循环。由此可见，"农科教结合"的教育模式不仅在当时，乃至在未来的农村发展道路上都充分显示了强大生命力。

整体而言，农科教结合一方面成为农村职业教育综合改革中的一种重要模式，影响了农村职业教育和农村经济社会总体的发展；另一方面，它也成了中国农村教育发展的一条重要的经验性总结，上升到一定的理念层

---

① 何东昌. 中华人民共和国重要教育文献 [M]. 海口：海南出版社，1998：2857.

次，成为农村职业教育的一种重要的、具有一定普适性的理念，在湖南邵阳市"十百千万工程"模式、各省实施的"县级职教中心"模式均体现了"农科教结合"的理念。因此，"农科教结合"既是一种具体的农村职业教育办学模式，同时它又是一种农村职业教育办学理念。

第四节　创新时期：县级职业教育中心办学模式

县级职教中心办学模式既是我国农村职业教育办学实践上的又一次创举，也是国家技能形成体系构建过程中的另一种重要探索。县级职教中心可以看作是"农科教结合"模式的延伸与发展，也可以理解为是"农科教结合"的办学理念在实体性职业教育办学机构中得到更好的体现。县级职教中心目前还在国内有较好的实践，运转也比较理想，是一种体现了国家技能形成体系中农村职业教育办学需求与办学特点的模式。在本节中我们重点将县级职教中心办学模式的产生、发展以及积累的经验和启示进行论述。

一、县级职教中心办学模式的形成背景

县级职教中心的出现并不是偶然的，而是有其深刻的经济社会背景，经济社会的发展要求农村职业教育加强服务能力、提高资源利用效率、改进培养质量和办学水平是必然的选择，因此必须改革办学模式，促进其进一步适应发展需要。同时，为了破除农村职业教育办学体制上存在的痼疾，积极探索新型的农村职业教育办学模式刻不容缓。

从农村经济来看，农村经济结构单一，经济基础薄弱，长期深层次矛盾逐渐凸显出来。一是农村吸纳剩余劳动力的能力有限。长期以来，我国农村劳动力综合素质普遍偏低，缺乏必要专业技能，此状况不仅与农村现代化要求不适应，还严重制约农村经济的发展。据统计，改革开放后，全国 4.6 亿农村劳动力中，文盲和半文盲占 22.7%，小学文化程度占 45.5%。① 农民不了解供应与需求的关系，也缺乏自身变革的意识，因此只

---

① 李冰山．农村教育史［M］．南宁：广西教育出版社，2007：275．

有借某种外部力量来促使其发展。此外，小农经济的零散经营、乡镇企业因起步阶段摊子大、规模小，"村村点火，处处冒烟"的情形比比皆是，缺乏基本的市场竞争能力。二是县域亟须快速发展的欲望强大。县域经济是国民经济的重要组成部分，发展壮大县域经济是统筹城乡协调发展、解决"三农"问题、全面建设小康社会的重大战略举措。① 然而，以培育特色经济、主攻民营经济、发展配套经济、壮大园区经济、提升劳务经济为新思路的县域经济发展，碍于人才短缺、技术缺少等现实问题，长期停滞不前，经济发展成效不明显。

从教育本身来看，农村教育结构单一、职业教育薄弱、教学内容缺乏地方特色。一是职业教育基础薄弱。随着"三教统筹"办学模式和"农科教结合"办学模式的成功推行，20世纪80年我国农村职业教育有了较大的进步和提高。由于先天基础薄弱，后天条件不足，导致整体发展的步伐仍然十分缓慢。就全国而言，职业教育的总体发展水平远远落后于普通教育的总体发展水平，且在教育质量、办学条件、办理水平等方面都有待提高；就自身而言，管理体制上长期条块分割、各自为政，导致农村职业学校效益较低；专业设置上角度狭隘、目光短浅，造成区域内专业设置重复，资源浪费。二是因"重普轻职"思想的根深蒂固，升学一直成为众家长们为后代教育付出的唯一目的。据统计数据，1980年全国农村普通高中与中等职业技术学校在校生之比约为3:1，一些地方把升学教育作为教育工作唯一追求的目标，忽视回乡的大批中小学毕业生对生产知识和技术的需要。② 在这样的氛围之下，农村处于一种教育结构与教育需求严重失衡的状态。正因为如此，一方面农村职业教育在整个教育体系中处于弱势地位，在经费和师资方面难以适应发展需求；另一方面，农村职业教育在培养能力上难以适应农村经济社会发展的人才需求，也难以适应农村人口全面发展的知识、技能要求。

鉴于经济发展的要求和教育自身的现状，上个世纪80年代国内开始探索县级职教中心办学模式。县级职教中心从我国现实国情出发，一方面，统筹城乡发展，既解决"三农"问题，又促进城镇发展；另一方面，加快

---

① 郑炎成，陈文科. 县域经济在国民经济中的现实地位变迁：理论与实证 [J]. 财经研究，2006（3）：16.

② 李冰山. 农村教育史 [M]. 南宁：广西教育出版社，2007：275.

农村中等职业教育发展，通过建立和发展县级职教中心，系统、合理地推动县域内职业教育的发展。零散、落后的小农经济永远都无法使农民摆脱贫困，要帮助农民脱离简单以出卖劳动力的方式获得收入的局面，就应该重视职业教育。县级职业教育中心的模式通过从县域的高度对区域内的职业教育资源进行统筹安排与利用，提高了职业教育资源的有效利用，提高了职业教育质量，提升了职业教育的区域影响力。

二、县级职教中心办学模式的形成过程

与"三教统筹"办学模式和"农科教结合"办学模式一样，县级职教中心办学模式也是在曲折的道路上逐步发展起来的。它的基本办学思想：一方面，统筹职业教育管理，建立县级职教中心，总体统筹和布局县域内各职业教育的类型；另一方面，整合职业教育资源，改变过去农村职业学校办学点分散、资源分配不均等局面，使农村职业教育资源得到合理配置和有效使用。

（一）县级职教中心办学模式的发端

县级职教中心的探索始于上个世纪 80 年代末期。1989 年，河北省获鹿县将县域内职业高中、农民中专、技工学校、电大、农业广播学校等进行整合，最终由获鹿县职业教育中心管辖。在这个"中心"内，一是中心功能得到集合。通过打破职前职后长期脱离的局面，实现职前职后一体化的目标；通过"政府统筹、部门联办、教委协调、多校联办"的机制，实现了资源的重新整合与最大化利用。二是中心功能得到扩散，基于集"人才培养、生产示范、技术推广和社会服务"等多种功能于一体的优势，以及多部门集合在一起的力量，提高职业教育机构的各资源的利用效率。

1991 年，鉴于获鹿县的优秀经验，河北省在关于县级职教中心发展的省长专题办公会议上，出台了《关于集中力量办好一批职业技术教育中心的通知》，提出每个县集中力量办好职业教育中心。首先，把全省 149 各县分成三个片，总体规划农村职教中心的建设；其次，决定每个县建立一所综合性的县级职教中心。这种由政府统筹，学校教育与经济相协调，县长兼任校长，最终以"一校多制""一校多职"等具体形式确定下来的办学模式，最终由最初的 60 所发展到 1996 年初河北省 138 个县（市）均建成了县级职教中心，获得首捷。如河北省迁安县和青县职业技术教育中心，走

"以教促富，以富促教"之路，被当地农民誉为"人才培养的'摇篮'""科教兴农的'尖兵'"。

（二）县级职教中心办学模式的推广

河北省县级职教中心办学模式的探索得到了国家教育行政主管部门的关注与肯定。1994 年 5 月底，国家教委在石家庄召开全国骨干性职业学校建设工作研讨会，与会代表对河北省用三年时间在 88 个县（市）建成县级职教中心，并顺利运转，产生较好效益的情况表示了极高的兴趣，并认为县级职教中心的做法有较大意义，且已经在实践上取得一定的成绩，值得在全国进行推广，与会代表通过联名致信的方式向时任副总理李岚清提出推广县级职教中心做法。1998 年，国家教委发布了《关于加快中西部地区职业教育改革和发展的意见》，确定利用国债在西部国家级贫困县新建 186 个职业教育中心。2005 年，《国务院关于大力发展职业教育的决定》明确规定"每个县（市、区）都要重点办好一所起骨干示范作用的职教中心（中等职业学校）"。自此，县级职教中心办学模式逐渐由河北省走向全国范围，且在全国范围形成广泛影响。直至今日，县级职教中心仍然广泛存在，并在统筹县域职业教育资源、提高职业教育办学质量和服务能力上发挥重要的功能。

（三）县级职教中心办学模式的基本做法①

职教中心办学模式的主要特点是："综合性、多功能"，"政府统筹，部门联办，教育协调，一校多制"的管理体制；多渠道的经费投入和"上挂、横联、下辐射"的农科教结合机制。② 政府指的是县级政府，其功能就在于协调县域内职业教育各机构的联合与资源利用，以及各部门之间的资源统筹，如农业、科技、教育、劳动等；"校"指的是县级职教中心校，其功能就在于将县域内的职业教育资源进行统筹利用，并承担主要的人才培养功能。由政府统筹，职教中心校实践、实施并推广县级职教中心办学模式。

---

① 周志刚，孙志河．对新形势下县级职教中心办学模式的思考［J］．中国职业技术教育，2003（12 下）：8．
② 周志刚，孙志河．对新形势下县级职教中心办学模式的思考［J］．中国职业技术教育，2003（12 下）：8．

有研究者总结了我国县级职教中心的三种模式：①

一是集团型模式。这一模式的主要特征是在县政府主导下，政府对县域内的中等职业教育资源进行整合，对县域内各类型的职业教育机构进行布局结构调整，通过合并、联办、划转、置换等多种形式，打破了行业、部门及学校类别的界线，实现了农村各类职业教育的实质性合并。在管理体制上，实行县政府主办制。在机构组成上，以县级职教中心为中心。在功能实现上，依靠实质性合并后的集团型模式，达到理顺农村职教管理体制，优化农村职业学校的资源配置，提高农村职教规模效益的目标。这种模式以河北省、浙江省的县级职教中心为代表。浙江省的县级职教中心的成立，以"政府统筹、部门联合、教育主管、统一规划、分口服务"的办学体制和管理体制，有效地解决了农村职业学校布局分散、规模小、重点投入不足等实际问题，在很大程度上减轻了地方财政的压力，实现了农村职业教育资源的合理配置。

二是联合型模式。这种模式的主要特点是在政府的宏观调控下，将职能部门举办的职业学校和社会力量主办的民办学校联合起来，集中整合到县级职教中心。在管理体制上，县级职教中心由主管县长任主任，教育、财政、人劳、乡企、农业、科技等部门的主要负责人为成员。在机构组成上，以县级职教中心为主要框架，以职能部门举办的职业学校和社会力量主办的民办学校为主办力量，县级政府主导统筹，县域各个职能部门以及社会力量共同参与管理。在功能实现上，"政府统筹、部门联办、教育协调、多校一体"的办学体制，明确了"职业教育中心负责培训，农业部门组织培训对象，劳动部门负责劳动力转移，财政部门负责经费保障，各乡（镇）负责协调配合"的工作职责。这种模式以陕西省宝鸡市的眉县等县市为代表，以眉县职业中专为依托的眉县职教中心，先后联合了县电大、县教师进修学校、县党校和该县所有乡（镇）的农科教中心，基本上将县域内的职业教育融为一体。

三是示范学校型模式。这一模式的主要特征是依据县域经济社会发展的特色，由县政府负责，协调组织各个相关的部门与行业，以县域内条件

---

① 余立忠，胡小桃. 县级职教中心建设——湖南农村职业教育发展的新契机 [J]. 中国成人教育，2010（5）：157.

较好的示范性职业学校为载体，联合县域内各个职业教育机构，组成集职前教育、职后培训、不同学制、不同教育对象于一体的连锁办学模式。在管理体制上，实行校务委员会领导下的校长负责制，即由教育、劳动、农业、工业、卫生、科技等各部门主要领导组成，并由县（市）主要领导担任主任。校务委员会既是政府统筹的决策机构，也是联合办学的组织结构。① 在机构组成上，以县级职教中心为主要框架，以实力较强的职业学校为龙头，以其他各个职业教育与培训机构为基础，县级政府主导统筹，县域各个职能部门共同参与管理。在功能实现上，校务委员会根据县域经济社会发展规划，制定县级职教中心的人才培养计划，包括正规教育、非正规培训等方面的计划，并组织培训力量；各相关产业部门参与制定专业课教学计划、教学大纲，各产业部门协调安排专业教师和实习场所；教育行政部门统筹安排师资配备和教学设施等问题，且领导和监管教育教学和管理活动。这一模式以山东平度职教中心为代表，通过做强做大做优县级职教中心，来提升全市职业教育整体水平，增强职业教育服务县域经济的能力。

三、县级职教中心办学模式的重要经验

综合分析以上三种县级职教中心办学模式在特征、管理体制、组织机构以及职能实现等方面的论述，我们可以初步总结出其几点主要的经验：

一是重视政府部门的统筹功能。由于职业教育管理体制上的分割性，导致职业教育教育资源弱质性、职业教育办学条件落后、职业教育发展方向模糊等一系列问题的出现，严重阻碍了职业教育基础能力建设。由此，县级职教中心作为县域内职业教育管理体制上的管理者，主要由县级政府主要领导担任中心的负责人，通过召集县各个职能部门的负责人作为中心的成员，形成了政府统筹、部门配合的管理体制。政府统筹的内容主要包含了两方面：一是资源的整合；二是资金、政策的整合。需要指出的是，随着市场经济体制的不断完善，政府统筹的内容逐渐由从资源、资金和政策的整合过渡到资金投入和宏观调控上，避免了资源的闲置与重复建设，提高了资源的统筹利用，也促使各个部门的分散力量形成合力，共同促进

---

① 周志刚，孙志河. 对新形势下县级职教中心办学模式的思考［J］. 中国职业技术教育，2003（12下）：9.

职业教育的发展。

二是面向区域提供服务。职业教育与地方经济发展联系最为密切，县级职教中心是服务县域经济的，县域经济的区域性要求县级职教中心要体现县域特色。根据上述三种县级职教中心模式的特征不难看出，县域内职业教育机构的专业设置、教学安排、师资队伍构建和实习场地安排等都是由各相关产业部门参与制定、协调安排。根据地方服务原则，政府职能部门和相关产业部门务必结合区域特色开展办学的有关工作。学生就业方向和技能学习重点等方面会迎合区域经济社会发展对技能型人才的需求，各个职业教育与培训机构也会相应推出与区域发展需求相对接的培训服务。

三是体现职业教育与培训机构服务的综合性。县域经济区是国有经济的缩影，在此区域内，公有制经济和非公有制经济"八仙过海，各显神通"。为应对服务重点和服务方向上的差异，一是整合各类型职业教育资源；二是集合多种机构和多个主体；三是培养多种类和多层次的人才；四是发挥综合社会服务功能，全方位、多方面给予区域经济区服务范围的综合性和服务能力的多样性。其中，在教育类型上，既包括职业教育，同时包括职业培训；在教育目标上，既注重农村学龄人口升学的需求，又突出就业能力的培养；既注重农村剩余劳动力转移的培训需求，也重点服务区域经济社会发展。总之，县域经济是经济和社会功能齐全、综合各产业部门乃至社会单位于一身的国民经济小系统。① 县级职教中心作为服务其发展的方式之一，也必然要求功能齐全，综合服务能力强。

四是鼓励职教中心的开放性。在改革开放的精神下，县域经济发展不能再故步自封，开放与合作已成为县域经济发展的新生代名词。因此，县级职教中心的开放与合作成为经济发展潮流中的趋势。过去，"三权统筹"办学模式和"农科教结合"办学模式的办学理念都是过分强调服务当地经济。随着改革开放的深入，开放与合作的形式多样化，开放意味着教育资源的多样化和教育领域的扩大化，合作意味着在广阔的教育领域中实行大范围的资源整合与重组，实现错位发展。县级职教中心不断拓展其综合性，持续开放，扩展合作，才能实现优势互补，从而使县级职教中心办学模式的生命力越显强大。

① 郑炎成，陈文科. 县域经济在国民经济中的现实地位变迁：理论与实证［J］. 财经研究，2006（3）：15.

第五节　改革时期：职业教育城乡一体化办学模式

回顾改革开放四十多年来的农村发展，大致经历了三个阶段：家庭联产承包责任制的实施；乡镇企业的崛起；现阶段的小城镇的聚集、带动和辐射发展。小城镇是城市和农村的融汇处、工业和农业的对接点、城镇化和工业化的助推器。① 以城镇带动农村，必然从经济、文化、教育等方面进行帮扶与协助。因此，随着工业化、城镇化和农业现代化的推进，城乡融合成为一种趋势和必然，教育形态也随之发生相应变化。

一、职业教育城乡一体化办学模式的形成背景

当农村商品经济发展到一定程度时，必然会导致农村生产经营的多样化、专业化、社会化和市场化。随着城乡一体化发展的推进，农村需要利用城市的人才、设备、技术和管理；城市经济发展到一定程度也需要农村的资源、场地和剩余劳动力。② 无论是城市，还是农村，两者之间的发展都需要取彼此独有的特色或资源。从技能形成体系构建的角度看，如何统筹城乡资源成为促进高水平的职业教育均衡发展的重点。

首先，经济体制改革的深入成为城乡一体化办学模式的主要动力。随着发展领域的放开、投资身份的打破，城镇居民和农村群众进入彼此的生活领域。农村居民进镇造城、务工经商，成为新的城市居民。城镇市场和农村市场发生的新变化，对人力资源素质和结构的需求产生巨大的转变。为适应这一变化，创新原有的技能形成体系势在必行，及时调整职业教育发展策略，结合城乡各自的资源优势，职业教育城乡一体化办学模式恰逢其时。

其次，农业产业化的发展成为城乡一体化办学模式的直接载体。城乡之间长期以来的差距，给教育城乡一体化的实施带来了无法消灭的障碍。若要缩小差距，减少障碍，需合两者之力方能有所突破。以公司为代表的

---

① 吴方军. 关于推进城乡一体化的思考 [J]. 宏观经济研究，2002（12）：43.

② 淄博市城乡一体化教育发展研究课题组. 淄博市城乡一体化教育发展研究 [J]. 教育研究，1998（4）：23.

农业产业化是一种以实现农业现代化为取向的先进的组织形式，它以公司制农业企业为主导、以广大农户为主体、以市场需求为导向，实行区域化布局、专业化生产、企业化管理，形成种养加、产供销、贸工农一体化经营体系。[①] 公司制农业是集城乡特色为一体的经济体系，其发展不仅使农民认识到自身技能储备的不足，也难以在知识和技能上适应产业化的发展需求。

再次，"务工经济"的兴起成为城乡一体化办学模式的直接动力。人多地少、劳动力过剩，是农村不容回避的现实。为缓解就业压力，各地都把"务工经济"作为推动经济发展和改进民生的一项重大举措来抓，制订有关政策，强化引导服务，组织农村剩余劳力有序向城镇流动。一方面，打工者离开土地进城务工，在获得收入、增长见识的同时，增加了城市容量，扩大了城市规模，促进了城镇经济的繁荣和发展；另一方面，离土人员的增加，必然使守土人员减少，增加了守土人员获得发展的机会。但无论是离土农民创业，还是守土农民增收，都遇见了一个相同的问题，即技能储备的不足。通过推进城乡一体化办学、城乡联动、资源共享，农村在城市的带动、引导和支持下，开展人才培养工作，回应务工经济对农村人口在技能短缺方面的要求，实现城乡一体化办学。

二、职业教育城乡一体化办学模式的具体内容

2008 年 10 月，十七届三中全会审议通过的《中共中央关于推进农村改革发展若干重大问题的决定》提出，"要建立促进城乡经济社会发展一体化制度"，把推进城乡一体化作为国家发展战略，希望通过形成"以城带乡、城乡互补"的方式，逐步消除我国长期存在的城乡二元结构，实现城乡关系平等、城乡共同发展。城乡职业教育一体化是城乡发展一体化的衍生概念，是从属于城乡发展一体化这一理念的。随着国家技能形成体系的不断完善，城市职业教育和农村职业教育顺应这一发展理念，体现职业教育城乡融合、一体发展的基本思想。

职业教育城乡一体化发展从属于城乡一体化发展，这一理念的基础在于突破原有的城乡二元结构理念，改变城乡之间二元对立的基本关系，逐

---

① 王局坡，等. 襄阳县公司制农业发展现状及对策 [J]. 宏观经济研究，2002（5）：50.

步实现城乡融合的一体化理想。而实现城乡一体化的发展战略重点在于树立统筹发展理念，将城乡发展要素通盘考虑、统筹兼顾，将相关要素公平分配，这是这一理念的核心。具体表现在：

在具体操作上，通过建立城乡合作机制，充分发挥城乡职业教育的互补性，优质的城市职业教育资源与巨大的农村职业教育需求进行结合，实现职业教育资源的最优配置和最大效益。

教育部等行政部门对城乡合作、职业教育城乡一体化办学持鼓励和推动的态度，如2003年教育部、财政部和劳动与社会保障部出台的《关于开展东部对西部、城市对农村中等职业学校联合招生合作办学工作的意见》的文件中，重点阐述了城乡合作办职业教育的重要意义，提出采取多种形式开展联合招生、合作办学，通过跨地区单独招生、联合交流培养以及城市职业学校面向农村定向招生等形式，坚持以就业为导向，推动城市职业教育带动农村职业教育发展、城乡互动交流，实现城乡职业教育资源的均衡与共同发展。在教育部等部委的这一文件的推动下，各个省份根据省情特点，在职业教育城乡一体化办学方面进行了各自的探索。

重庆市在2009年出台了《关于开展中职教育"城乡互动、联合办学"工作的实施意见》，提出了有序推进"城乡互动、联合办学"，通过多种帮扶形式，为城市优质中职教育资源和农村中职学校搭建相互融通的平台，推进城乡中职教育联合办学、分段培养，实现城乡中职资源配置、办学水平、人才质量一体化。逐步建立起遍布全市城乡、灵活开放、较为完备的职业教育网络。在具体的操作上，提出了几个方面的工作任务：一是实施城乡中职学校"三段式"人才培养计划，引导和组织城市重点中职学校与县镇、农村中职学校签订分段办学协议；二是探索城乡中职学校合作办学途径，鼓励城市优质中职学校利用品牌优势，采取集团化办学、联合办学等多种形式，支持和带动县镇和农村职业学校发展；三是建立城乡中职学校对口帮扶，捆绑发展制度，通过引导和组织城乡中职学校在师资交流、专业建设、课程开发等8个方面通过协议明确帮扶任务，开展合作；四是构建城乡中职学校信息服务平台，引导和组织城乡中职学校联合开发中职学校招生、就业服务信息网络、实现信息共享，引导联合开发职业技能网络实训室等。为了实现上述目标和设想，该市还成立了工作领导小组及办公室，市教委主要领导担任领导小组组长、市教委和相关部门分管领导为副组长的领导组织，由职业教育行政主管部门具体负责实施，各个中职学校成立相应的组织机构，实行工作责任制，并通过提供保障、加强督管，确保职业教育城乡一体化办学目标的实现。

四川成都在职业教育城乡一体化方面作出了可贵的探索。2003 年以来，成都市运用统筹城乡发展的思路与方法，开启了城乡教育一体化的探索。在办学实践中，坚持以政府投入为主体、以缩小城乡教育差距为目标，完善相关的制度与机制，通过均衡城乡教育资源，按照"全域成都"的理念，在义务教育均衡发展的基础上，将相关的经验和做法向高中阶段教育和终身教育延伸。在强化县级政府责任的同时，努力扩大可调控资源的市域统筹，在发展规划、办学条件、队伍建设、教育质量、评估标准、教育经费等多个方面都实现了城乡一体化。

在具体的实施方案中，成都市在空间上分为中心城区、近郊区（市）县和远郊区（市）县三个圈层，中心城区发挥教育辐射功能，起牵头作用；近郊区（市）县发挥教育吸纳功能，跟进城乡教育一体化；远郊区（市）县发挥教育后发优势，三个圈层的区（市）县充分发挥各自优势，联动推进成都市城乡教育统筹工作的开展。

经过几年的探索，根据《成都市 2008 年度统筹城乡发展评价监测报告》显示，2008 年，成都推进城乡公共教育一体化目标实现程度比上年提高 14.4 个百分点，对提高统筹城乡发展总体实现程度的贡献率为 13.1%，是所有社会事业中贡献率最高的。2010 年，成都市被国务院确立为"探索城乡教育一体化发展的有效途径"的教育体制改革试点城市。当年，成都市城乡公共教育一体化指数达到 89.9%，当年对全市统筹城乡发展的贡献率为 8.4%。2011 年 8 月，联合国教科文组织"推进教育均衡发展提升教育国际化水平"会议在成都召开，充分肯定了成都在均衡城乡教育资源方面所取得的成绩，并认为成都市城乡中小学多项监测指标旗鼓相当，农村学校部分指标优于城市学校。

河南在职业教育城乡一体化办学模式上也有实践。该省实现职业教育城乡一体化办学的重要抓手就是城市与农村职业学校联合招生合作办学，利用城市的优质专业教育资源和就业优势，开展城乡"联姻"，实行省、市、县三级合作办学，招生、培养、就业"一条龙"的职教新模式，逐步缩小城乡职业教育的差距，实现职业教育区域平衡。

在具体的操作方案上，从 2004 年起，河南省级以上重点中职学校确定一所农村中职学校，特别是国家和省级扶贫开发县的农村中职学校开展联合招生合作办学；各省辖市确定部分城市中职学校面向农村招生，以定向招生和培养的方式为乡镇培养人才；各级政府和教育行政部门出台经费扶持办法，补贴学校因联合招生出现的学费差额。

在形式上，河南城乡职业学校合作办学主要采取了"1＋2"、"2＋1"、设分校等几种形式，即城乡职校联合招生，农村职校学生在当地学习一年或两年，然后到城市职校学习两年或一年，颁发城市职业学校的毕业证书。双方在专业、师资、课程、实验实训设备上实行交流协作、优势互补、资源共享。

第六节　农村职业教育办学模式变迁过程中的社会建构

通过前述本书对我国近代以来农村职业教育办学模式改革的事实的简单回顾，我们了解了民国时期各位先贤在农村教育上的探索、中共执政早期的农村教育实践以及改革开放以来的农村职业教育办学模式改革的探索。有研究者认为，行动中的行动者的理性选择是嵌入在社会网络中的，是社会建构的。① 也就是说，农村职业教育办学模式的变迁是嵌入在社会网络中，由社会建构起来的。基于本章的主要研究视角，我们不难发现农村职业教育办学模式迁徙过程中的社会建构：

一、办学模式变迁总与经济发展相契合

在本章关于历史的考察中，我们不难发现，各个时期出现的农村职业教育办学模式都是与一定时期的政治、经济、社会环境相紧密联系的，体现了一定阶段的经济社会发展特征。某一特定形式的办学模式，只可能与一定阶段经济社会发展的特点相契合。也就是说，如果脱离了一定阶段的环境，办学模式就无法顺利实践。这里有两层意思，一方面，农村职业教育办学模式应该反映特定阶段的社会生产方式，与特定阶段的社会生产方

---

① 沃尔特·W. 鲍威尔，保罗·J. 迪马吉奥. 组织分析的新制度主义 [M]. 姚伟，译. 上海：上海人民出版社，2008：154.

式相契合，反映生产方式的发展阶段；另一方面，职业教育办学模式也受到其所处特定的经济社会环境的影响。

一定阶段的社会生产方式同样反映到了农村职业教育办学模式之中，如在中华人民共和国成立初期，农村职业教育在农民技能培训方面，主要关注分散的农户经营，关注个体农户农业生产技术的发展和生产效率的提高，但到了改革开放以后，尤其是近年来农村职业教育在农业技术推广方面更多地注重了农业产业化发展和农业创业的需求，就是生产方式给办学模式带来的重大变化。

办学模式与一定时期的政治、经济社会环境相契合，主要体现在办学模式不仅仅要满足经济发展对人才的需求；同时也应该契合社会发展对办学模式其他功能的关注。如在中华人民共和国成立初期，我国的农村职业教育办学模式主要关注的是农业技术的推广问题和农民的教育问题。改革开放以后，农村职业教育的功能与职能被不断扩展，原有农业技术推广功能仍然存在需求，同时，经济社会的发展对农村职业教育发展提出了新的需求，如面向农村剩余劳动力的转移培训问题、农村人口的创业教育与培训的问题，这是经济发展提出的要求。职业教育城乡统筹发展办学模式与城乡职业教育一体化发展办学模式重在资源的利用，重在城乡之间两者之间公平的实现，这是在前几个阶段所不存在的。到了社会发展的新阶段，城乡之间公平问题越来越凸显，对城乡公平的诉求越来越强烈，农村职业教育办学模式必须确立公平的发展观，在办学模式上作出相应的调整，着眼于城乡之间资源分配和城乡发展目标的公平。这是在新的发展条件下办学模式呈现的新特征，也是办学模式与环境特征相契合的重要表现。

二、办学模式改革与社会进步互动

从历史研究的事实呈现中我们不难看出，农村职业教育办学模式改革虽然受到各个方面因素的影响，但是从发展与变迁的过程来看，虽然在民国时期，民间力量的介入是农村职业教育办学模式建立与发生影响的重要条件，黄炎培、梁漱溟等人的农村职业教育改革实践都是民间力量介入办学模式的改革。但是，随着中国共产党执政，政权力量开始渗入社会的各个方面，基层全面组织化，社会力量逐步走向弱化，社会的影响力逐渐消退，必定带来的另一个影响是政府的功能与职能的扩大化。从职业教育办学模式改革的过程来看，社会组织或者个人推动和主导的农村职业教育办学模式改革已经很难成为主流，甚至连发生影响的可能性都越来越小，农村职业教育办学模式改革都是在政府的推动下实现的。这恰恰体现了办学模式改革的政治嵌入性特征——办学模式改革是与当前的政治环境与政治特点相适应的，中国共产党执政之后的政治特点决定了农村职业教育办学模式改革由政府主导的根本特点，尤其是在办学模式改革的推广过程中，必须依靠政府的行政力量进行全面推动，民间力量的式微使得办学模式改革方式具有了单一性。但是，办学模式改革在政府主导的这一方式下又生成了新的特征，即政府主导、职业教育机构以及社会各方面因素积极互动的特点，推动办学模式改革的顺利进行。从历史回顾中我们不难看出，除民国时期的教育家的农村教育实践之外，中华人民共和国成立后的农村职业教育办学模式改革过程都具有这样的基本特征：改革的萌发一般由职业教育机构的探索而逐步开展，在形成一定的影响之后，得到政府主管部门的关注，进而在政府的推动下，改革得以推广；同时，在改革的过程中，职业教育机构、教育行政主管部门、财政、劳务等部门之间形成良好的互动关系，共同推进职业教育办学模式改革目标的实现。

三、办学模式创新是与时代发展相联系

无论多么先进的办学模式，随着时间的流转，都会有运行动力减弱、绩效降低的问题，这是因为经济社会的发展，将带来职业教育办学模式所依赖的发展环境的变化。办学模式所处外部环境的变化，将产生对办学模式自身功能与职能的变化，具体的形式也将出现不一样的要求。这就意味着办学模式必须要随着经济社会的发展，不断改革创新，不断调整自身以适应经济社会发展的需求，才能保持办学模式的自身活力。在改革开放初期，农科教结合办学模式曾经产生了重大的影响，事实上也证明了其生命力。但是，随着农村环境的变化，农村职业教育办学模式应该做出相应的调整以适应新形势下办学的需求，如对资源整合利用的需求、对培养内容拓展的需求、对城乡公平发展的需求等，因此，随着环境的变化，办学模式也应该随之做出调整，在保留农科教结合这一农村职业教育办学模式的精髓的同时，在形式上、内容上进行改革，如发展城乡一体化等新形式的办学模式，才能促使办学模式不断注入新的发展活力，实现可持续的发展。

从上述的分析不难看出，办学模式在国家技能形成体系中的意义不言而喻。不论在技能形成的哪个阶段，办学模式影响着技能形成方式，而办学模式始终受制于农村经济社会发展对农村职业教育的需求这一基本特征。因此，技能形成视角下农村职业教育办学模式的变迁，深受社会构建中各因素的制约。一方面，办学模式嵌入具体的农村经济社会当中，受到办学模式所处的区域的经济社会发展条件的各种限制；另一方面，它又嵌入在更为广泛的政治、经济与文化环境当中，受到一定历史阶段的生产方式特征、政治体制、经济体制以及文化的特征的影响。这种"双重嵌入"的特征始终体现在技能形成过程中任何一个阶段的农村职业教育办学模式之上。

第七章
信息技术支持下的农村职业教育办学模式研究

第一节　我国信息化的发展历程与特征

1995 年 1 月，中国邮电部电信总局分别在北京、上海开通 64K 专线，开始向社会提供 Internet 接入服务，这意味着中国开始步入信息时代。虽然当时的网民数目有限，网络速度也与今天无法比较，但是这开启了我国的一个全新时代。短短 20 余年，我国网民规模达 8.02 亿，普及率为 57.7%，手机网民达 7.88 亿。一系列与信息化相关的技术与应用方兴未艾，网购、移动支付、共享经济、掌上课堂等都深刻影响了经济社会的发展，也深刻影响了每一个人的工作、学习和生活，信息技术是影响这个时代最强的结构性力量。

网络和通信技术正不断变革着我们的学习，学习的形式与内容都在发生急剧转型，形态更为多样：学习者通过技术在家里、在办公室、在交通工具里学习，数字化的学习环境就像现实中的教室、实验室一样真实。学习者能顺畅地使用移动技术将学校资源和个人学习连接起来，通过网络视频与学习伙伴、教师进行社会性的交互。教师可以通过网络远程跟踪学习者的网络学习表现，并结合课程学习计划来调整学习者个性化教学方案。南国农先生认为，信息技术是对信息的获取、存储、处理、传输所使用的手段和方法体系。信息技术的内涵包括两个方面：（1）手段，即各种信息媒体，如电视、计算机多媒体、网络等等，是一种物化形态的技术。（2）方法，包括两类方法：一是信息媒体应用的方法，即运用信息媒体对各种信息进行获取、存储、处理、传输的方法，是一种智能形态的技术；二是信息系统的优化方法，即信息系统设计，也是一种智能形态的技术。① 教育信息资源建设从"校校建信息资源库"到"区域内共建共享、区域间共享互换"；教育信息资源利用从静态的"单一获取"到动态的"利用、建设"；教师资源配置从"实地挂职支教"到"异地网络支教"；在职教师培养从"集中观摩课教研活动"到"异地网络教研互动"；网络教学从"基于资源的网络教学"到网络"多终端同步视频互动教学"；终身学习从固定时间地点的"在线学习"到脱离时空限制的"泛在学习"。②

信息技术作为一种"颠覆性技术"，它将以一种预料之外的方式，介入人类生活，迅速地改变人类的生存方式和社会体系，推动广泛的社会职业分化与重组、收入分化乃至社会结构的变迁，③ 冲击包括教育在内的所有行业和部门。技术决定论认为，一项新技术的引入会因为技术对使用环境的要求而改变组织和社会。④ 因此，信息技术的介入，将从结构层面对教育组织产生全面的冲击。

波斯特从后结构主义理论出发，根据每个时代所采用的符号交换形式包含的不同意义结构，提出人类社会经历的三种不同的"信息方式"发展阶段：面对面的口头媒介的交换，印刷的书写媒介交换，以及电子媒介的交换。⑤

电子传播阶段，由信息虚拟所形成的持续的不稳定性则使自我去中心化、分散化和多元化。"信息方式"本质上是一种交往方式而非马克思所说的生产方式，它既是一种语言构型，也是一种交往行动和交往方式，它通过语言/交往行动对主体的建构方式、主体与世界关系的建构方式以及社会文明发生影响，并因此具有直接而深刻的伦理意义。⑥ 印刷媒介对代际不对称性起到了呵护作用，但电子媒介因其自身的特性消弭了代际差距，使代际不对称性加速消逝。不对称性的消逝使学校教育的合法性和内在魅力降低，这是当代学校教育多重危机的内在根源。在电子媒介时代，学校应寻

---

① 南国农. 让信息技术有效地推进教学改革 [J]. 中国电化教育, 2007 (1): 8.

② 熊才平, 等. 论信息技术对教育发展的革命性影响 [J]. 教育研究, 2012 (6): 29.

③ 邱泽奇. 技术与社会变迁 [A]. 李培林, 李强, 马戎. 社会学与中国社会 [C]. 北京: 社会科学文献出版社, 2008: 600.

④ Jacques Ellul. The Technological Society [M]. New York: Random House, 1964: 10.

⑤ 马克·波斯特. 信息方式: 后结构主义与社会语境 [M]. 范静晔, 译. 北京: 商务印书馆, 2000: 13.

⑥ 樊浩. 电子信息方式下的伦理世界 [J]. 中国社会科学, 2007 (2): 79.

找新的合法性依据，向"学习共同体"转型。① 从这一意义上说，信息技术的发展，为师生关系与学习模式提供了多种可能。

因此，技术并没有决定社会，社会也没有决定技术，而是我们人类在其中选择契合点。同样，技术和社会的互构也不是自动生成的，而是依赖我们人类的选择和行动才得以实现的——它必然以人的互动为基础。而人际互动的复杂性和变动性，就使得技术和社会之间的关系必然是在多次反复的互动中逐渐建构的，每一回合的作用与反作用都预示着多种可能性。②

《国家教育中长期改革与发展规划纲要（2010—2020）》中明确提出"信息技术对教育发展具有革命性影响"，如何面对汹涌的信息化浪潮成为教育发展的新挑战，也是教育发展的重大机遇。通过利用信息技术，实现优质教育资源扩散，推动农村教育发展，也是我国"农远工程"等项目实践的目标。但是这些重大项目主要面向基础教育，而对职业教育的关注不够。

湖南省利用信息技术建设"专递课堂"模式，实施农村职业学校发展攻坚计划，推动武陵山片区农村职业教育发展，是信息化时代农村职业教育办学模式改革的重要探索。在信息化条件下，各类教育在办学模式、教学组织、学习方式以及科研组织等各个方面都将产生革命性变化，近年来风靡的"网络公开课"、MOOCs 等教育资源，就是信息化对学习形成强烈冲击的一个典型例子。对于农村职业教育来说，新形势下的办学模式变革必将要充分依托信息技术的支撑，形成以信息化为基础的农村职业教育办学模式。从信息化对社会的影响与冲击来分析，讨论其对农村职业教育办学模式在资源配置模式、组织结构以及教学上产生的重大影响。

一是由于信息技术在缩短时空距离和实现大容量数据存储方面的卓越能力，导致社会成员或组织克服地理距离上的鸿沟，实现便捷沟通，推动职业教育资源建设模式改革。当信息被数字化和共享之后，地理距离对于信息流动而言变得不大重要了，这使得人们在远距离范围内进行远程合作、

---

① 高德胜．"不对称性"的消逝——电子媒介与学校合法性的危机［J］．高等教育研究，2006（11）：17.

② 张茂元．近代珠三角缫丝业技术变革与社会变迁：互构视角［J］．社会学研究，2007（1）：39.

协同解决问题以及发展高凝聚力的组织能力变得可能。① 信息技术不断地为现代组织提供了高效处理各种事务的现实路径，灵活的事务处理方式提高了工作的效率，如电子邮件、QQ 等即时通信工具在文献传输等方面的便利；如微博等工具为民众提供了与各种公共机构，如政府部门沟通的便捷途径。此外，信息技术以共享数据库的方式提供了组织存储（包括收藏、组织和提取）的便捷路径，共享数据库可以保持信息总是处于易提取和易处理的状态。② 对于处于农村地域的职业教育机构来说，信息技术使得职业教育资源更容易被获取；与城市职业教育机构之间的沟通与互动更易于实现；教师培训可以通过网络随时随地实现。只要连接了互联网，农村职业学校与城市职业学校在许多资源享有上实现了公平，职业教育资源配置的格局将发生深刻变革。这是信息技术从资源的层面影响农村职业教育办学模式。

二是在新的层面重组结构的能力，将对职业教育机构传统组织实现重构。有学者认为，信息技术是携带结构的，不仅包括了技术自身的逻辑结构，也包括了使用技术的组织结构。技术之于组织的效率就是这两个结构与组织结构的有效互构。③ 巴利（Barley，1990）认为，新技术被引入工作组织之后，首先设定或修改了工作任务、技能以及其他非关系性角色（non-relational role），并相应地形塑了新的关系性角色（relational role），或改变或强化了既有的社会关系网络，建构了组织的行动结构。④ 具体分析来看，信息技术的物质性为职业教育机构建构了新的角色与行动结构，在信息技术介入职业教育机构之后，职业教育机构将生成特定的行为方式与互动模式，行动者就会相应地在观念层面建立起支撑这些新模式的价值体系。⑤ 近年来，人们利用信息技术沟通的实践证明了网络能够让人们在各种类型的组织中进行沟通，实现更为扁平化和线性的沟通机制，降低组织之间以及

---

① Huber G P. The Nature and Design of Post—Industrial Organizations [J]. Management Science, 1984, vol. 30 (8): 67.

② 黄晓春. 理解中国的信息革命——驱动社会转型的结构性力量 [J]. 科学学研究, 2010 (2): 188.

③ 邱泽奇. 技术与组织的互构——以信息技术在制造企业的应用 [J]. 社会学研究, 2005 (2): 34.

④ Barley S R. The Alignment of Technology and Structure through Roles and Networks [J]. Administrative Science Quarterly, 1990, vol. 35 (1): 35.

⑤ 张燕, 邱泽奇. 技术与组织关系的三个视角 [J]. 社会学研究, 2009 (2): 216.

组织内沟通与信息交换的成本。因此，传统农村职业教育机构的组织与结构将发生根本性变化，在信息技术的介入下，农村职教机构的组织架构、结构形态、组织功能都将形成最新的稳定模式。信息技术将是重构农村职业教育办学模式的基础性力量，是从组织层面影响农村职业教育办学模式的。

三是信息技术在被运用于特定组织或者社群时，将在与组织互嵌与互构的过程中解决组织运行与运作中的核心问题。信息技术有可能翻转组织的规则，却不破坏组织，因为组织的物质基础可以重新设定与调整。① 职业教育机构的核心问题就是组织教学活动。作为一类特殊的组织，职业教育机构与信息技术存在一种天然的联系，信息技术所扩展的功能与职业教育教学实施存在某些内在的自洽性。因此，对农村职业教育而言，传统方式无法实现的教学活动，将在信息技术的辅助下得到完善的解决。具体说来：一是通过远程教学方式，如网络空间教学、3G实景课堂或者网络同步课堂等方式，实现优质教学资源的共享与共建，获得农村职业教育机构暂时无法提供的教学内容与教学资源；二是信息技术的发展，逐步消解了教学中的话语霸权，学习者的学习个性将得到最大体现与保护，学习者之间的团队协作更为便利，教学方式将从根本上得到转变；三是学习方式将在信息技术发展的支持下持续创新，由于学习资源，尤其是大量的个人终端的出现，变得易于获取，因此，个人学习将出现"碎片化"和"泛在化"的特征。一方面农村职业教育机构要积极面对信息技术对教学方式与过程提出的挑战；另一方面更要利用信息技术对教学方式的积极意义，变革教学模式适应需求。

第二节 "专递课堂"：优质职业教育资源扩散至农村的尝试

2011年10月，《武陵山片区区域发展和扶贫攻坚规划》获得国务院批复，将湖北、湖南、重庆、贵州四省市交界地区的71个县（市、区）纳入

---

① 阿尔弗雷德·D.钱德勒，詹姆斯·W.科塔达.信息改变了美国：驱动国家转型的力量[M].上海：上海远东出版社，2007：39.

扶贫攻坚的范围，开始新阶段扶贫攻坚主战场的战略部署和国家区域发展的试点。在《武陵山片区区域发展和扶贫攻坚规划》的"就业与农村人力资源开发"和"社会事业发展与公共服务"专节中，提出面向农村人力资源开发和农村劳动力转移的农村职业教育与职业培训的规划。为配合这一规划，大幅度提高湖南省武陵片区农村职业中专学校的基础能力，促进优质职业教育资源共享和自主学习、互动学习教育新模式的推广，推动农村职业教育办学模式改革，提升办学水平与效益，湖南启动了武陵片区农村职业学校"专递课堂"项目建设，并取得了良好的社会效益。

"专递课堂"项目采用了"企业投资、政府购买、学校使用"的网络设施与环境建设的基本建设方式，通过"企业竞争提供、学校自主选择、政府评估准入"的资源建设与共享机制，目标在于建设湖南省武陵山片区农村职业中专学校信息化教育教学资源环境，建成区域内人人可享有优质职业教育资源平台；同时通过这种方式，建成区域内农村职业教育信息化支撑服务体系，以此促进农村职业教育体系的完善与办学模式改革，全面提升农村职业教育办学水平与服务能力。

"专递课堂"项目实现了三个方面的重要探索。一是为解决农村偏远地区由于师资薄弱、设备缺乏而导致无法开设相关专业课程的问题，通过建设好数字教育资源公共服务平台，利用服务平台的机构空间、学校平台和教师空间，在农村职业学校组织教学。二是实现了职业教育资源的推送，这是"专递课堂"项目的核心。围绕武陵山片区内职业中专学校开设范围最广、最亟须的专业，对口为武陵山片区农村职业学校开发建设 100 门左右的基于网络职业教育课程资源，上传到专门的"专递课堂"机构空间，免费供武陵片区农村中职学校教师使用，并帮助教师备课、上课和教学评价。同时，集全省职业教育优质资源，建成 100 名名师主讲的"名师课堂"，通过提高优质资源的辐射与扩散程度，为武陵片区农村职业学校教师进修、学习提供通道。三是利用"专递课堂"项目建设的带动作用，推动农村职业学校教师与学生学习方式的转变与提高，这是资源建设基础上的能力拓展。通过利用资源平台提供的学习空间和智能导航工具，帮助教师开展探究式、讨论式的教学，提高教师和学生运用信息化手段解决问题和自主学习的能力。基于上述设计理念，湖南也加强了武陵山片区 37 所农村职业中专学校的信息基础条件建设，解决了宽带接入问题，形成了比较先进的网络教学与学习环境，实现了"宽带网络校校通"，并为师生们配发了网络学习空间，实现"学习空间人人通"的目标。

自"专递课堂"项目计划得到推广实施以来，全省多所职业学校参与到其中，积极建设相关资源，以支持武陵山片区农村中职学校的基础能力建设工作。所遴选的对口支援学校均为承担省职业教育示范性特色专业建设项目的有关学校。如承担"电子电器应用与维修专业"的岳阳县职业中专与益阳市安化县职业中专不仅单独录制了多堂该专业授课视频上传至专递课堂的专用空间，两校还进行合作，实现专业教学课堂同步对接，与全省武陵片区其他6所中职国家示范校一起走进名师课堂，共享优质教学资源。

在武陵山片区农村中职学校"专递课堂"的建设过程中，始终坚持了几个方面的重要理念，而这是保证专递课堂项目得到顺利实施并实现持续正常运转的重要条件。首先是解决了项目建设的认识问题，转变以往在信息化建设过程中重视建设忽视应用的问题，推动各级各部门在专递课堂建设上既重视项目的建设，重视硬件的投入；同时更重视项目的应用，推动项目建设出成果。二是转变各个单位在信息化建设上的观念，逐步改变以往建设单位自己巨资投入建设网站的方式，通过购买信息技术服务企业的服务，"不求所有，但求所用"，既减轻了各建设单位在信息化建设过程中的经济负担，同时也能够享受到更为专业的信息化服务。三是注重试点工作的引领作用，不断转变地方政府的理念，推动地方政府加大对职业院校基础设施建设的投入，提高学校信息化建设过程中两个终端建设的水平，即"个人终端"与"课堂终端"，实现教育教学资源顺利通往课堂与个人。

"专递课堂"项目是农村职业教育办学模式改革的一次重要尝试，在项目实施过程中，我们看到了信息技术对农村职业教育办学模式的重构与推动，实现了从形式到内容的重大变革。归结起来，主要有以下几个方面：

一是为解决职业教育资源分布地区差异问题提供了初步的思路。省级平台的开发，进一步提高了资源开发的效率与水平。通过集中开发优质资源包，建成专业教学总体解决方案和课程资源包，系统解决农村职业学校在专业建设中所遭遇的理念、条件等方面的问题，使区域内城市优质资源得到更好的开发与扩散，实现"以城带乡"的职业教育发展战略。

二是初步探索信息化条件下农村职业教育办学模式改革。"专递课堂"

是信息化条件下农村职业教育办学模式的一次初步尝试，但实现了办学内容、培养方式、运作模式、可持续运转方式等多方面的初步探索。随着探索的进一步深入，农村职业教育办学体制、办学内容、办学方式等内容都将在信息化技术的支持下，探索改革的方向与途径。

三是初步探索了协同创新推动农村职业教育发展。职业教育视角的协同创新，重在办学模式和培养模式的创新。在"专递课堂"实践中，实现了政府教育科研部门、企业、学校三方合作，协同创新。"专递课堂"项目由省级教育科研部门经过多方调研后提出方案并进行具体设计，由省教育厅具体组织实施，省内多所示范性高职学院和中职学校参加资源开发，企业开发与提供平台与技术。农村职业教育办学模式改革必将走多方互动、协同创新的路径。

第三节　信息化条件下农村职业教育办学模式的改革重点

在农村职业教育信息化的整体理念之下，以农村职业教育现代化为目标，通过充分利用信息技术融入和影响农村职业教育体系，积极构建适应信息化发展并充分利用信息技术条件、体现农村地区地域特征和农村职业教育办学特点的办学模式。从基本思路看，主要包括以下几个方面的内容与特征：

一是办学体系体现"立体多元"的整体方向。办学体系是办学模式的具体承载体，办学模式的特征与功能实现都依托体系得以实现。在原有的体系被不断破坏的状况之下，依托信息技术的支持，逐步建立起适应新条件的"立体多元"的农村职业教育办学体系，打造区域性职业教育资源网络平台，以区域资源为中心，延伸到乡镇、村组和农民家中。在农村职业教育体系中，充分突出其开放性，突出社会多方资源的整体互动，实现政府、办学机构、相关的企业、各类农场、农村社区以及个人之间实现充分联动，提高办学效益。

二是运行模式达到"低成本可持续"关键目标。从目前农村职业教育运转陷入困境，尤其是基层农村职业教育体系破坏严重的关键原因是运行模式不可持续，保证模式正常运行的成本过高，因此，农村职业教育办学模式改革的一个关键目标就是在实现其办学功能的前提下，通过充分利用信息技术手段，采用现代管理手段，降低农村职业教育体系运行的成本，实现农村职教进入良性运转轨道。

三是办学体制突出"政府统筹，社会参与"主要思路。农村职业教育办学模式改革要借鉴农业科技推广模式改革的思路，在政府的统筹下，实现社会资本广泛参加，通过体制改革激发活力，实现办学模式的根本性改革。由社会资本进入农村职业教育领域，面向农村人群需求，开发职业教育资源；政府出资购买资源与服务，以"培训券"的方式，免费补贴给农村职业教育需求人群。

四是教学资源坚持"开放共享"的基本原则。职业教育办学模式改革的一个核心是实现优质教学资源的最大化利用，解决农村职业教育办学机构资源不足的难题，而信息化的最大优势也在于能够通过利用技术手段，在保护知识产权的条件下，将教育教学资源实现最大程度的扩散。"开放"与"共享"，既是信息化条件下职业教育资源建设的基本原则，也是解决职业教育资源区域均衡发展难题的重要途径。

五是办学方式实现"灵活多样"的总体要求。由于农村职业教育所面向的区域和人员复杂，因此，在教学方式上，要突出其自身的特征，充分考虑受众的认知特点和学习需求，灵活设计办学方式。主要体现在办学地点结合农村地域特点，办学时间体现农村人口工作特点，教学方式则突出农村人口的学习基础与认知规律。

第四节　信息技术促进农村职业教育办学模式改革的路径

近年来，我国充分重视推动农村社会信息化，多次中央"一号文件"，均提及"发展农村信息化"。同时，我国农村已经基本具备利用信息技术推进职业教育发展的基础条件。2007年年底，农村中小学现代远程教育工程基本完成，覆盖中西部36万所农村中小学，惠及1亿多农村中小学生；电子设备如计算机价格的下降，使农民完全有能力承担；电信公司推出的

"村村通"工程为农村覆盖了现代通信网络。在这些发展基础上，利用信息技术条件，创新农村职业教育办学模式，适应信息化条件下现代农村职业教育的发展需求，探索农村职业教育办学模式改革的系统解决方案，推动信息化条件下农村职业教育办学模式改革，可以从以下几个方面着手：

一、统筹规划，合理布局，进一步优化农村职业教育机构信息化基础设施

信息化条件下农村职业教育办学模式改革的重点在于优质教育资源的获取、分享与利用。实现这些工作目标，要以信息设施建设为基础；缺乏基本的信息基础设施，缺乏硬件配置将导致信息技术没有基本的依托。因此，政府根据区域内农村职业教育的现实需求，统筹规划，合理布局，通过在人口相对集中的地点（乡镇基层如乡政府所在地）设立职业教育培训点，通过配备基本的硬件和信息设施，实施集中培训。也可以升级原有的远程教育平台和中小学的"农远工程"、农广校的相关信息基础设施，开展职业教育与培训活动。此外，也可以根据计算机在农村家庭逐渐普及的趋势，广泛宣传获取教学资源的方式与途径，通过发放"学习资源卡"，推动农村人群自主学习、激发学习热情、实现分散教学、建设学习型乡村。

二、构建"以城带乡、城乡互动"的职业教育资源共享机制

资源是办学模式改革的核心。构建资源共享机制的基础主要是通过由教育行政部门组织，企业、职业院校参与开发，面向区域内农村地区的职业教育与培训需求，开发职业教育专业建设包和课程资源包。通过建设区域化、数字化资源中心，形成专业建设资源、课程开发资源、实习与就业信息资源等资源集合，利用城市职业学校在办学条件与办学质量上的优势，带动农村地区职业教育机构的资源建设工作。同时，根据反馈需求，城市职业院校调整资源开发的方向与重点，不断提高资源利用的效率和水平。通过建设、共享、反馈互动等方式，构建起基于信息技术的职业教育资源共享机制。逐步构建"流动配置"的区域农村职业教育师资建设机制。通过从区域内其他学校抽调并"按需分配"，建立区域职业教育师资库，在农村职业教育与培训项目实施过程中，灵活使用，机动配置，建设一支"不求所有、但求所用"的城市职业院校对口支持农村职业教育的师资队伍，解决师资队伍总体不足与质量偏低的突出问题。通过建设专业、课程、师

资等诸方面的职业教育资源共享机制，充分发挥信息化在农村职业教育办学模式改革中的意义，信息化的重要意义才能得以充分体现。此外，加强信息技术与课程的整合，创新教育教学模式，提升教学效果。通过技术去优化农村职业教育培养模式和教学过程，以提高教育、教学的效果、效率与效益。① 信息技术在职业教育办学过程中的融入，将农村职业教育办学模式改革具体到教学过程，更进一步凸显信息化对农村职业教育发展的影响。

三、创新社会资本进入农村职业教育的方式与途径

在信息化时代，社会资本进入职业教育与培训领域的门槛与成本被进一步降低，开发职业教育资源的手段与途径得以进一步丰富，社会资本在资源开发与利用方面机制更为灵活，途径更加广泛。民营职业教育将有可能利用这一发展机遇，实现在农村地区的增长，进而改变当前农村地区由于单一的办学体制而造成办学活力不足的状况。

在政府举办农村职业教育无法满足现有需求的情况下，通过创新社会资本进入农村职业教育的方式与途径，能提高农村职业教育的服务能力与水平。从方式上来说，社会资本可以利用自身的资本优势，组织力量面向农村地区的培训需求，利用信息技术，开发可供远程培训的职教资源。从途径上来说，由于农村职业教育是一种准公共产品，因此，政府应该根据实际需求，免费向农村人口提供相应的服务。② 具体的设计是通过调研区域内培训需求，发布培训服务招标，由各类职业教育与培训机构竞标培训项目。政府通过购买各类机构提供的职业教育与培训服务，以"培训券"的形式，免费发放给区域内的农村人口。通过创新社会资本进入农村职业教育市场，既是农村职业教育办学模式改革的一条重要突破口，也是当前民办职业教育形成新的增长点的重要方式。

四、多方合作，协同创新，共同推进农村职业教育发展

在湖南"专递课堂"项目中，多方合作协同创新是成功的关键。推动

---

① 何克抗. 关于《美国 2010 国家教育技术计划》的学习与思考 [J]. 电化教育研究，2011 (4)：23.

② 陈红颖，夏金星. 农村职业教育产品属性的研究综述 [J]. 农业科技管理，2007 (2)：68.

农村职业教育办学模式改革这项系统工程，需要多部门、多主体合作互动，共同推进。政府和教育科研部门及时关注农村职业教育发展的需求，在充分调研的基础上，设计改革与发展的方案；企业根据教育行政部门提出的农村职业教育改革方案，参与开发职业教育服务资源，同时开发面向农村地区的职业教育与培训服务平台，由政府购买服务，免费向区域内农村地区人口开放；区域内高职院校和城市职业学校一方面可以在政府的引导下，与农村职业学校展开对口支持与帮扶活动，支持区域内职业教育均衡发展；另一方面，也可以充分利用国家重视农村职业教育发展的机遇，开发面向农村地区的职业教育资源，通过开设分校或者教学点的形式，实现资源扩散，寻求新的发展途径。

信息技术的扩散是农村职业教育改革创新的重要契机，而办学模式改革是其核心。推进信息化条件下办学模式改革，既要考虑农村职业教育的实际需求，也要考虑农村地区实际条件，脱离实际的改革设计都可能最终无法达到设计目标。但是我们也要清醒地认识到，信息技术仅仅只是推动农村职业教育发展的手段之一，它不能代替职业教育办学中的许多关键性因素，如师资、设备等，其缺陷要通过其他的途径来弥补。因此，农村职业教育办学模式可能依托信息化手段进行重构，推进信息化条件下的农村职业教育办学模式改革需要从基础设施、配套机制、投入体制改革等多方面共同推进，通过政府、企业和学校多方紧密合作、协同创新，形成农村职业教育办学模式改革的总体解决方案，提高农村职业教育的服务能力，推动农村职业教育可持续健康发展。

信息技术与互联网极大地拓展了人与人交流和交往空间，传统信息方式下人的生活空间概念、时间概念几乎被彻底颠覆，人与人的关系、人与自我的关系、人与世界的关系，都在信息技术的影响下得以彻底改变。从另一个视角看，正如费孝通所言，"改进产品不仅是一个技术改进的问题，而且也是一个社会再组织的问题"①。信息技术在教育中的介入，一个最大特点就是改变了教育产品的供给方式与供给内容，通过应用前所未有的新技术，传统的教育产品要么在形式上发生彻底的改变，要么是在内容上得到前所未有的丰富，要么是传播途径上得到创新。但是，正如现实技术世

---

① 费孝通 . 江村经济 [M]. 北京：北京大学出版社，2012：200.

界中所呈现的，所有的技术革新、技术应用都不是在单一条件下进行的，而是在复杂的社会环境中完成的。信息技术在教育中的应用，在触发教育发展的同时，也将影响教育结构的变化，由教育结构的变迁诱致社会结构变迁。研究者认为，一旦进入信息化的管道被各种机制、力量动员起来，教育资源本身就开始隐含特定的市场逻辑；当信息技术渗入日常教学生活与师生交往行为之后，传统的教学模式与教学内容将受到前所未有的冲击。华东师范大学李明华教授甚至认为，信息化与网络技术对教育的深度渗透，大规模地蚕食现有学校课程供给的地位和能力。他认为，现有的可汗学院微课程创新提供了中国先知先觉者又一个撬动体制对课程市场封闭的武器。微课程可以打入当前铁板一块的教育体制，推动未来千千万万的微课程，从而组合成成千上万门完全的网络课程。在未来，教师运用 MOOCs 完成教学，为学生提供学习过程指导，对学生学习监督，对信息资源进行组织和应用指导，教师成为一名学生学习的"保姆"。随着中国越来越富裕，教育私人产品本性日益爆发，人们会更多地要求教育的选择权。从 MOOCs 视角来看，未来学校完全可以做到极大地满足个人对教育的充分选择，国家也可以通过依法治教和依法教育行政来保证教育公共效用的极大化。国家将依法治教，法律规定国家教育行政机构的作用是：制定课程和各年级学生的学习标准；规定若干意识形态上的规范；保证没有一个学生被抛在达标的教育过程之外；制定课程结构方面的规定；认证"现代孔夫子"。如果中国在教育开放上顺应教育技术的发展和人民富裕对教育日益提高的要求，那么中国教育培育的人将是：有独立思想，有创新精神，有多样化知识和训练。这样的人会帮助实现中国梦，把中国推向世界的创新中心。①

　　与此同时，我们应该留意的是，技术和社会的关系不是一次形成的，而是在多次反复的互动中逐渐建构起来的。技术的组织刚性要求特定的组织结构、社会结构；但技术同样具有弹性，在一定程度上能够应用于不同的组织结构、社会结构。同样，社会也能够容纳不同的技术。因此，社会因为技术的组织刚性而产生结构重组；同时，建构中的技术也会因为某些社会因素的影响而被改造。由此形成了技术和社会之间的互构。在这个过程当中，人的自主选择无疑又是最为核心的因素。技术和社会之间的关系，

---

　　① 李明华. MOOCs 视角的未来学校及治理——孔夫子办学模式的回归 [J]. 开放教育研究, 2015 (3): 12.

依据人们的自主选择（当然并不排除在不同的技术、组织背景下，人类的自主选择能力是不一样的）而呈现。因此，技术并没有决定社会，社会也没有决定技术；而是我们人类在其中选择契合点。同样，技术和社会的互构也不是自动生成的，而是依赖我们人类的选择和行动才得以实现的——它必然以人的互动为基础。而人际互动的复杂性和变动性，就使得技术和社会之间的关系必然是在多次反复的互动中逐渐建构的，每一回合的作用与反作用都预示着多种可能性。① 如果说"创新"来自人类好奇心的驱使或求真欲望的驱动，那么"应用"则需要以"适用"为基本准则。技术应用对社会的直接影响是通过技术红利的分配改变既有的利益格局。在社会结构或文化的约束下，技术红利对相关利益群体的普惠，成为了影响技术应用成败的关键，而普惠的关键又在于技术的"适用性"改良。②

---

① 张茂元. 近代珠三角缫丝业技术变革与社会变迁：互构视角 [J]. 社会学研究，2007 (1)：49.

② 张茂元. 技术应用为什么失败——以近代长三角和珠三角地区机器缫丝业为例（1860—1936）[J]. 中国社会科学，2009（1）：134.

第八章
基于新型城镇的城镇社区学院办学模式研究

经典发展经济学认为，城市化与工业化是发展的主题。作为现代经济的主要聚集地，城市的发展是现代经济增长的主要动力，也是非农就业机会的创造源泉。① 2014 年出台的《国家新型城镇化规划（2014—2020）》提出了适应我国经济社会发展特征与需求且符合我国城市化路径现实的发展模式。"人的城镇化"是新型城镇化的核心，体现了我国对城市社会发展阶段的深刻认识与文化自觉。② 在新型城镇建设与发展过程中，职业教育将通过发挥自身功能，参与到产业结构调整、"新市民"崛起与新型社会结构的形成等一系列重要工作。本章将从分析新型城镇化对职业教育的需求特征出发，讨论当前职业教育发展的不足与问题，提出建设基于新型城镇的社区学院。

第一节 新型城镇化进程中职业教育发展特征

新型城镇化，中心是"人的城镇化"。实现"人的城镇化"，要通过不断提高城镇的产业发展水平，夯实城镇的多元化特色产业基础，扩大城镇的就业吸纳能力，不断发展包容性公共服务体系，利用教育、培训等多种途径，为进城农民就业、创业提供足够的外部支持，为进城农民真正融入城市、实现市民化奠定基础。事实上，2.5 亿农民工所享受的公共服务体系的建设水平直接决定了城镇化的质量与水平，这其中最重要的就是教育、

---

① 陆铭，等. 城市规模与包容性就业 [J]. 中国社会科学，2012（10）：66.
② 张鸿雁. 中国城市化理论新模式的建构 [J]. 学术月刊，2012（8）：22.

培训以及就业的相关服务。在《国家新型城镇化规划（2014—2010 年）》中，也辟有"农民工职业技能提升计划"专栏，提出了"就业技能培训""岗位技能培训""高技能人才和创业培训""劳动预备制培训""社区公益性培训""职业技能培训能力建设"等多个方面内容。提高新型城镇的就业吸纳能力，实现农民工非农职业转换，实现非农职业的可持续发展，是进城农民实现自我价值、实现体面生活的根本途径。因此，发展基于新型城镇、面向新型城镇的现代职业教育与培训，是当前所亟待解决的重要问题。

一、形成服务产业体系的现代职业教育体系

有研究者对全世界 50 万个城镇研究和分析发现，发达国家的城镇中，超过 60% 是专业城镇，即有城镇独有主导产业，而中国专业城镇还不到 15%。① 观察我国城市化过去几十年的发展历程，小城镇未能在我国推进现代化的进程中发挥应有的功能，其中一个最为关键的原因是小城镇并未进入大城市的发展系统，也不能形成与大城市共同发展的地域生产结构体系，导致城镇产业孱弱、经济落后，无法适应城镇化发展在产业定位方面的需求。在我国东部发达省份，如苏南地区，城镇化成功的最重要经验是城镇发展是以产业发展为基础的。因为作为以非农生产而存在的城市（镇）经济体，通过输出和吸纳劳动力、原材料、生活与生产资料……城镇必须是某一区域产业分工的一部分，否则，就会被排除在经济和社会的主流体系之外。② 城镇既要在发展规划设计上考虑产业布局的特点，也必须有能力参与地域分工，形成合理的就业机制，进而进入开放包容的发展机制。

根据世界城镇化发展普遍规律，我国仍处于城镇化 30% ~ 70% 的快速发展区间，但延续过去传统粗放的城镇化模式，会带来产业升级缓慢、资源环境恶化、社会矛盾增多等诸多风险。③ 新型城镇化模式要求调整产业结构、转变经济增长方式。经济结构的调整和教育目标的重构，务必对人力资本类型和教育结构的需求发生相应的变化。传统的城镇化"以物为中心"，经济和教育追求的是量的积累，越多越好；新型城镇化"以人为中

---

① 王廉. 城市经营的规划与策划 [M]. 广州：暨南大学出版社，2005：143.
② 张鸿雁. 中国新型城镇化理论与实践创新 [J]. 社会学研究，2013（3）：11.
③ 褚宏启. 城镇化进程中的教育变革——新型城镇化需要什么样的教育改革 [J]. 教育研究，2015（11）：10.

心"，经济和教育追求的是质的飞跃，在保持一定数量的前提下重质量、重内涵发展。就人力资本而言，有研究者基于人力资本差异视角，探究我国城镇化进程中"迁移谜题"。实证分析得知，农村中、高层次人力资本流向城市，将会产生弱化农村人力资本，丰富城市廉价高层次人力资本的"极化效应"。此效应不仅会使农村陷入"受教育程度提高→高人力资本劳动力转移→农村人力资本弱化→提高农村人力资本"的循环困境中①，也会造成城乡的职业教育在服务农村地区、城市地区或城镇地区的产业体系力不从心，从教育结构的需求来看，职业教育的发展水平与国家制造业发展水平及青年就业呈正相关。农村劳动力转移是发展中国家城镇化水平提高的主要方式，转移人口在城市中就业创业状况极不稳定且成功率较低，根源在于转移人群的就业创业能力不足和职业素质较低。伴随着区域经济转型和产业结构的优化升级，劳动力结构的变化和劳动力素质要求的提升成为城镇化发展的重要因素。

因此，职业教育应作出相应的调整，从城镇的产业结构特征与产业类型出发，围绕区域产业发展所需技能型人才，在专业设置、人才培养模式以及教学方式上突出服务区域产业的核心特征。要突破传统城镇家庭作坊式产业在技术、环境友好、生产效率诸方面的约束，培养适应城镇特色产业发展需求的产业人才。在进行特色产业布局的同时，应进行相应的教育结构调整与职业教育发展布局，形成教育结构调整围绕特色发展的总体格局，形成满足城镇不同类型产业发展需求的不同层次人才培养体系，逐步完善区域产业服务型的现代职业教育体系。新型城镇深度参与区域产业分工，将逐步形成地域产业价值链和基于产业发展的城镇规划和布局，必然要求形成服务产业体系的现代职业教育体系。

二、形成适应包容性发展的现代职业教育体系

当前，我国城镇化发展速度慢、发展水平低，从表现形式上来看是城镇化滞后于工业化进程，而深层次原因则是就业水平较低、进城农民"体面就业"困难。对于进城农民来说，"进城"不仅仅希望在城市"安居"，更重要的是实现"乐业"，二者缺一不可。区域经济学原理认为，区域经济

---

① 王秀芝，孙妍. 我国城镇化进程中"迁移谜题"的解释——人力资本差异视角 [J]. 人口与经济，2015（3）：57.

发展是极化和扩散两种机制综合作用的结果。① 从外在表现形式上看，城镇化是农村人口向城镇迁移。本质上，城镇化是形成一种以非农业劳动方式为主体的共同生活空间。由于中国是一个多梯度结构的差异化社会，地区职业教育之间的结构的差异性，必然导致了其发展功能的差异性。此外，地区职业教育之间在发展过程中本身就具有差异性，城乡职业教育的深度融合不可能在城镇化进程中一步到位。城乡人力资本之间的层次性，是区域经济发展极化和扩散两种机制发挥作用的最大阻碍。

　　从产业的角度来看，城市作为现代经济的集聚地，高技术需求的产业大量集中是其产业结构重要特征；同时，围绕高技术需求产业，将会产生大量的生产性服务产业和其他服务产业。此外，一些低技能的岗位也会被催生，如保洁、保安等。从这一意义上说，新型城镇将形成细化的社会分工，产生不同层次的职业需求，即形成所谓的"职业异质性群体"②。城镇化以社会分工为特征，劳动分工的最大作用并不在于功能以这种分化方式提高了生产率，而在于这些功能彼此紧密的结合，③ 分工使城镇化成为可能。换言之，以分工为特征的城镇化需要大量的职业异质性群体，也需要包容性的就业格局。因此，要形成科学合理的就业结构，新型城镇就必须创造适应不同技术能力层次的就业岗位，逐步形成包容性的城镇就业格局。从这一意义来说，一方面，要提高新型城镇的就业吸纳能力；另一方面，也要提高进城人员的就业技能与从业素质。

　　新型城镇化催生"新市民"崛起，职业教育将在促进"人的城镇化"进程中发挥重要意义。在很大程度上，城市的发展是衡量现代化的尺度。④如果说，新型城镇化的核心是"以人为中心"，那么，实现"人的现代化"是新型城镇化的根本旨归。实现"人的现代化"，就是推进人从传统向现代的转型，即推进包括人的思想观念、素质能力、行为方式、社会关系等方面的现代转型。在新型城镇，全体城镇居民享有共同的发展机遇，人们在个人素质上不断得到提升，个体多元发展有机会，生活水平与生活质量有保证，在思想观念与行为方式等方面都逐步摆脱"小农"或"小市民"痕

---

① 叶忠海，等. 新型城镇化与社区教育发展研究 [J]. 开放教育研究，2014 (4)：108.
② 张鸿雁. 中国新型城镇化理论与实践创新 [J]. 社会学研究，2013 (3)：10.
③ [法] 埃米尔·杜尔凯姆. 论社会分工与团结 [M]. 石磊，译. 北京：中国商业出版社，2016：10.
④ 亨廷顿，萨缪尔. 变化社会中的政治秩序 [M]. 上海：上海三联书店，1989：66.

迹，形成一个由"现代人"所组成的市民社会。农民市民化，基础是从农业职业转换为非农职业，实现职业稳定。而这一转换的首要条件是农民实现自身的人力资本积累，弥合农业职业到非农职业之间的技能断裂。毫无疑问，在这个过程中，职业教育与培训既要促使农民获得技能，在城镇实现就业，更要提高农民的文化素养、价值观念以及行为习惯，实现工作方式与生活方式真正市民化。因此，建立包容性发展的现代职业教育体系，重点强调建立具有均等、均质等特性的新型城乡职业教育，统筹发展服务体系，要求在体现同一性的同时，还需兼顾差异性和梯度性。如此，才能加强地区之间职业教育的深度融合，也才能推进新型城镇化的快速发展。

三、形成适应社会结构的现代职业教育体系

新型城镇在我国的发展将触发教育结构与教育模式的新需求，作为一种不同于传统农村社区与传统城市的人口及产业的集聚区域，新型城镇在产业结构、社会结构与人口构成方面都具有全新特征，尤其是在社会结构上，可能产生一系列新特点。在结构功能主义者看来，社会是由在功能上满足整体需要从而维持社会稳定的各部分所构成的一个复杂的系统，每个组成部分，包括政治、经济、教育、文化等都具备自己独特的功能并发挥自己的作用。从社会结构视角来理解新型城镇的建设与发展，职业教育就是新型城镇社会结构中的重要组成部分，并嵌入在经济社会之中。在新型城镇化进程中，新型城镇社会将作为一个有机整体而存在和发展，新型城镇的政治、经济、文化、教育等子系统都是新型城镇社会的重要组成部分，各个不同的部分具备特质与结构特点，从而发挥着不同的功能。

新型城镇的社会结构及其子系统各个组成部分相互联系、相互作用，缺一不可。社会结构的每一个子系统的顺利运转共同促进新型城镇的发展。在新型城镇社会结构中，一方面，职业教育要与其他系统保持互动与联系，体现政治、经济以及文化等因素对职业教育的需求与影响；另一方面，职业教育自身应该在体现职业教育发展规律和人才培养规律的基础上，通过一系列教育政策和制度，构建符合内部与外部特征与需求的职业教育体系。

因此，在职业教育发展上，也应该有新的发展思路与模式。与我国传统意义上的城市不同，新型城镇的居民在户口、公共服务水平等方面都将享受统一的待遇，所有居民都将享受到改革和城市发展带来的成果，对新

型城镇的认同度与归属感将达到较高水平，逐步实现新型城镇化的内生发展过程。从这一意义来说，新型城镇化的发展过程，不只是城市化和工业化，更是农村转移人口与原有居民之间的社会融合过程。① 这一融合过程看似简单，但却需要政策、制度、文化、经济等多个方面配合才能共同完成。因此，职业教育在新型城镇化发展过程中，职业教育要在传统的正规教育基础上，通过面向新型城镇化需求，大力发展面向进城人员的教育与培训，使他们思想观念、意识、行为习惯等适应城市生活模式，减少移民和原住民之间因为生活模式的差异而造成的冲突，寻求一条社会融合的教育之路，促成新型城镇社会高度融合，从而形成基于新型城镇发展需求、构建职业教育与培训为一体的现代职业教育体系。

第二节 新型城镇化视角下当前职业教育的几个问题

改革开放以来，城镇化成为我国国家发展中最显性的社会变迁过程，也是我国教育改革与发展的大背景。过去，城镇化重在资本的富集和人口的集中，国家空间形态下造成了就业结构严重失调的局面。如何解决就业结构性失调，时任教育部副部长鲁昕在中国发展高层论坛上给予了答案，即解决就业结构性矛盾的关键在于建设现代职业教育体系。现代职业教育与传统职业教育不同的是所培养的人才是分层次、有侧重点的技术技能型人才，培养目标既应对我国新增劳动力供给和需求的发展形势，也符合国际经验的发展趋势。然而，在新型城镇化的视角下，构建现代职业教育体系并非一蹴而就，存在职业院校布局结构与新型城镇规划分布不匹配、职业教育专业结构难以适应新型城镇产业结构调整要求以及职业教育办学水平与人才培养能力难以适应新型城镇化发展需求等问题亟须解决。

一、职业院校布局结构与新型城镇规划分布不匹配

从国家的战略规划看，新型城镇化主要包括三大板块，即增强中心城市辐射带动功能、中小城市建设以及有重点地发展小城镇。其中，小城镇

---

① 刘晓峰，等. 社会融合与经济发展：城市化和城市发展的内生政策变迁 [J]. 世界经济，2010 (6)：69.

的建设与发展是新型城镇化的重点，决定了新型城镇化的成败。小城镇有三种类型，一是大城市周边的重点镇；二是具有特色资源、区位优势的小城镇；三是远离中心城市的小城镇和林场、农场等。虽然各类不同城镇的功能定位与发展重点不同，但是，无论是小城镇发展与疏解大城市中心城区功能相结合、与特色产业发展相结合还是与服务"三农"相结合，共同的任务便是要培育与之相适应的教育体系，为小城镇发展提供足够的智力支持。

作为构建教育体系的重要维度之一，院校布局结构是一定范畴内院校数量、类型、科类专业等的空间分布及其组合关系，受经济、人口、文化、政治等多种因素的影响。因此，小城镇的发展任务与合理有序的院校布局息息相关。但从我国职业院校的发展布局来看，呈现以下两个方面的趋势：一方面，中等职业教育已经基本形成了每个县举办一所中等职业学校，高等职业教育基本形成每个地级市举办一所高等职业院校的格局，职业教育资源区域均衡发展已经取得了较大的进步；另一方面，职业院校办学地点选择却越来越"城区化"，各个学校都将搬到主城或周边办学作为重要的发展目标，导致主城教育资源高度集聚而无法满足新型城镇的发展需求。以湖南省为例，76 所高职院校与成人高校均分布在各地市中心城市（区），无一立足于县城或镇办学；500 余所中等职业学校中，县级职业中学多数在县城办学，部分偏离县城的也在积极搬至城区办学。

职业院校布局结构问题的存在既是在历史中自然形成的，更与政府缺乏布局战略思维和顶层设计不无关系。① 过去，"撒胡椒粉"式的资源配置方式忽视了职业院校及区域经济发展的差异性，造成了当前职业院校的布局结构与新型城镇化发展的规划存在一定偏差，未能形成与新型城镇化规划相一致的职业教育资源分布格局。目前，基于院校布局结构的内在逻辑和新型城镇发展规律，推进职业院校布局的多元化发展是当务之急。

二、职业教育专业结构难以适应新型城镇产业结构调整要求

产业是新型城镇的重要支撑，也是新型城镇化可持续发展的基础。推动新型城镇化，最为关键的是在地域经济结构关系中，让新型城镇的产业

---

① 李丽，周红莉. 人口和区域经济发展视角下高职院校布局结构研究——以广东省为例 [J]. 教育学术月刊，2016（5）：55.

结构成为一定区域产业链体系的一个环节。基于小城镇的产业和地域产业的发展特点，形成城镇的特色产业。同时还要大力推进农业产业化发展，为新型城镇化奠定坚实基础。

众所周知，区域经济与职业教育之间有着相互依存、相互促进的关系。区域产业结构与职业教育专业结构之间也存在着类似关系，产业结构决定着专业结构，专业结构反作用于产业结构。然而，从当前职业教育专业结构的现状来看，专业结构与新型城镇化产业结构存在不相协调之处。据2013 年《中国统计年鉴》和 2015 年教育部印发《普通高等学校高等职业教育（专科）专业目录（2015 年）》对比分析得知：一方面，第一产业比重要明显高于第一产业相关专业比重。产业比重与专业比重之间的差异暗示着第一产业存在着严重的人才短缺问题，可见职业院校专业结构与城镇产业结构的结合度有待提高；另一方面，第三产业比重略低于第三产业相关专业比重。产业比重与专业比重之间的不平衡反映了第三产业的人才供给与需求偏差较大，供过于求的态势明显化。

此外，以湖南省为例，有研究者发现，对接战略性新兴产业和战略性支柱产业的装备制造类专业规模过大，在规模上超出产业发展需求；同时，面向新能源、新材料和节能环保产业的相关专业规模却太小。如 2013 年湖南省高职专业重复率最高的 23 个专业（第二产业专业 13 个，第三产业专业 10 个），专业点共 786 个，占总专业布点的 41.4%。对接第二产业和第三产业的部分专业重复率过高，造成人才培养的结构性不平衡。另一方面，该省 2013 年第一产业的专业开设数和专业布点数分别为 17 个和 56 个，分别占比只有 4.9% 和 2.9%，近三年的高职招生人数不到 2000，占比不足 1.4%，与第一产业的 GDP 占比（12.7%）极不相称。[①] 既难以适应作为农业大省对农业类技能型人才的需求，也使新型城镇化发展过程中必须重视农业基础的战略缺乏相应的支持。

2013 年中国城镇人口已接近 7 亿，虽然还处于结构缺失的不完善城镇化过程中，但也预示着中国传统农业社会"瓦解"的开始。此处的"瓦解"并非意味着农业的消失，也不意味着农村的消失，而意味着现代农业和农村的兴起。[②] 此外，从城市政治学的视角看，"以人为本"城镇化理念本质

---

① 张新民，杨文涛. 论区域产业结构与高职专业结构之关系 [J]. 求索，2014 (10)：187.
② 张鸿雁. 中国新型城镇化理论与实践创新 [J]. 社会学研究，2013 (3)：11.

上是保障并实现人的"城市权利"①，这与现代农业的发展并不冲突，也是城镇化的重要内容之一。然而，从目前职业教育的专业设置来看，现代农业专业设置不足、发展乏力。因此，在探索新型城镇化过程中，治理专业结构与城镇产业发展和农业产业化不适应的通病，要科学合理地规划新型城镇一、二、三产业的产业结构，以及针对性地调整服务于区域经济的专业结构，使在乡村生活的"农业蓝领和白领"可以照样享受到现代社会发达的城市文明。

三、职业教育办学水平与人才培养能力难以适应新型城镇化发展需求

国务院总理李克强曾指出：未来几十年，中国最大的发展潜力在城镇化。从本质上而言，新型城镇化就是坚持以人为本，以新型工业化为动力，以统筹兼顾为原则，推动城市现代化、城市集群化、城市生态化、农村城镇化，重在全面提升城镇化质量和水平，走的是一条科学发展、集约高效、功能完善、环境友好、社会和谐、个性鲜明、城乡一体、大中小城市和小城镇协调发展的城镇化建设路子。从发展需求上来说，新型城镇化体现在以下四个方面：一是发展与工业化、信息化、农业现代化同步推进的城镇化；二是发展人口、经济、资源和环境相协调的城镇化；三是发展大、中、小城市与小城镇协调发展的城镇化；四是发展人口集聚、"市民化"和公共服务协调发展的城镇化。可见，当前我国经济社会发展所秉持和践行的理念和战略，是对西方城镇化的超越，也是对传统城镇化的完善。

为适应新型城镇化的发展需求，职业教育在布局、规模、结构以及质量上都需要更大的提升，但从现状看，我国职业教育办学水平和人才培养能力还难以适应新型城镇化。有研究者实证分析了职业教育对我国城镇化水平的影响，发现职业教育有利于城镇化水平的提高，中等和高等职业教育在 2001 年前后对我国城镇化水平正面影响最大。研究还发现高等职业教育规模和政府、企业、社会经费投入相对不足，难以满足城镇化水平提高的需要。② 也有研究者通过建立中等职业教育和城镇化发展相关指标体系分

① 李万春，袁久红. 中国城镇化发展的城市政治学反思 [J]. 学海，2016 (4)：90.
② 阚大学，吕连菊. 职业教育对中国城镇化水平影响的实证研究 [J]. 新华文摘，2014 (10)：119.

析后发现，中等职业教育与城镇化发展存在显著的正相关关系，且相关性趋势随着近年来新型城镇化推动力度的加强和大力发展职业教育政策的实施而增强，但总体上目前中职发展滞后于城镇化进程。① 还有研究者指出目前中部地区职业教育发展存在一些问题，如经费投入不足、办学形式单一、办学层次偏低、专业设置不合理、课程体系与实际脱节、人才培养模式特色不鲜明、农村职业教育严重滞后等②，导致职业教育难以适应当前我国推进新型城镇化发展的需求。

鉴于此，新型城镇化道路要推动城市现代化、城市集群化、城市生态化、农村城镇化，要全面提升城镇化质量和水平。这一切都与教育发展，尤其农村职业教育的发展密不可分。

第三节　构建基于新型城镇的社区学院办学模式

城镇化是社会进步的标志，是现代化的必经之路。所谓现代化，正如英格尔斯所言："我们之所以要研究现代化过程中的个人，是因为我们注意到，无论一个国家引入了多么现代的经济制度和管理方法，也无论这个国家如何效仿最现代的政治和行政管理，如果执行这些制度并使之付诸实施的那些个人，没有从心理、思想和行动方式上实现由传统个人到现代人的转变，真正能顺应和推动现代经济制度与政治管理的健全发展，那么，这个国家的现代化只是徒有虚名。③"在现有的发展条件下，新型城镇化既是城镇在数量上增多、规模上扩大、人口上增长，也是产业结构、地域空间形态、人口职业等方面发生相应的转换，以及社会结构、生产方式以及生活模式的变迁。这些变迁，必定伴随着包括教育在内的各种公共服务体系的完善，建设基于新型城镇的社区学院是保证新型城镇化顺利得以推进的重要条件，也是深度推进现代化的必然选择。

---

① 冉云芳. 中等职业教育与城镇化发展的协调性与相关性研究［J］. 教育发展研究，2013（23）：66.

② 阚大学，吕连菊. 职业教育对中部地区城镇化的影响：基于城镇化质量角度的经验分析［J］. 教育与经济，2014（5）：46.

③ 英格尔斯. 人的现代化［M］. 成都：四川人民出版社，1985：156.

一、基于新型城镇的社区学院办学模式的概念与内涵

新型城镇在产业结构、人口群体、社会结构、社会公共服务体系等方面呈现出全新特点，因此，职业教育应在传统办学资源的基础上实现创新，其中一个重要内容是配合新型城镇的区域布局特点而创新职业教育办学机构。社区教育在我国的发展历史不长，相对于传统的社区教育，转型期的农村社区教育呈现目的趋向性强、结构复杂多变、过程中介性明显、演化动态发展等特征，社区学院是社区教育理念的实现机构。

从现有的条件和需求看，社区学院在新型城镇的建设中担负重要责任。一方面，资本富集和人口集中的快速城镇化，深刻改变着中国社会的生产方式、组织结构和生活方式，但却形塑了一个生产和消费不断膨胀的城市空间。三十多年来，这个城市空间推动了农村的现代化进程，也带来诸如贫富差距、城乡差距等问题，其中生产力与生产关系之间的矛盾日趋显著；另一方面，长期以来，"以物为中心"的城镇化着眼于经济增长的主流发展模式。由于不受限制的经济增长和对城镇化内涵的错误理解，农村教育长期处于被忽视的角落。教育的落后对农村转移人口的三观、自身素养、就业能力等方面有着很大的影响，甚至影响他们在城镇的生活，从而制约城镇产业结构和就业结构的升级，减缓城镇持续稳定发展的速度。城镇社区学院是一种与农村经济发展联系最为直接的教育机构，在新型城镇化过程中，它与正规的学校教育相辅相成，对转移人口自身素质提升、就业能力提高、生活方式转变以及产业结构和就业结构升级有着显著作用。因此，创办一批基于新型城镇、对接服务一个或多个新型城镇的社区学院是新型城镇化进程中职业教育发展的重要战略选择。

社区教育以社区为依托，依靠社区内的各项资源和力量，在各个职能部门的协同下实施和运行。社区学院作为社区教育的教育基地，是一种面向城镇且为城镇建设提供多种类型教育的机构。自 1994 年我国第一所社区学院在上海正式成立后，社区学院的星星之火燎原了整个上海与中国。城镇社区学院是在新型城镇化过程中发展起来的创新型教育机构，它可以在原有的职业教育机构的基础上建立，也可以依据需求进行新建，还可以通过由城区的高职学院在城镇设立分校或者分部。新型社区学院紧密围绕城镇发展需求，在职业教育与培训服务内容等方面都完全根据现实需求来设

计，对接服务一个或多个相邻城镇，成为新型城镇在技能人才培养、在职人员培训、进城民工培训、社区民众终身学习等多方面需求的服务中心。配合成千上万个新型城镇而发展起来的新型社区学院，将与新型城镇的特色产业体系一样，成为新型城镇的重要组成部分，支持并推动新型城镇的发展。

二、发展新型城镇社区学院的对策

（一）提升内涵式发展的办学水平，培养高质量的人力资本

内涵建设以注重质量、突出特色为价值追求，发展意图直接指向职业院校可持续发展能力的深化与提升。[①] 社区学院的内涵式建设非一日之功，要硬件设施与软件实力同步、外在压力与内生动力双驱动，社区学院才有可能真正进入内涵建设的轨道。考察一个学校的内涵建设所涉及的内容有很多，人才培养质量是其关键部分。

在城镇化进程中，一方面产业结构升级对市民的技能要求提高，可转移人口的技能要求无法达到经济发展的要求，"技工荒"等现象就不可避免；另一方面经济结构调整滞留大量农村剩余劳动力，如果剩余劳动力就业技能缺乏、就业能力弱，就容易导致结构性失业问题。城镇化对人力资本类型及教育质量要求会随着时间的推移产生不同的需求，只有当职业教育教育质量及人力资本供给结构与城镇化相适应，才能达成相互促进的局面。内涵发展和人才培养都是一项系统工作，找准两者的内核，才能为其提供良好的环境和机制。

具体而言，在实现内涵式发展和培养高质量的人力资本过程中，首先，要以城镇化需求作为社区学院办学的重点。社区学院办学要以就业为导向，以满足城镇内经济结构转型和产业结构升级为基本要求。在确定培养目标时，考虑市场对高、中、低端人才的需求，同时满足个人的多元选择。有研究者基于省级动态面板数据实证发现，2001 年前中等职业教育对中国城镇化水平的正面影响最大，2001 年后高等职业教育对中国城镇化水平的正面影响最大。市场对人力资本的要求是不稳定的，教育对人才能力的培养也应该随之而变。其次，与正规学校教育相比，社区教育更具非正规性。[②]

① 杨建新．高职院校的内涵建设及其推进策略［J］．教育研究，2016（3）：80.
② 叶忠海，等．新型城镇化与社区教育发展研究［J］．开放教育研究，2014（8）：102.

社区学院承担着多重职能，尤其是将传统的"农民"转化为现代文明的"市民"。这一关键任务除了提升转移人口的技能外，还包括培育该人群的素养。因此，要通过实践培训、素质教育、文明宣传等人才培养方式，进行技能与素质的一体化设计与一体化部署。通过接受社区教育使转移人群在价值观念、思维方式、生活方式、行为方式等方面发生适应性转变，帮助其真正融入城市、习惯城市，成为帮助城市的主人。

（二）实施专业结构动态调整机制，推动职业教育与城镇产业发展协同创新

新型城镇的产业与职业教育分属于不同部门，分别承担着不同的社会分工与职能，布局于新型城镇的职业教育和各类部门按照一定的社会分工模式和生产能力分工参与到城镇的发展中，促进职业教育部门和产业部门之间的合作与协同发展成为当前产业和教育的重要趋势。

职业教育专业结构必须与产业结构、岗位职业结构相适应，而且这种适应不应是被动的，专业结构应在其自身发展规律的基础上主动去适应，从而对产业结构的优化升级起促进作用。① 社区学院要提升办学水平，关键在于办学定位要准确，服务面向要明确：哪种专业服务于哪些产业或何种行业、满足城镇发展的何种需求、对接城镇中的哪几大人群等。新型城镇有三种类型，其中以小城镇为主要发展对象。以小城镇的特色为核心，使社区学院围绕这一特色产业链及其职业岗位群培育相关专业群，使学院全部专业都有一个服务核心。同时，社区学院人才培养模式、课程体系与教学内容、教学资源配置、教学方法和手段的使用都与该特色产业相适应，随着时代的变化不断发展变化。

此外，职业教育与产业之间的能力异质性逻辑是协同创新的基础。要通过推动体制机制改革，促成新型城镇创新要素整合资源、提高效率、形成体系，促进职业教育技能人才培养、城镇产业发展研究与新型城镇经济社会协调发展。逐步形成以政府为主导，以切实服务区域经济和社会发展为重点，推动高校、研究机构、中高等职业学校与城镇特色产业企业或产业化基地的深度融合，培育新型产业方向，推动传统优势产业升级，推动职业教育与产业共同创新技能人才培养路径，通过技能人才培养创新带动

---

① 李英，赵文报. 高校学科专业结构与产业结构的适应性研究 [J]. 科技管理研究，2007（9）：151.

产业升级。基于协同创新机制，职业院校根据产业发展需求与自身办学能力，实行有针对性的动态专业结构调整机制，形成与新型城镇化发展相适应的专业结构。

（三）鼓励多元主体参与发展职业教育与培训，平衡职业培训与创业培训比重

有研究者基于国务院发展研究中心 2010 年全国农民工的调查数据分析后发现，企业培训对农民工成为技术工人、班组长和中层以上干部均有积极的促进作用，反映了企业培训的针对性与效率较高。同时还发现，企业组织的培训明显降低了农民工工作变动的频率，这说明企业培训的激励和约束机制提高了农民工就业的稳定性。[①] 因此企业培训不仅能提高进城人员的就业能力，还能进一步稳定就业岗位。

社区教育作为学校教育的延伸，应将职业培训作为发展重点。其中涉及两方面的问题：一是培训主办方的多元化；二是培养内容的丰富化。长期以来，国家和各级政府在职业教育培训中占据主导地位。主要原因在于：一是政府对农民工市民化实施的职业教育培训具有公益性；二是法律法规对全社会的职业教育培训具有导向性；三是政府承担了大部分的职业教育与培训的费用。在此基础上，应通过鼓励、培训基金引导等多种方式，着力推动企业参与职业教育与培训，构建多元化职业教育与培训形式。依托大型企业建立独立职工培训中心，小企业建立多企联合培训中心，借助企业的技术培训人员、场地和设备，发展城镇企业职工在职培训、进城农民工职前培训等多种形式的培训活动，完善现代企业高度参与的职业教育与培训体系。

从各国城市化过程中产业发展和解决就业问题的路径看，推动创造大量的小微企业和各类非登记企业是一种重要思路。以美国为例，其中小企业的比重在 90% 以上，所吸纳的就业人员占到总就业人口的 60% 以上，因此中小企业在美国被称为"就业机器"。[②] 我国新型城镇化的发展进程中，应充分激发民间创业热情，从小微企业创业做起，覆盖第一、二、三产业形成一批创业企业。因此，在加强职业教育的基础上，面向新型城镇的职

---

① 刘万霞. 职业教育对农民工就业的影响［J］. 管理世界，2013（5）：70.
② 中科院中国现代化研究中心. 中国现代化战略的新思维［M］. 北京：科学出版社，2010：170.

业教育与培训体系应加强创业教育相关内容，通过开设小型企业创业培训课程、邀请创业人士进行创业分享等方式，宣传与鼓励创新创业，通过强化培训的形式，营造良好的创业氛围。

（四）寻求推动城镇社区学院的金融支持，保障发展高水平职业教育经费投入

新型城镇化将吸引大量的资本，国家也出台了相应的金融支持政策。这既是各类生产性产业的重要机遇与条件，也为服务性产业带来了重要的发展机遇。对于职业教育来说，要充分把握各类资本进入新型城镇的重要机遇，通过多种方式，获取职业教育发展的金融支持。

一方面，作为城镇化系统工程中的重要组成部分，积极争取国家财政支持城镇化发展资金的配套支持，推动职业教育基础能力建设。从纵向上看，教育经费投入有了较大的提高；从横向比较观察，中国教育总费用中公共教育经费的比重一直偏低，支出结构也存在着不尽合理之处。因此，需要争取国家财政在社区学院的基础能力建设方面的投入：一是继续加大中央财政对新型城镇的投入，保障城镇社区学院的正常运转。新型城镇的建设涉及的方面非常多，只有通过教育，从根本上缩小城乡差距，才能深度推进城镇化。二是建立与城镇社区学院相适应的经费投入保障体系。建立和完善监督机制，加强社区学院教育经费的监管，对经费的投入和使用情况进行监督和检查，地方政府定期向社会公布各市县区社区教育经费预算的使用情况。将地方政府对社区教育的投入水平，作为考核新型城镇化发展情况的硬性指标。①

另一方面，积极吸引社会资金进入职业教育领域，通过发展民资独营、股份制、公私合营等多种形式的职业教育办学方式，实现职业教育发展经费的多渠道增长。职业教育发展除了依靠财政性教育经费投入外，还需通过建立社会捐赠、出资教育的激励机制来扩大教育经费总量。一是对支出教育经费的企业给予更多的政策优惠。一方面，建议参照国际通行做法，对企业捐赠、投入教育的支出超过企业年度利润总额 12% 的部分，准予在五年内从当年应纳税所得额中扣除；② 另一方面，积极制定促进社区学院发

---

① 苏敏. 我国职业教育经费投入的成绩、问题与政策建议 [J]. 职教论坛, 2013 (25)：5.

② 全国人大教科文卫委员会调研组. 加大教育经费投入保障教育事业发展 [J]. 求是, 2011 (4)：48.

展的优惠政策，扩大社会资本进入教育的途径，吸引社会资金投入社区教育。二是完善社区学院多元筹措机制。加大社区学院经费投入体制机制改革创新力度，通过政策引导，充分调动城镇企业、社会力量的积极性，加快完善政府主导，行业企业、社会团体、公民个人参与的多元筹措机制。此外，拓宽职业教育经费渠道，通过设立职业教育基金，吸纳各种社会资金发展城镇职业教育与社区教育，壮大城镇社区学院的力量。[1]

　　经济学家华生说："中国城镇化的特点是异地农民进城，新型城镇化的核心指标是异地农民工有没有城镇化——农民工能否融入城市是检验真假、新旧城镇化的准绳。"新型城镇创新了产业结构与社会结构特征，通过深度参与区域分工，形成基于产业发展的规划与布局，实现城镇人口充分就业，推动区域农业现代化。面向新型城镇发展，职业教育将在促进新型城镇产业结构与就业结构升级、农业现代化、农民市民化以及社会融合等方面发挥关键作用。通过创新职业教育办学模式，积极发展基于新型城镇的社区学院，寻求新型城镇化建设过程中金融支持，推动职业教育与产业发展协同创新，鼓励企业参与发展多种形式的职业教育与培训，推动职业培训与创业培训并重，形成面向新型城镇的职业教育发展格局。

---

　　[1]　苏敏. 我国职业教育经费投入的成绩、问题与政策建议 [J]. 职教论坛，2013（25）：8.

第九章
县级职业教育中心办学模式专题研究报告

在我国，由于农村范围较广，农业人口比重较大，同时城乡差距近年来不断扩大，严重影响了我国的经济社会健康发展，发展农村职业教育是改变这一状况的重要途径。近年来，我国加大了农村职业教育的改革与发展力度，5 年内创建 300 个农村职业教育国家级示范县、教育部与黑龙江省合作实施农村职业教育改革创新等一系列发展举措将有力地推动农村职业教育发展。推动农村职业教育发展的核心与重点在于办学模式改革。本章将专题研究县级职教中心办学模式改革问题。

2011 年 11 月，国家九部委在陕西联合召开全国农村职业教育工作会，在会上，九部委联合颁发了《教育部等九部门关于加快发展面向农村的职业教育的意见》，明确提出"大力发展面向农村的职业教育"，"落实县级人民政府管理和发展本地职业教育的责任，根据需要办好县级职教中心（职业学校）"，明确了"建立教育部门与涉农行业部门共同推进农业职业教育的工作机制，形成政府统筹、部门协作、齐抓共管的机制，发挥企业参与作用；推动各省（区、市）研究制订职业教育生均经费标准，健全农村、农业职业教育经费保障机制"。在现代职业教育发展的新形势下，县级职教中心办学模式面临新的发展机遇，但同时也需要应对发展中存在的种种问题。本专题报告将从模式的产生与发展、实践的内容、典型案例以及问题与对策等方面来研究县级职教中心办学模式。

第一节　县级职业教育中心办学模式的产生与发展①

县级职业教育中心最初发端于河北省，是与当时的经济社会发展形势紧密联系的。1979 年，党的十一届三中全会开启了我国实行经济社会体制改革的先声。随后，农村家庭联产承包责任制推行，极大调动了广大农民的生产积极性。普遍缺乏现代农业生产的专业知识和技术的现状极大地限制了生产效率的提高，农民希望通过接受农业技术培训，从而提高农业生产的效率。但是，当时我国农村地区教育条件落后，教育资源严重不足，难以适应发展需求。因此，通过加强教育和培训提高农民的科学文化素质和农业生产技术能力，是农村职业教育发展的核心任务，选择适合的农村职业教育办学模式，是发展农村职业教育的关键所在。

一、县级职业教育中心办学模式产生的背景

县级职业教育中心的产生是农村教育综合改革实验深入开展和"农科教统筹"思想不断发展的必然结果。改革开放之初，河北作为一个农业人口比例高达 86% 的农业大省，培养实用技术人才的职业教育规模却很小，全省仅有农职中 74 所，在校生 0.54 万人；中专校 105 所，在校生 4.49 万人，远远不能满足农村经济社会发展的要求，加快发展农村职业教育成为十分紧迫的战略任务。

1986 年 7 月，河北省政府确定在燕山腹地的青龙满族自治县进行农村教育改革实验。同年年末，国家教委经过调研后决定，在河北省太行山区的阳原县和完县（今顺平县）进行农村教育综合改革实验，同时把河北省的实验县青龙满族自治县作为联系点。1987 年 2 月，国家教委和河北省政府在涿州市联合召开"河北省农村教育改革实验区工作会议"，新中国成立后第一次大规模的农村教育综合改革实验工作由此拉开序幕。

由于始自河北省的这次农村教育综合改革实验是从贫困地区起步的，因此其基本思路是从促进经济开发、帮助脱贫入手，根据经济发展水平和

---

① 翟帆. 县级职教中心：携手爬坡，任重道远［N］. 中国教育报，2018 – 01 – 16（007）.

承受能力，改革教育结构、教育内容，安排合理的教育发展规模，培养当地适用的多层次人才，探索一条"教促富、富促教"的良性循环路子。实验中一个很重要的任务是大力发展职业教育和成人教育，每个实验区建立一所办学条件好、管理水平高、服务能力强、社会作用大的骨干示范性职业学校。由于实验区都是国家重点扶持的贫困县，经济实力较弱，职业教育基础也较差，要圆满完成任务，只靠教育系统自身的力量是不够的，必须集中使用各方面的人力、物力和财力。

二、县级职业教育中心办学模式发展的历程①②

由原国家教委和河北省教委共同组成的河北省农村教育综合改革实验区工作考察组在调研后提出："搞好农村教改必须实行'农科教统筹'。建议国家教委能与有关部委协商发文，省政府协调有关委、厅、局支持搞好这一统筹。"1989 年 8 月，原国家教委、原国家科委、农业部、原林业部、中国农业银行联合建立了农科教结合协调与指导小组；1990 年 1 月，河北省政府宣布成立由省长任组长、有关副省长任副组长、有关部门主要负责人为成员的河北省农科教统筹领导小组。"农科教统筹"思想的提出和实行，为打破部门藩篱、统筹各方面力量、合理配置办学资源、大力发展农村职业教育事业提供了重要的政策依据和制度保障。没有"农科教统筹"思想的产生和发展，县级职教中心的产生和发展是不可能的。

1989 年年初，与石家庄市区接壤的获鹿县被增列为"农村教育综合改革实验区"。在实验启动过程中，该县准备再投资兴建一所职业中专。此时，省教育行政部门提出了《建立县级综合职业技术学校的构想和试点实施方案》得到获鹿县委、县政府的认同和支持。不到一年时间，县里就把原来利用财政性经费投资但却分散办学的农业中学、职业中学、农民中专、技工学校、农业广播电视学校、卫生学校等 10 所学校集中到了一个新的校址上，初步建成了拥有 10 个专业、7 个实验场所、20 个教学班、在校生1000 多名、占地 580 亩、建筑面积 10000 多平方米的获鹿县综合职业技术

---

① 张志增，翟帆. 县级职教中心的二十载峥嵘岁月 [N]. 中国教育报，2012 – 01 – 07 (007).

② 张志增. 新时期县级职教中心建设的探讨 [J]. 职业技术教育，2004 (22)：37.

学校（后改名为职业技术教育中心）。县政府和有关部门还把大片的农业实验场和几个工厂划归学校，作为专业实习场所。经过一年的运行，获鹿县职教中心显现出强大的优势和活力，较好地实现了县域经济发展中人才需求与人才培养的统一。

时任国家教委和河北省主要领导人多次对获鹿县职教中心的建设和办学工作进行考察，一致认为这是推进农村职业教育发展，使之为当地经济建设服务的成功之举。1991 年 4 月 11 日，河北省政府召开省长办公会，决定在全省推广获鹿经验。4 月 14 日，在省政府召开的全省职业教育工作会议上，参会代表经过充分讨论，通过了建立县综合职教中心的一系列文件。如出台的《关于集中力量办好一批职业技术教育中心的通知》中，提出了每个县集中力量办好职业教育中心，并决定加强政府的统筹作用，讨论了县级职教中心模式的具体形式，如"一校多制""一校多职"等，提出了多方筹集发展资金的方案和县级职教中心的阶段性发展目标。在这些文件中规定：县综合职教中心实行以政府主要领导担任主任的校务委员会领导下的校长负责制。职教中心发挥多种功能，成为培养、培训人才的基地，生产示范、科学实验、技术推广、经营服务的中心或枢纽；要形成上挂（取得高校和科研单位的帮助和支持）、横联（与有关单位、企业密切联系与合作）、下辐射（将技术与服务辐射到乡、村、户）的办学机制。

经过各方面的努力，到 1995 年年底，河北省 139 个县的职教中心先后分 3 批全部挂牌，实现了每个县建有一所职教中心的目标，校均在校生达到1226 人，比 1990 年的县办各类职业学校校均 383 人增长 220.1%。从此，县级职教中心的办学模式在河北省正式定型和定位。在一些全国性的和国际性的学术会议上，河北省的县级职教中心被称为"河北模式"。

河北省农村职业教育县级职业教育中心模式的成功引起了国家教育部的注意，有关部门多次就这一模式进行调查、研讨以及推广。2002 年全国职业教育工作会议对县级职教中心的发展问题进行了讨论；2005 年出台的《国务院关于大力发展职业教育的决定》〔国发 2005（35）〕中，专节部署了县级职教中心工作，提出"加强县级职教中心建设。继续实施县级职教中心专项建设计划，国家重点扶持建设 1000 个县级职教中心，使其成为人力资源开发、农村劳动力转移培训、技术培训与推广、扶贫开发和普及高中阶段教育的重要基地。各地区要安排资金改善县级职教中心办学条件。"此后，县级职教中心模式在多个省份得到了进一步推广与实践，并成为多个省发展农村职业教育、推动县域经济发展和农村劳动力转移的重要方式。

三、县级职业教育中心办学模式在我国推广的发展历程①

（一）县级职业教育中心在河北省的发展与推广

1991 年 4 月，河北省政府省长办公会决定大力推广获鹿经验，提倡每个县（市）集中力量办好一所综合职业技术学校。在该次会议上，形成了几项会议决定，而这些决定，直接影响了县级职业教育中心的推广与发展。本次省长办公会主要形成了以下几个重要的相关决议：1994 年 2 月，河北以省政府的名义发出了《关于进一步加快职教中心建设》的通知，要求首批 60 所职教中心在 1994 年 3 月底完成教育、教学的基本设施和骨干专业教学仪器设备的配备工作；第二批 40 所于 1994 年 6 月底前完成基建任务，于 1994 年 11 月底以前完成骨干专业教学仪器设备的配备工作，并向各市地分解了具体的指标，对按时完成任务的将给予表扬，对未完成任务的给予批评。截至 1995 年底，河北基本实现了每个县（市）建有一所综合性多功能的职教中心的目标要求。职教中心建设的经验得以在全国推广。

（二）县级职业教育中心在全国的推广

河北省政府省长办公会之后，在河北省各级政府的全力推动之下，河北省县级职业技术教育中心发展迅速，当时多位国家领导人对该模式给予了高度评价。1994 年 3 月 7 日至 17 日，国家教委职教司和部分主流媒体组成考察团深入 6 个地市 18 所职教中心，就职教中心的建设与发展进行了调查研究。考察团认为，学习河北省建设职教中心的经验，要从三方面入手：一是学习河北解放思想、实事求是，把教育摆在优先发展的战略地位，确立职业技术教育在经济发展中的正确位置；二是学习河北为发展职业技术教育方面制定的有力政策和措施；三是学习河北在建设职教中心过程中涌现出来的从上到下勇于战胜困难的拼搏精神。

1994 年 6 月 14 日至 6 月 17 日，党中央、国务院在北京召开全国教育工

---

① 杨金土. 30 年重大变革：中国 1979—2008 年职业教育要事概录 [M]. 北京：教育科学出版社，2011：54.

作会议，时任河北省长的叶连松在会议上做了题为"加强县级职教中心建设，促进农村职业教育的改革和发展"的典型发言。1996 年 5 月，第八届全国人大常委会第十九次会议通过了《中华人民共和国职业教育法》。时任国务院副总理李岚清指出："河北省在每个县都建成一所职教中心，既为当地经济和社会发展提供了可靠的人才培养基地，为子孙后代做了一件大好事，也对全国职业教育发展提供了很好的经验。"① 此后，县级职教中心模式被全国多个省市复制、移植，形成了广泛的影响。

"县级职业教育中心"以成熟的办学模式被写入 2005 年《国务院关于大力发展职业教育的决定》，县级职业教育中心办学模式的地位与功能得到了进一步的确认。自此，各省在职业教育的发展过程中，县级职业教育中心成为一项重要的建设内容，如湖南省职业教育"十一五""十二五"重点项目建设均设立了"省级示范性县级职业教育中心"项目，而福建省则实行了"县级职业教育中心标准化建设"项目。这些项目的开展，更进一步推动了县级职业教育中心办学模式在我国农村职业教育改革中发挥重要的作用与意义。

四、县级职业教育中心办学模式的主要形式（类型）和特征②

（一）县级职教中心的主要模式类型

从县级职业教育中心的主要组合方式与办学特征看，这一办学模式主要有集团型、联合型和示范学校型三种类型，三者主要是在组合方式上的差异。

1. 集团型模式

集团型职教中心由县（市、区）政府主办，县（市、区）政府对县域内的中等职业教育资源进行整合，对县域内中等职业学校、成人教育学校进行布局结构调整，通过合并、联办、划转、置换等多种形式，打破了行业、部门及学校类别的界线，实现了农村各类职业教育的实质性合并。这种模式以河北省、浙江省的县级职教中心为代表。

---

① 杨金土. 30 年重大变革——中国 1979—2008 年职业教育要事概录 [M]. 北京：教育科学出版社，2011：54.

② 何文明. 新时期县级职教中心存在的问题与对策——以湖南省 D 市为例 [J]. 职教通讯，2011（11）：33.

2. 联合型模式

联合型职教中心模式主要特点是在政府的主导下，充分调动部门办学的积极性，将职能部门举办的职业学校和社会力量主办的民办学校联合起来。这种模式以陕西省眉县等县（市）为代表。

3. 示范学校模式

示范学校模式的主要特征是依据县域经济社会发展的特色，在政府引导下以县域内示范性职业学校或重点职业学校为载体，充分发挥学校在职业教育、职业技能培训、劳动力转移培训等方面的示范作用。采用这一模式的典型是山东平度职教中心。

（二）县级职业教育中心办学模式的特征

1. 综合性

综合性是县级职业教育中心办学模式的首要特征。首先是学校综合，融县域内各类职业学校于一体；其次是专业综合，根据条件和需要举办各类专业；再次是职前职后教育兼顾，多种学制并举；最后是功能综合，教学与生产相结合，这是县级职教中心的综合性的直接体现。由于通过县级地方政府统筹的多部门合作办学，进一步拓展与延伸了原有的"农科教结合"与"三教统筹"范畴。县级职业教育中心的综合性在办学机构上涵盖了县域内中等职业学校、职业教育培训机构、乡镇农校；在培训服务网络上体现在各类培训机构与县劳动就业中心共同服务于培训学员的就业工作；在管理机构上，综合性体现在县政府主管领导负责、县各个部门参与的多部门共同管理；在实训体系建设上，形成了县域实训基地、校内实训中心以及县外定岗实习基地的综合性实训体系，共同服务于县级职教中心。此外，多种职能、多种学制的特征也突出体现了县级职业教育中心的综合性特征。

2. 开放性

职教中心的开放性体现在中心与外部保持主动联系、沟通，职教中心面向社会办学，招生方式灵活，学生来源与构成多样，既有正规的全日制中等职业教育学生，也有各类短期培训，还有面向农业技术推广的相关服务。

3. 骨干性

县级职教中心的骨干性主要体现在几个方面：一是县级职教中心一般

是县域内中等职业教育与职业培训的主要承载单位，统筹了县域内职业教育与培训的绝大部分职能，搭建了县域职业教育与培训的骨干体系；二是县级职教中心通过面向县域经济社会发展的需求，提供相应的职业教育与培训及技术推广服务，形成区域经济社会发展的骨干人才支持体系。

4. 跨界性

跨界性指的是县级职教中心体现了跨越多个领域与部门的特点。在功能上，县级职教中心跨正规职业教育与非正规职业教育、职业培训、技术推广与服务等；在机构上，县级职教中心跨越公办、民办中等职业学校、职业培训机构、乡镇农校等；在管理体制上，形成中心统一领导下的跨教育、人保、农业、卫生、发改等多个部门的跨界管理体制。

第二节　县级职业教育中心办学模式创新的具体内容

从县级职业教育中心办学模式在我国出现，到目前在国家政策文件和地方职业教育改革行动中占据重要的地位，二十余年的探索与实践证明县级职教中心办学模式有其先进性，具备较强生命力。

一、县级职业教育中心办学模式的功能

县级职教中心办学模式实现了以下功能：（1）提高了县域内职业教育资源的统筹与整合功能。县级职教中心对县域内职业教育资源的整合，实施"职业培训进中心"的统筹原则，整合了县域内职业教育资源，提高了县域内职业教育资源的利用程度。（2）提升了县域内职业教育办学行动能力。（3）提高了县域职业教育资源的扩散水平。

二、办学主体的组成及其关系

在县级职业教育中心办学模式中，从某种程度上来说，并不发生办学主体实质意义上的改变，这一点从县级职教中心的基本架构就可以看出（见表9－1）。县级职教中心的各个办学主体在职教中心的办学过程中所起的作用与承担的功能各有差异，各不相同。

表 9-1 县职业教育中心成员单位及成员职能职责

成员单位	职能职责
县人民政府办公室	组织、主持联席会议，协调中心各项工作
县教育局	负责对各职业学校招生、培养、升学、就业等业务的管理、督导、评估
县发展和改革局	负责各成员单位培训经费项目的规划、立项和审批
县委组织部	指导村级后备力量的培训以及培训优秀学生干部加入党组织
县劳动和社会保障局	负责劳动技能的鉴定，组织劳务输出、岗前培训和再就业培训项目规划、实施，并在各行各业逐步推行就业准入制度
县人事局	负责指导基地学校人事制度改革和专业技术人员职称评聘
县财政局	负责经费预算，保证各项培训经费的专项投入，协调各培训项目经费投入主阵地
县商务局	负责出国劳务的联络、转移、项目经费的争取，加强培训指导
县农业局	负责农业技术业务指导，争取农民工培训经费项目，监督、管理阳光工程的实施
县企业发展局	争取项目经费，督促中小企业职工培训的归口和落实
县建设局	负责督促建筑工人及农民工进入职教中心接受引导性培训及劳动技能培训，争取培训项目经费
县经管局	负责村级财务人员培训工作的组织，促进村级财务人员专业化
县安监局	负责特种作业人员的归口培训和管理，督促安全生产知识的普及
县招商局	加强招商与职教的联系
县旅游局	指导旅游业的发展，争取省旅游从业人员培训基地挂牌
县扶贫办	争取职教扶贫资金、落实扶贫项目
乡镇人民政府	负责农业技术推广、乡土人才岗位培训和晋级的组织、转移农村劳动力的选送等服务工作
县职业中专	充分发挥主阵地作用，负责学生（员）的招收、管理、培训、安置等工作

（一）政府部门

在县级职教中心办学模式中，县级政府在其中发挥较为重要的主导作用，主要体现在以下方面：一是县级职教中心由县级政府的主要领导任中心主任，县职业中专与县各个部门的主要负责人为职教中心工作小组的成员，形成了由政府主要领导负责、政府各个部门参与的领导机制。二是在具体运行过程中，政府主要领导与有关部门参与职业教育办学资源的协调。

（二）牵头学校

县级职教中心办学模式的牵头学校一般是县域内办学规模较大、实力较强的县职业中专学校。在县级职教中心办学模式的总体架构中，县职业中专既承担了正规中等职业教育的责任，同时也是职教中心日常组织工作的重要主体。在不少地区，县级职教中心就是在县职业中专的基础上建立起来的。

（三）乡镇农校

乡镇农校是近年来在职教中心办学模式发展过程中逐步得以重建与恢复的。乡镇农校与当地新农村建设以及农村经济社会发展的紧密结合，成为农村职业教育扩散到最基层的主要方式，也是与农村人口关系最为紧密的机构。在县级职教中心办学模式中，乡镇农校是重要的基础性力量，同时可以通过机构内部的联系，充分利用其他职业教育机构的资源优势，提高为基层服务的水平。

（四）其他学校

其他学校主要包括县域内其他公办、民办职业学校以及各类职业培训机构。对县级职教中心而言，这类学校的作用同样不容忽视，一方面，通过将其他职业教育机构纳入县级职教中心，进一步增强了职业教育的服务能力；另一方面，县域内职教机构的汇聚，更有利于专业和人才培养等工作的统筹，根据各个学校的基础与区域内的人才需求进行专业设置，避免盲目跟风造成专业设置重复。

三、创新实践的内容

（一）机制创新

机制创新是县级职教中心的最重要的创新。机制创新主要体现在几个方面：一是管理机制创新，通过由职教中心统筹，实现全县职业教育与培训资源的全面统筹，一系列辅助性制度如联席会议制度、县主要领导负责制度、部门参与合作制度等管理制度更进一步确保了农村职业教育管理机制完善；二是投入机制创新，在保证职教常规经费投入的基础上，实现了所有培训经费统筹到职教中心，避免了培训经费这块"唐僧肉"被哄抢的困境。三是形成可持续发展机制，我国的农村职业教育办学模式有过诸多探索，如湖南邵阳市的"十百千万工程"模式，但是由于相关的政策不可持续、制度建设不够完善，在短暂的红火之后，相关的发展状态无法持续，无法形成良性循环。而县级职教中心通过完善一系列政策与制度，形成了良性的可持续发展机制。

（二）功能创新

县级职教中心在功能上实现了集职业教育、培训以及技术推广服务为一体，是县域内职业教育与培训体系在功能上的扩展与创新，在传统的职业教育服务能力之上，县级职教中心通过建设完善区域职业教育与培训体系，通过发挥其"上挂、横联、下辐射"的独特联系方式，在为农村人口提供合适的职业教育与培训，推广农业技术，转移农村剩余劳动力，实现县域职业教育教学、科研、生产、经营、服务相结合。此外，更重要的是，通过整合有关资源，县级职教中心扩展了服务内容，在职业培训之后，职教中心还提供了技能鉴定、就业指导与就业推荐等服务。

（三）模式创新

县级职教中心办学模式中存在着多种模式的创新。一是招生模式创新，通过实施开放办学制度，面向县域需求，不拘形式、不拘内容，开展职业教育与培训服务，在招生上采用灵活招生的制度，在传统的生源基础上，大量发展正规教育生源、非正规教育生源、短期培训生源等多种生源形式，创新农村职业教育招生模式。二是培养模式创新，通过不断深化培养模式改革，依托县级职业教育中心的校内实习实训基地、县域内公共实习实训中心和县外实习实训基地等机构，大力开展工学结合的人才培养模式改革，提高人才培养质量。依托县级职教中心与高等职业院校之间建立的联系，开展多层次技能型人才培养工作，满足区域内技能人才需求。三是就业模式创新，改革以往单纯由培养机构负责就业工作的状况，由多个部门共同组成推动就业服务小组，为毕业学生、待转移劳动力、待业青年等人群尽快对口就业，形成多部门联合推进的就业服务体系，创新就业服务模式。

（四）运行机制

1. 建立健全职业教育联席会议制度

县级职教中心的运行机制突出了政府主导、部门合作，而联席会议制度则是纽带。职教中心的领导与负责部门负责县域内各类职业教育的行政与业务管理，部门联席会议制度由县职业教育中心负责召集，各个相关单位参与，通过定期召开联席会议，研究职教中心办学及相关的问题，保证了县域职业教育发展的科学决策，有针对性地解决资源难整合、部门利益难平衡的问题。

2. 部门联合办学机制

县级职教中心主导的部门联合办学机制中，由县级职教中心的主体办学机构为龙头，联合其他部门办学校、民办学校、乡镇农校等机构，共同提供职业教育与培训服务。部门联合办学机制的重点在于合理配置县域内职业教育资源，统筹安排，合理配置培训、实训与实习工作，使职业教育、职业培训、技术推广均能各就各位，各个办学机构也能各安其责，共同提高农村职业教育的办学水平。

3. 多渠道投入机制

解决农村职业教育办学经费投入问题是办学模式改革突破的核心。在县级职教中心的投入机制上，采用了多渠道的投入方式，首先是出台制度，由县级财政在年初预算时每年安排县职业教育中心建设专项资金；其次是保证城市教育费附加的30%投入县级职教中心建设；再次是由县级职教中心统筹"阳光工程"等培训项目，统一归口至县级职教中心进行管理。通过多渠道的投入机制，保证县级职教中心的运转经费。

4. 跨部门合作机制

跨部门合作机制主要是指县级职教中心办学改变了过去单由教育部门办学的状况。在县级政府的直接管理下，职教中心负责培训、县教育局负责统筹协调与招生、县发展局负责规划制定和项目立项审批、县人事局指导学校人事制度改革和专业技术人员职务评聘、县劳动局负责技能鉴定和协助劳务输出、县农业局负责农业技术业务指导和阳光工程的监督实施、县财政局负责经费保障、县科技局负责科技指导、县扶贫办负责扶贫资金和项目的落实、各乡（镇）政府负责协调配合。

（五）保障措施

1. 政府出台有效的政策与措施保证县级职教中心模式可持续运转

积极推进县级职业教育中心办学体制改革和机制创新，坚持多种形式办学，努力形成政府主导、依靠企业、充分发挥行业作用、社会力量积极参与的办学格局，探索建立多元化的投资体制。要把县级职业教育中心作为鼓励社会各方面参与办学的优先领域，制定和完善优惠政策，积极支持社会力量举办和参与举办县级职业教育中心，增强县级职业教育中心办学活力。有力的保障措施还包括另一个内容就是县主要领导负责县级职教中心的工作，这在我国当前的行政管理体制之下，"一把手"负责制可能更容易产生效果。总之，要通过出台一系列政策与措施，并通过强化执行来确保县级职教中心的可持续发展。

2. 争取多途径投入，强化基础能力建设

充足的投入是保证县级职教中心基础能力建设和服务能力的重要条件，县级职教中心建设要尽量争取多途径投入，一是通过各种立项，向中央财政争取支持；二是积极争取省级职业教育项目资金投入；三是以中央财政与省级财政投入为引导性资金，带动市级财政与县级财政的投入；四是积极引导社会资金参与县级职教中心建设工作。通过争取多途径投入，形成多元投入机制，确保县级职教中心的经费来源，强化基础能力建设，加强基础设施、实训中心等内容建设。

3. 完善各种制度，形成服务县级职教中心发展的制度体系

制度建设是保障办学模式运行的重要基础。加强县级职教中心建设的过程中，制度体系完善主要包括以下几个方面的内容：一是联席会议制度，联席会议制度并不是严格意义上的制度，但是在县级职教中心办学模式中，通过县级职教中心主导的部门联席会议制度，集中解决县级职教中心发展中的问题。二是开放办学制度，面向县域内的职业教育与培训需求，提供多元化职业教育，改变以往农村职业教育封闭办学的状况，面向县域，多形式灵活办学，建立县级职教中心开放办学制度。三是系统服务制度，通过依托县职业教育中心，利用多部门深度参与的特征，围绕职业教育与培训提供系统服务，建立"招生—培训—就业—再培训"的全方位系统服务制度，全面提高县级职教中心的服务能力，推进县级职教中心成为区域发展不可缺少的动力中心。

（六）效果

1. 提高了农村职业教育的服务能力

县级职业教育中心模式实施以来，职业教育的服务能力得到了显著提升，在推动县域经济发展、带动农民依靠技术发家致富、推动农村剩余劳动力转移等方面发挥了独特的功能。在各地关于县级职教中心的总结报告

中，县级职教中心主要在推动县域经济发展和推进农村剩余劳动力转移方面发挥着重要作用。通过发展县级职教中心，一是更进一步提高了县域中等职业教育的质量，集中优势资源办中职教育，为县域内适龄人口接受全日制中职教育打好基础；二是围绕县域经济发展的重点开设培训项目，有计划地为企业培养所需人才；三是针对县域农业产业化的发展需求推广新技术；四是总体安排培训农村剩余劳动力并实现转移。县级职教中心的发展，极大地激发了农村职业教育的服务能力与服务水平。

2. 推动了农村职业教育的可持续发展

在新的发展形势之下，农村职业教育如何走出"职能困境"与"生存困境"对我国建设现代职业教育体系至关重要。通过推动发展县级职业教育中心，一方面，农村职业教育自身在资源增长、体制、基础能力、服务能力等方面都实现了较大的提升，农村职业教育的自身职能得到了较好的发挥；另一方面，农村职业教育通过发挥其在区域内的独特作用，突出了为县域经济发展的重要意义，在招生、发展及效益方面实现良性发展，从而摆脱"生存困境"，实现农村职业教育的可持续发展。

3. 改进了农村教育办学的综合效益

县级职教中心是我国实施"三教统筹"与"农科教统筹"的重要载体。由于我国农村的情况多样，农村人口的教育需求也存在较大差异，因此，农村教育的多样化是满足不同人群需求的重要方式，农村教育的综合效益也才能够得到提高。县级职教中心的创立，推动农村教育的结构合理化，县域内教育资源得到了合理配置，形成了普通教育与职成教育和培训并重的格局，农村教育各个主体之间服务范围有机互补、培养目标各有侧重、办学层次合理分配、教学内容上下贯通。

第三节　县级职业教育中心办学模式 的典型案例和经验借鉴

在本部分中，我们将对湖南省岳阳县县级职业教育中心办学模式进行深入的案例分析，对岳阳县的县级职业教育中心这一办学模式在形成与发展过程中所处的经济、社会、文化等各方面因素进行深入分析，总结该办学模式在发展和完善过程中的实践活动与经验，以此提出农村职业教育办学模式改革的思路与对策。

一、岳阳县职业教育中心案例研究的基本过程

正如我们在历史研究章中所回顾的那样，县级职业教育中心是在上个世纪九十年代我国农村职业教育办学模式的一种创举，国家对县级职业教育中心进行推广，河北、吉林等诸多省份通过县级职业教育中心的发展，推动了农村职业教育服务能力的增强。岳阳县职业教育中心是在前有的实践基础上，通过借鉴县级职教中心的发展经验，结合当地经济社会发展需求和新形势下农村职业教育发展的特征与趋势，实现了县域职业教育办学模式的创新，走出了县级职业教育中心发展的新路子，为农村职业教育办学模式改革与发展提供了新的思路。

（一）岳阳县职业教育中心的办学成绩

岳阳县职业教育中心的办学实践取得了一定的成绩，形成了一定的影响，值得作为一个办学模式的典型进行介绍和讨论。仅 2009 年，该县职业教育中心就依托各类机构举办了超过 200 期、共 9000 余人参与的转移培训，提高了农民工转移的水平。2011 年 12 月 19 日，在岳阳县职业教育中心的主体单位——岳阳县职业中专对该县人大、政协所做的一份工作报告中提到，该县级职业教育中心于 2007 年就成为首批湖南省省级示范性县级职教中心，几年来，共推出上岸渔民、营运市场三轮车主、返乡农民工、零就业家庭培训、农村贫困劳动力培训等各类项目百余期，培训人数 12000 余人，帮助 2600 多名上岸渔民上岸立业，1400 多名三轮车主转业，5350 名返乡农民工就业、创业等等。2010 年，依托县级职教中心的有关服务机制，根据当地的需要，先后在多个乡镇举办了葡萄种植技术培训班，组织农技专家授课 100 余次，现场指导 80 余次，近万亩葡萄种植园实现了技术改良，为农民增收 300 余万元。从这些数据不难看出，县级职业教育中心在该县的经济社会发展过程中，其作用与意义非同小可，且这种影响随着时间的推移和县级职教中心的发展而逐渐扩大。

（二）岳阳县职业教育中心形成的积极的外部影响

岳阳县职业教育中心办学模式所形成的积极外部影响可以从以下几个方面来看：一是该职业教育中心所获得的各种政府荣誉。如 2007 年该中心

成为首批湖南省示范性职教中心；该中心的主体机构岳阳县职业中专于2011年成功申报首批国家中职改革发展示范校获得成功（全国仅285所）；2010年中央学习实践科学发展观领导小组办公室专题刊发介绍该中心办学经验的简报；国家教育部和全国成人教育协会授予该职业教育中心"全国农村成人教育先进单位"的荣誉称号等等。二是该县级职业教育中心的办学实践与经验获得了媒体的广泛关注，如2008年04月13日《中国教育报》曾头版头条以《大职教带来大发展：岳阳县建设职教中心的启示》为题刊发介绍了该职业教育中心的办学实践，并给予了较高的评价；《湖南日报》和《湖南教育》等媒体也分别刊发相关报道，推出了岳阳县职业教育中心的办学介绍。岳阳县职业教育中心的办学实践的外部影响逐步扩大。

（三）岳阳县职业教育中心作为农村职业教育办学模式的典型性

县级职教中心办学模式是我国近年来在农村职业教育办学模式上的重要探索，一方面有较多的成功实践；另一方面，国家和各级政府对这一办学模式也有较多的政策进行推动，设立了"县级职教中心专项建设计划"。如在2005年国务院颁布的《关于大力发展职业教育的决定》中就对县级职业教育中心的办学问题进行了明确的规定，提出要继续加强县级职业教育中心建设，并提出了具体的建设规划。因此，县级职业教育中心是当前我国农村职业教育办学模式的一个重要的典型，也是一种非常值得关注的农村职业教育办学模式，讨论其形成与发展中的问题与特点有不容忽视的意义。

此外，作为农村职业教育办学模式探索实践，岳阳县职业教育中心的典型性也是我们选择其作为案例的重要原因。地处中部地区的岳阳县，经济发展水平一般，农村地区面积较广，共辖有12个镇、8个乡，是一个农业占主体地位、农村人口占多数的地区。在这种县情下，该县职业教育中心建成了以各个乡镇农校为基础、县职业中专为龙头、其他各类职业教育与培训机构为补充的农村职业教育体系。同时，该体系很好地突出了农村职业教育办学过程中的种种需求与特征，很好地适应了办学模式进行改革的诉求，在农村职业教育的"谁来办"、"办什么"和"怎么办"等问题上形成了非常有价值的探索，体现了其作为办学模式的典型性。

（四）进入岳阳县职业教育中心案例的过程与收获

从第一次联系该县教育局局长和县教育局职成股相关工作人员起，笔者就开始观察其对农村职业教育办学模式改革的基本认识，充分了解其对县级职业教育中心办学模式改革的态度与看法，重点搜集职业教育中心的年度发展规划，年度工作总结，县委县政府关于职业教育的有关会议记录、决议等等材料，对职业教育中心的相关负责人进行了访谈，获得了职业教育中心的一手资料，也对职业教育中心的建立、发展和运转进行了较为深入的了解。

1. 调研的过程

对岳阳县职业教育中心的调研共包括以下几个方面的内容：访谈县教育局局长（该局长曾是笔者工作的学校岳阳县一中的校长，与笔者有私交，较为便利）、县教育局职成股股长、县职业教育中心职业中专校长、县职业教育中心职业中专校长助理（具体负责职业教育中心的日常运转工作）等人。搜集了各种报告和资料；实地参观了县职教中心的主体机构岳阳县职业中专和部分乡镇农校，形成了对该县级职教中心的直观体会。笔者通过网络查询和其他途径了解到该机构的社会评价和影响，尤其是在同湖南省教育厅王键教授的交流中对县级职教中心办学模式的改革与发展进行了较为深入的交流与讨论。从整个调研过程看，笔者基本了解了岳阳县职业教育中心在办学、运转和发展上的基本特征和趋势，也对其发展过程中可能存在的问题有了较全面的把握。

2. 调研的方法

研究方法直接决定了研究内容与研究质量。从上述笔者对调研过程的描述来看，在对岳阳县职业教育中心的调研过程中，主要涉及以下几个方面的研究方法：

一是实地调查方法。通过对调研对象的实地调研和观察，形成相应的调研结论与结果，这主要体现在笔者在岳阳县职业教育中心的调研与研究过程中。为了更深入地了解县级职业教育中心的办学与运转的状况与特征，笔者多次联系岳阳县职业教育研究中心，观察县职业中专和乡镇农校，形成对县级职业教育研究中心的最直接体验。

二是访谈方法。为了形成对县级职业教育中心的全面的理解，笔者先后对岳阳县教育局的有关工作人员、岳阳县职业教育中心的有关工作人员及岳阳县农村的农村居民个体进行了访谈，访谈的内容与时间各有差异，但是获得了对县级职业教育中心的信息与全面理解。信息来源各异、对同一问题的看法与判断主体各异，由此生成对同一问题的看法各有不同。

三是资料搜集法。县级职业教育中心自成立的到现在已经超过 5 年，相关的媒体报道和公开的总结材料已经很多，如何从现有的材料中迅速筛选出对研究最有用的材料是本研究中的重要工作之一，因此，在研究过程中，我们重视对原始资料的搜集，包括涉及县级职业教育中心的讲话、报告、总结、媒体材料等，这些材料从多个方面对县级职业教育中心的办学、运转形成了较为清晰、全面的描述，也是进入岳阳县职业教育中心的最为便捷的方式。当然在材料搜集的过程中，笔者注重了材料的遴选和甄别，剔除了部分价值不高、信息量不大的材料，提高了材料利用的效率。

3. 调研的收获

从整个调研的过程中，笔者主要有以下几个方面的主要收获：

一是对岳阳县职业教育中心不仅仅有了主观的认识，更多的是从实地观察和对各个不同人群的访谈中得到对这一办学模式的反馈与讨论，具备了更为客观、全面的研究体验，同时信息量也得到了进一步的丰富。

二是从资料的搜寻过程中，对岳阳县职业教育中心的办学实践有了更加深刻、全面的了解，对职业教育中心的主体机构岳阳县职业中专、部分重要的乡镇农校的有关资料都进行了尽可能全面的搜集，丰富了对县级职教中心办学实践的特征与经验的了解。

三是从多次的实地考察、有关政策了解和有关负责人的访谈过程中笔者了解到了许多从总结材料、报告和讲话中所无法了解到的种种相关信息，获得了对县级职业教育中心的最为直观的体验与理解。

二、岳阳县职业教育中心办学模式的基本状况

从县情来说，岳阳县是湖南省的北大门，全县总面积 2716 平方公里，辖 20 个乡（镇）共 68 万人口。农业建成了优质米、优质果、名茶、蔬菜、瘦肉型猪等十大高产优质高效基地。工业发展迅猛，初步形成了轻纺、建材、机械制造、服装、造纸、医药、化工、矿产及农副产品加工等八大生产系列。闯出了一条强农、壮工、活商的兴县富民新路。岳阳县有独特的资源优势。岳阳县是全国的商品粮基地县、生猪百强县、水产重点县、省市的商品蔬菜基地县。岳阳县管辖的东洞庭湖面积达 170 万亩，占全县版图的 36.4%，有丰富的资源可利用：芦苇面积 20 万亩，砂石年采 500 万

吨，鱼类年捕捞量10万担，藜蒿适宜生长面积10万亩（现有野生藜蒿2万亩）。从官方网站的上述简单描述不难看出，岳阳县是一个典型的农业县，有部分的工业基础，但是农业、农村的发展水平决定了县域经济社会发展的高度，农村居民的收入水平直接决定了县居民的收入水平与生活状况。对岳阳县县情的深刻了解是我们理解岳阳县职业教育中心办学模式特征的关键。

岳阳县职业教育中心由县人民政府主办，创办于2006年年初，是县域内中初等职业教育、职业技能培训、劳动力转移培训、农村实用技术培训、就业与再就业培训的统筹、协调和管理机构。从组织架构上来说，县职业教育中心由县人民政府县长任中心主任，常务副县长和分管教育的副县长任中心副主任，县政府办公室、教育局、发展和改革局、人力资源与社会保障局、财政局、乡镇人民政府、职业中专等单位主要负责人为中心成员。职教中心下设办公室，由县职业中专"一把手"任中心办公室主任。之所以将中心办公室设在县职业中专，并由县职业中专"一把手"任中心办公室主任，是因为这有助于形成完善的管理架构。

在机构组成上，岳阳县职教中心是以县职业中专为主体，以全县7所民办和部门办职业学校为枝干，以全县5个职业技能培训机构和20余所乡（镇）、村农校为补充，共同构建起多层次、全方位、开放型的机构。从某种程度来说，岳阳县职业教育中心既是一个实体性的职业教育与培训机构，包括了全日制的职业学历教育、非全日制的职业培训与技能推广机构；同时，它又是一个典型的农村职业教育体系：整个县级职教中心是一个整体，县职业中专下与其他职业学校与职业培训机构形成县城集中职业教育与培训机构，各个乡镇农校分散各乡镇，形成职业培训与技术推广的网络，从县职业中专到各个职业培训机构到乡镇农校都有紧密的联系，相互之间互有沟通，形成了严密的农村职业教育体系。

在运作机制上，岳阳县职教中心以"政府主导、部门合作、依托学校、乡镇联动"为运作模式，以县职业中专为职业教育与培训任务的主要承担单位，以统筹全县各类职业教育和技能培训资源为核心，通过构建职业教育、劳动力资源、部门合作、农技推广"四大网络"，围绕实施技能型人才培养培训、农村劳动力转移培训、农村实用技术人才培训、成人继续教育和再就业培训"四项工程"，通过推动各类项目的运作，提高职业教育中心的服务水平与质量。

在管理机制上，岳阳县职业教育中心的"四项机制"，确保了中心的正常运转与持续发展。四项机制包括"联席会议制度"，即县政府每年召开县职业教育中心成员单位主要负责人参加的联席会议，由职教中心负责组织，讨论解决职教中心发展中的问题，加强部门之间的协调与合作；二是"经费归口制度"，即县域内各类培训项目与相关经费全部归口职教中心办公室统筹管理；三是"就业准入制度"，如岳阳县政府规定部分行业从业者，如餐饮、学前教育等行业必须进县职教中心拿到相应的资格证书方允许上岗；四是"日常工作制度"。

在配套制度上，岳阳县为了将职业教育中心的作用与效果真正发挥出来，避免成为一个摆设，出台了一批相应的配套制度，如前面所说的"经费归口制度"和"从业准入制度"等，还有一些关键性的制度，如规定全县各个部门的培训项目与培训经费统一进中心，这项制度既有特色，也非常实在，保证了县级职教中心工作开展的水平与效果。此外，在职业教育中心招生上的"统一报名、统一测试、统一录取"的制度也突出了县域内职业教育资源的统筹利用。

岳阳县农村职业教育中心经过几年的发展，已经逐步成熟，体系基本完善，模式运转正常，也发挥了较大的作用（在第一部分中已有阐述）。从办学模式的角度看，县级职教中心虽然不是岳阳县的首创，但是在发展的过程中，通过融入岳阳县的创造与特点，形成了颇具特色的农村职业教育办学模式。

三、岳阳县职业教育中心办学模式的主要经验

从上述对岳阳县职业教育中心有关情况的描述与讨论看，岳阳县职业教育中心在机构设置、管理架构、体系建设等方面形成了鲜明的特征，在管理与日常运作的过程中也有其独特之处。具体说来，有以下几个方面值得关注：

（一）充分重视了政府统筹功能

综观岳阳县职业教育中心管理体制、运行机制、配套制度等内容，可以发现该中心的一个基本特征就是重视政府的统筹功能，充分发挥政府的统筹功能在职业教育资源利用和农村职业教育体系功能的最大化。重视政

府统筹功能主要体现在以下几个方面：首先是重视对职业教育办学机构的统筹，如将县域内的职业教育资源进行统筹，做到"全县职业教育一盘棋"，从全县的经济社会总体发展的角度与高度来调配县域内职业教育机构，全县所有的职业中学、职业培训机构、乡镇农校等机构都由政府统筹到县级职业教育中心进行统一管理，在招生上的"三个统一"也是典型的统筹。其次是重视职业教育资源的统筹，如将全县所有的职业教育与培训都统筹到职业教育中心，即他们所提出的"干部培训进党校，技能培训进中心"的大职业教育格局等。重视政府在职业教育发展过程中的统筹功能，提高职业教育资源的利用水平，激发了职业教育体系的功能，政府在农村职业教育发展过程的广泛介入也保证了职业教育发展政策的有效性。

（二）构建了完善的职业教育体系

岳阳县职业教育中心的一个较为明显的特点就是构建了完善的农村职业教育体系，在这一体系中，既包括了正规的职业学历教育（职业中专），也包括了各类不同时间长度的职业培训机构，还包括了部分农业技术推广机构，如乡镇农校，从这种特点来看，在职教中心内部，全日制与非全日制、正规职业教育与非正规职业教育之间的有效沟通，具备了形成现代职业教育体系的重要前提；从举办者的身份来看，既包括了政府主办的公办职业学校，也包括了县域内部分民办职业学校，公办职业教育与民办职业教育在县级职教中心内部实现了统一，提升了县域内职业教育的整体实力，不同性质的职业教育在内部实现了衔接与沟通，打破了原有的县域职业教育资源分散的状况。此外县职教中心依托乡镇农校和乡镇劳动服务站建立农村劳动力信息库，收录了20余万名农村劳动力的信息资料。融合农村远程教育网络，共同发布培训及招工信息，保证了培训有生源、有实效、训后就业率高，从而保证了各项培训的效益。从这几点看，岳阳县职业教育中心构建了完善的职业教育体系，发挥了体系与功能的重要作用，是农村职业教育办学模式改革的重要成果。

（三）完善了相关的配套制度与政策

通过对岳阳县人民政府的有关文件、政策来看，岳阳县职业教育中心能够取得一定的成绩的重要保障在于相关配套制度与政策的完善。配套的制度与政策包括多个方面，如经费保障政策、资源统筹制度、招生与就业政策等等。围绕县级职业教育中心办学模式改革的各个方面，在经费、人员、管理等方面形成相应的政策和制度，以此保证办学模式改革的思路和具体的举措能够落到实际工作当中，保证职业教育办学模式持续发挥相应的功能。

第四节　县级职业教育中心办学模式存在的问题和原因分析

通过对县级职业教育中心的观察、讨论与反思，作为一种典型的农村职业教育办学模式，一方面它很好地吸收了原有的农村职业教育办学模式在办学实践上的一些成功经验，在模式构建的过程中保留了县级职教中心的一些成功做法；另一方面，它根据区域内的经济社会特征，结合原有县域职业教育体系进行了创造性建构，形成了具有区域特色的农村职业教育办学模式。对县级职业教育中心办学模式进行分析和反思，我们能够形成以下几个方面的重要思考：

一、农村职业教育办学模式如何能走出"一总结就成功、一推广就失败"的怪圈？

通过前面县级职业教育中心办学模式的分析与研究，同时有关经验总结材料和媒体报道以及研究者本人对岳阳县职业教育中心的实地关注与观察，我们不难发现，县级职业教育中心在办学上的确取得了一些成绩，也获得了不少的荣誉，在办学的多个方面积累了不少有意义的做法。

值得注意的是，虽然县级职业教育中心在某些方面是成功了，但是，从办学模式总体来说，县级职教中心还远未发展到可持续发展的程度。就笔者在岳阳县的观察来看，存在以下几个方面的问题：一是从机构健全度来说，虽然经验总结材料中提到岳阳县下辖的 20 个乡（镇）都开设了乡镇农校，形成了完善的最基层农村职业教育体系。但是，从笔者与该县教育局职成股工作人员的交流中得知，虽然建立、挂牌的乡镇农校的确不少，但真正进入日常运行、并取得较好的实际成效的乡镇农校并不多，只有在当地存在较多的需求，如各种农业技术需求、养殖技术需求，且交通相对便利的地区，大多数的乡镇农校都仅仅只是挂个牌子，有的甚至连牌子也没有，仅仅是在县级政府文件中存在而已，造成这种局面的原因是多方面的，其中一个最主要的原因就是乡镇农校在部分农村地区的存在合理性与必要性的问题。二是从机构的可持续发展问题来看，岳阳县职业教育中心自2006年成立之后，随后的几年经过了很好的发展，县政府也高度重视，每年都由县长主持召开联席会议，解决实际问题，也进行了较多的宣传。虽然目前这一教育中心的主体职业中专办学仍然在继续，但是，最初合并到该中心的部分民办职业学校却早已难觅踪迹（从相关资料中看到仅剩两所），为何经过几年的发展，规模并未见扩大反而有"战线收缩"的迹象。县域职业教育中心办学的影响力在当地也逐步消退，关于县级职教中心的话题较前几年也有所减少。虽然这些并非明确地说职业教育中心有衰败迹象，但是，关注办学模式的一些细微变化对其可持续的健康发展也是非常重要的。

因此，农村职业教育办学模式如何避免在短暂的成功之后就走向沉寂，往往比我们推进农村职业教育办学模式改革更加重要。而回答这一问题的关键在于农村职业教育办学模式如何尽快形成自己的可持续发展力。

二、农村职业教育办学模式的形成与发展如何不再过度依赖政府的作用？

在农村职业教育办学模式的建设中，我们能够清晰地看到政府在其中所发挥的重要作用。诚然，由于农村职业教育自身的发展特点，办学模式改革依赖政府的推动、影响和支持是非常必要的，也是保证农村职业教育办学模式改革取得成功的条件之一，但是如果农村职业教育办学模式不能在通过一段时间的发展后，脱离对政府的依赖，那么，这一办学模式也很难获得可持续发展的能力，因为政府的"精力"也有限，它对职业教育不可能长期保持高强度的关注，而需要农村职业教育办学模式自身进入良性发展的轨道。无法脱离外力的成长总归是不够健康的。事实上，我们上文所提到有的项目或者工程存在"一总结就成功、一推广就失败"的情况，一方面是因为办学模式自身存在的问题；而另一方面更多的是因为不再有政府的过度保护。因此，农村职业教育办学模式应该从政府的保护性发展中走出来，获得自身的发展能力，进入健康的、良性的循环发展道路。

三、农村职业教育办学模式如何走出部门之间难以合作的困局？

这是职业教育发展中的痼疾。虽然我们在职业教育办学模式改革或者职业教育的发展策略中，都对职业教育发展中的部门合作问题进行了关注，寄希望于通过类似"联席会议制度"等方式来实现区域内职业教育办学模式改革中各个部门之间的资源统筹与工作推进问题。但是，不容否认的是，无论我们对"联席会议制度"的设计有多高的期待，它现实的作用与功能仍然是有很大局限的。这一局限并不是因为政府不重视和其他部门对职业教育的认识程度不够，而是存在更深层次的法律、文化和行政体制的原因。对于教育部门以外的其他部门来说，发展职业教育，在很大程度上并非其他部门职责范围内的工作内容，至多是配合教育部门的工作，因此其他部门在观念上、工作成绩上均没有太强的动机，尤其是教育部门并非一个强势部门，要寻求其他部门，如财税部门、人保等部门的支持，谈何容易。在这种情况之下，部门之间的合作存在较大的松散性与随意性。在政府的统筹力度加大时，其他部门可能会相应跟进，而一旦政府的注意力转移，所谓的"部门合作"就会走向一句空话，"联席会议制度"也只会是一个摆设。

四、农村职业教育办学模式改革：到底是需要设计还是内生？

"设计模式"和"内生模式"涉及两种不同的职业教育办学理念，它也同样适用于我们对农村职业教育办学模式的思考，对于一种类型的办学模式来说，我们到底要选择什么样的发展思路？"设计模式"具有其优势，而"内生模式"同样也值得重视。一个地区对于农村职业教育办学模式的选择，需要从经济、社会和文化等多个方面来考虑。从岳阳县职业教育中心办学模式的形成与发展特点来看，它更多的是设计特征，并不是内生的。可以说，在我国，由于职业教育发展模式的内生特征，职业教育办学模式也多是内生。县级职教中心正是政府所大力推动的一种农村职业教育办学模式，对其寄予了较高的期待，在 2005 年国务院《关于大力发展职业教育的决定》中都明确提出了县级职教中心办学模式的推广目标。作为"推广"的对象，那么县级职业教育中心就不是"内生"的。"推广"有其自身的优势和特点，能够将办学实践中积累的经验以最小的成本进行扩大化，但是，它的不足在于这种方式也将其实践中的不足进行了推广，同时，有些经验可能在一个地区是优势，到其他地区成为了劣势或者缺陷了。因此，农村职业教育办学模式改革我们到底应该选择哪条路径，是设计抑或是内生，应该根据区域经济社会发展的具体特征和办学模式自身的特点进行确定。

第五节　新形势下县级职业教育中心发展的对策建议

一、进一步推进改革，坚持政府办学的中心地位

积极推进县级职业教育中心办学体制改革和机制创新，坚持多种形式办学，努力形成政府主导、依靠企业、充分发挥行业作用、社会力量积极参与的办学格局，探索建立多元化的投资体制。要把县级职业教育中心作为鼓励社会各方面参与办学的优先领域，制定和完善优惠政策，积极支持社会力量举办和参与举办县级职业教育中心，增强县级职业教育中心办学活力。

二、进一步强化政府统筹，完善县级职教中心管理体制

建立和完善县级政府统筹、教育主管、社会参与的县级职业教育中心管理体制。要加强对县级职业教育中心的宏观管理和督导评估工作，研究制定相关政策，进行必要的专项投入。各县（市）要成立由政府领导挂帅、相关部门负责人参加的办学委员会，负责职业教育中心的统筹、管理、协调工作，制定规划、解决办学中的重大问题。在办学委员会领导下，县级教育行政部门负责职业教育中心办学协调和日常管理工作，相关职能部门参与职教中心办学，主动解决办学的实际困难和问题。

三、进一步加大投入，完善县级职教中心的投入机制

坚持以财政投入为主，多渠道筹措办学资金。县级人民政府及有关部门要认真落实国务院和省政府有关经费投入政策，增加对职业教育中心的投入，确保对贫困学生的资助和办学条件的改善。要运用贴息贷款、引进社会资金、实行校企合作等多种方式，多渠道筹措县级职业教育中心建设资金和办学经费，完善县级职教中心投入机制。

一、中文著作

[1] ［德］马克思恩格斯全集：第 47 卷［M］．北京：人民出版社，1979.

[2] ［法］G. 勒纳尔，G. 乌勒西．近代欧洲的生活与劳作（从 15—18 世纪）［M］．上海：上海三联书店，2008.

[3] ［丹麦］曹诗弟．文化县——从山东邹平的乡村学校看二十世纪的中国［M］．济南：山东大学出版社，2005.

[4] ［加］本杰明·列文．教育改革——从启动到成果［M］．项贤明，等，译．北京：教育科学出版社，2004.

[5] ［加］罗伯特·阿尔布里坦，等．资本主义的发展阶段——繁荣、危机和全球化［M］．北京：经济科学出版社，2003.

[6] ［美］阿尔文·托夫靳．力量的转移［M］．北京：新华出版社，1996.

[7] ［美］艾尔·巴比．社会研究方法（第十版）［M］．北京：华夏出版社，2010.

[8] ［美］戴维．F. 生产力：工业自动化的社会史［M］．李凤华，译．北京：中国人民大学出版社，2007.

[9] ［美］道格拉斯．C. 诺思．经济史上的结构和变革［M］．北京：商务印书馆，2009.

[10] ［美］道格拉斯．C. 诺思．制度、制度变迁与经济绩效［M］．上海：格致出版社，2008.

[11] ［美］国家研究理事会．教育的科学研究［M］．北京：教育科学出版社，2006.

[12] ［美］哈里·布雷夫曼．劳动与垄断资本［M］．北京：商务印书馆，1978.

[13] ［美］卡尔·波兰尼．大转型：我们时代的政治与经济起源［M］．杭州：浙江人民出版社，2007.

[14] ［美］卡尔·波普尔．科学知识进化论［M］．北京：三联出版社，1987.

[15] ［美］凯瑟琳·西伦．制度是如何演化的：德国、英国、美国和日本的技能政

治经济学 [M]. 上海：上海人民出版社，2010.

[16] [美] 理查德·沙沃森，等. 教育的科学研究 [M]. 北京：教育科学出版社，2006.

[17] [美] 罗伯特·伯恩鲍姆. 大学运行模式 [M]. 别敦荣，译. 青岛：中国海洋大学出版社，2003.

[18] [美] 马克·格兰诺维特. 镶嵌：社会网与经济行动 [M]. 罗家德，译. 北京：社会科学文献出版社，2007.

[19] [美] 迈克尔·波兰尼. 个人知识：迈向后批评哲学 [M]. 许泽民，译. 贵阳：贵州人民出版社，2000.

[20] [美] 麦迪森. 世界经济千年史 [M]. 北京：北京大学出版社，2003.

[21] [挪威] 波尔·达林. 教育改革的限度 [M]. 刘承辉，译. 重庆：重庆出版社，1991.

[22] [日] 日本世界教育史研究会. 六国技术教育史 [M]. 李永连，译. 北京：教育科学出版社，1984.

[23] [日] 细谷俊夫. 技术教育概论 [M]. 肇永和，译. 北京：清华大学出版社，1984.

[24] [新] 郑永年. 中国模式：经验与困局 [M]. 杭州：浙江人民出版社，2010.

[25] [意] 安东尼奥·葛兰西. 狱中札记 [M]. 北京：中国社会科学出版社，2000.

[26] [英] 安迪·格林. 教育与国家形成：英、法、美教育体系起源之比较 [M]. 王春华，译. 北京：教育科学出版社，2003.

[27] [英] 马歇尔. 货币、信用与商业 [M]. 北京：商务印书馆，1997.

[28] 石伟平. 比较职业技术教育 [M]. 上海：华东师范大学出版社，2001.

[29] 石伟平. 时代特征与职业教育创新 [M]. 上海：上海教育出版社，2006.

[30] 任远，彭希哲. 2006 年中国非正规就业发展报告：劳动力市场的再观察 [M]. 重庆：重庆出版社，2007.

[31] 钱乘旦. 世界现代化历程（总论卷）[M]. 南京：江苏人民出版社，2010.

[32] 钱民辉. 职业教育与社会发展研究 [M]. 哈尔滨：黑龙江教育出版社，1999.

[33] 胡卫，等. 办学体制改革：多元化的教育诉求 [M]. 北京：教育科学出版社，2010.

[34] 李水山. 农村教育史 [M]. 南宁：广西教育出版社，2007.

[35] 闵维方. 高等教育运行机制研究 [M]. 北京：人民教育出版社，2002.

[36] 陆益龙. 嵌入性政治与村落经济的变迁 [M]. 上海：上海人民出版社，2007.

[38] 黄宗智. 长江三角洲小农家庭与乡村发展 [M]. 北京：中华书局，2000.

[39] 梁忠义，金含芬．七国职业技术教育［M］．长春：吉林教育出版社，1990.

[40] 明航．民办学校办学模式：产权配置与治理机制研究［M］．北京：教育科学出版社，2008.

[41] 孙祖复，金锵．德国职业技术教育史［M］．杭州：浙江教育出版社，2000.

[42] 王键，等．区域职业教育发展战略［M］．北京：教育科学出版社，2006.

[43] 邬大光，赵婷婷．高等教育办学模式研究［M］．大连：辽宁大学出版社，1997.

[44] 吴晓天．公共实训基地的实践与探索［M］．北京：中国劳动社会保障出版社，2011.

[45] 吴雪萍．国际职业技术教育研究［M］．杭州：浙江大学出版社，2001.

[46] 吴玉琦．中国职业教育史［M］．长春：吉林教育出版社，1991.

[47] 徐觉哉，等．上海市科教兴市立法框架研究：国外科技教育政策和法律选［M］．上海：上海人民出版社，2006.

[48] 徐长发．新乡村职业教育发展预期［M］．北京：教育科学出版社，2006.

[49] 翟海魂．发达国家职业技术教育历史演进［M］．上海：上海教育出版社，2008.

[50] 中华职教社编．黄炎培教育文选［M］．上海：上海教育出版社，1985.

[51] 周雪光．组织社会学十讲［M］．北京：社会科学文献出版社，2003.

[52] 黄季焜，等．制度变迁和可持续发展：30 年中国农业与农村［M］．上海：格致出版社，2008.

[53] 国家教委职教司．中国职业技术教育简史［M］．北京：北京师范大学出版社，1994.

[54] 国家教委职业技术教育中心研究所．历史与现状——德国双元制职业教育［M］．北京：经济科学出版社，1998.

[55] 国家教育发展研究中心．2000 年中国教育绿皮书［M］．北京：教育科学出版社，2000.

二、中文期刊

[1] 蔡克勇．迈向知识经济时代，培养持续创新人才［J］．高等教育研究，2000（1）：14 - 21.

[2] 曹裕，陈晓红，马跃如．城市化、城乡收入差距与经济增长——基于我国省级面板数据的实证研究［J］．统计研究，2010，27（3）：29 - 36.

[3] 陈波涌，胡小桃，彭乐新，胡铁，宴菊梅．县级职教中心建设的实践与思考

——以湖南省为例［J］.职业技术教育，2007，28（7）：26 - 33.

［4］ 陈添宏，余丽明.校企合作，工学结合——中等职业教育办学模式的探索［J］.教育导刊，2007（7）：45 - 46.

［5］ 陈旭峰.职业教育办学模式改革研究：回顾与展望［J］.现代教育管理，2011（2）：39 - 42.

［6］ 程介明.教育问：后工业时代的学习与社会［J］.北京大学教育评论，2005（4）：5 - 14.

［7］ 郭彩琴，顾志平.城乡教育一体化的困境与应对措施［J］.人民教育，2010（20）：2 - 5.

［8］ 刘秀峰，廖其发.城乡教育一体化的成都模式及启示［J］.教育与教学研究，2012，26（7）：1 - 4.

［9］ 罗哲.城乡教育一体化发展路在何方——对"成都模式"的分析与探讨［J］.人民教育，2013（7）：13 - 15.

［10］ 方华.职业教育集团化办学模式的实践与思考［J］.教育发展研究，2006（3B）.

［11］ 费孝通.农村、小城镇、区域发展——我的社区研究历程的再回顾［J］.北京大学学报（哲学社会科学版），1995（2）：4 - 14.

［12］ 高峰，吕忠堂.五种新型办学模式利弊解析［J］.当代教育科学，2004（5）：18 - 19.

［13］ 龚微，谭萍.论高等教育中外合作办学的困境及法治对策——以办学模式为视角［J］.吉首大学学报（社会科学版），2010，31（6）：160 - 164.

［14］ 顾昕，方黎明.自愿性与强制性之间——中国农村合作医疗的制度嵌入性与可持续发展分析［J］.社会学研究，2004（5）：1 - 18.

［15］ 胡鞍钢，杨韵新.就业模式转变：从正规化到非正规化——我国城镇非正规就业状况分析［J］.管理世界，2001（2）：69 - 78.

［16］ 胡宏文，龚鹏飞，江新军，等.破解职教难的两把钥匙——岳阳县发展职业教育纪实［J］.湖南教育（上旬刊），2009，（6）：14 - 24.

［17］ 胡坚达.高教多元化办学模式的探索——宁波市高校改革的经验［J］.教育发展研究，2005（7）：92 - 93.

［18］ 黄中伟，王宇露.关于经济行为的社会嵌入理论研究述评［J］.外国经济与管理，2007（12）：1 - 8.

［19］ 江小涓，李辉.服务业与中国经济：相关性和加快增长的潜力［J］.经济研究，2004（1）：4 - 15.

［20］姜大源. 关于德国新《联邦职业教育法》的译文说明 ［J］. 中国职业技术教育, 2005 (32): 276.

［21］姜义华, 陈炎. 激进与保守: 一段尚未完结的对话 ［J］. 开放时代, 1997 (2): 37 – 41.

［22］鞠传文. 五国中等职业教育的办学模式比较 ［J］. 比较教育研究, 2001 (6): 24 – 27.

［23］赖德胜, 李长安. 当前我国就业领域的主要矛盾及其对策 ［J］. 经济学动态, 2010 (3): 68 – 72..

［24］李金铮. 定县调查: 中国农村社会调查的里程碑 ［J］. 社会学研究, 2008 (2): 165 – 191.

［25］李少元. 谈"三教"统筹结合模式的选择 ［J］. 吉林教育科学, 1997 (6): 43 – 45.

［26］李新伟. 手工业生产专业化的考古学研究 ［J］. 华夏考古, 2011 (1): 126 – 138.

［27］梁漱溟. 民众何以能救中国 ［J］. 山东民教月刊, 1934 (4): 7 – 8.

［28］凌耀初. 中国县域经济发展分析 ［J］. 上海经济研究, 2003 (12): 3 – 11.

［29］刘凤云, 高建宁. 集团化办学——职业教育办学模式的战略选择 ［J］. 中国成人教育, 2007 (8): 91 – 93.

［30］刘世定. 嵌入性与关系合同 ［J］. 社会学研究, 1999 (4): 75 – 88.

［31］刘跃斌. 德国行业协会的服务职能 ［J］. 德国研究, 1998 (2): 33 – 36.

［32］陆明星, 等. 中国城市化与经济发展水平关系的省级格局 ［J］. 地理学报, 2010 (12): 1443 – 1453.

［33］陆学艺. 走出"城乡分治'一国两策'"的困境 ［J］. 读书, 2000 (5): 3 – 9.

［34］孟韬. 嵌入视角下的大学网络治理机制解析 ［J］. 教育研究, 2011 (4): 80 – 84.

［35］亓俊国, 庞学光. 德国"双元制"职业教育内涵的多维度分析 ［J］. 教育发展研究, 2008 (11): 23 – 26.

［36］齐兰芬. 天津职业教育办学模式的回眸与展望 ［J］. 中国职业技术教育, 2009 (5): 6 – 9.

［37］丘海雄, 于永慧. 嵌入性与根植性 ［J］. 广东社会科学, 2007 (1): 175 – 181.

［38］任平. 知识经济生产方式、交往实践观与新全球化时代 ［J］. 教学与研究,

2001 (4)：31 – 39.

[39] 宋恩荣．梁漱溟的乡村教育实验 [J]．教育研究与实验，1988 (2)：51 – 55.

[40] 宋正富．东西部高职院校合作办学的探索 [J]．中国高等教育，2009 (8)：53 – 54.

[41] 苏春艳．经济行动的社会建构 [J]．上海大学学报，2004 (6)：22 – 25.

[42] 谈松华．农村教育：现状、困难与对策 [J]．北京大学教育评论，2003 (1)：99 – 103.

[43] 唐汉卫．论教育改革的逻辑 [J]．教育研究，2011 (10)：11 – 15.

[44] 万俊毅，欧晓明．社会嵌入、差序治理与合约稳定 [J]．中国农村经济，2011 (7)：14 – 24.

[45] 王冀生．积极探索高等职业技术教育的科学定位和办学模式 [J]．高教探索，2002 (2)：24 – 27.

[46] 王健．"重叠共识"：课程改革合理性诉求的必然选择 [J]．教育理论与实践，2007 (11)：49 – 52.

[47] 王宁．消费行为的制度嵌入性 [J]．中山大学学报，2008 (4)：140 – 145.

[48] 王绍光．大转型——1980 年代以来中国的双向运动 [J]．中国社会科学，2008 (1)：129 – 149.

[49] 王思斌，阮曾媛琪．和谐社会建设背景下中国社会工作的开展 [J]．中国社会科学，2009 (5)：128 – 140.

[50] 魏明孔．中国前近代手工业经济的特点 [J]．文史哲，2004 (6)：79 – 85.

[51] 温家宝．中国农业和农村的发展道路 [J]．求是，2012 (3)：3 – 12.

[52] 吴洪成．20 世纪二三十年代中国的乡村教育实验 [J]．四川师范大学学报（社会科学版），2002 (5)：96 – 106.

[53] 吴建平．组织与制度的嵌入性及其自然演化 [J]．社会，2006 (5)：190 – 199.

[54] 吴建设，等．地方高等职业院校的"三层对接"办学模式探究 [J]．高等教育研究，2010 (11)：90 – 93.

[55] 吴敬琏．思考与回应：中国新型工业化道路的抉择（上）[J]．学术月刊，2005 (12)：38 – 45.

[56] 吴山，夏杰长．中国现代服务业发展的推进思路 [J]．经济与管理，2010 (4)：24 – 30.

[57] 吴绍芬．民办学校办学模式的思考 [J]．温州大学学报，2004 (1)：56 – 63.

[58] 吴雪萍．培养关键能力：世界职业教育的新热点 [J]．浙江大学学报，2000

(6)：56 - 60..

[59] 吴义爽，汪玲．论经济行为和社会结构的互嵌性 [J]．社会科学战线，2010 (12)：49 - 55.

[60] 肖林生．农村五保供养制度变迁研究：制度嵌入性的视角 [J]．东南学术，2009 (3)：32 - 41.

[61] 谢富胜，黄蕾．福特主义、新福特主义和后福特主义 [J]．教学与研究，2005 (8)：36 - 42.

[62] 谢肖力．东西部高职院校"2 + 1"合作办学模式的探索与实践 [J]．中国大学教学，2010 (8)：83 - 85.

[63] 熊惠平．高职教育"总部—基地"办学模式 [J]．教育研究，2011 (6)：107 - 110.

[64] 徐和昆．农业高等职业院校农科教一体化办学模式的探索与实践 [J]．高等教育研究，2010 (12)：73 - 76.

[65] 许丽英．城镇化进程中农村职业教育发展的问题与对策 [J]．东北师大学报，2003 (1)：123 - 128.

[66] 许云昭，等．抓经济必须抓职教，抓职教就是抓经济 [J]．教育与经济，1999 (4)：22 - 25.

[67] 杨红霞．美国营利性高校 [J]．教育科学，2006 (3)：74 - 77.

[68] 杨辉．中外合作办学模式初探 [J]．教育评论，2004 (4)：4 - 9.

[69] 杨建芳，龚六堂，张庆华．人力资本形成及其对经济增长的影响 [J]．管理世界，2006 (5)：10 - 20.

[70] 杨喜全．90 年代农村职业中学的办学模式 [J]．教育与职业，1993 (12)：6 - 7.

[71] 杨永福，等．制度性规则建构方法研究综述 [J]．经济学动态，2003 (6)：70 - 74.

[72] 杨玉宝．对德国双元制职业教育的新认识 [J]．比较教育研究，2002 (3)：37 - 40.

[73] 姚家享，刘菊莲．十百千万工程的回顾与思考 [J]．中国职业技术教育，2004 (17)：30 - 31.

[74] 姚奇富，林明．高职院校"总部—基地"办学模式探析 [J]．教育发展研究，2011 (1)：69 - 72.

[75] 易法敏，文巍．新经济社会学中的嵌入理论研究评述 [J]．经济学动态，2009 (8)：130 - 134.

[76] 于金富. 当代中国经济改革的实质在于生产方式的变革［J］. 河南大学学报（社会科学版），2007（1）：92－96.

[77] 袁奇，等. 美国产业结构变动与服务业的发展［J］. 世界经济研究，2007（2）：57－64.

[78] 甄志宏. 从网络嵌入性到制度嵌入性［J］. 江苏社会科学，2006（3）：97－100.

[79] 张建辉，靳涛. 转型式经济增长与城乡收入差距：中国的经验（1978—2008）［J］. 学术月刊，2011（7）：79－86.

[80] 张英. 适应农村发展的职业教育与培训办学模式［J］. 职业技术教育，1998（1）：10－13.

[81] 张幼文. 知识经济的生产要素及其国际分布［J］. 中国工业经济，2002（8）：51－59.

[82] 王芳. 贫困地区职业教育的定位与发展——河北省青龙县职业教育改革探索［J］. 课程·教材·教法，2001（2）：61－63.

[83] 赵蓓. 嵌入性与产业群竞争力：理论研究与分析框架［J］. 东南学术，2004（6）：138－145.

[84] 赵沂蒙，孙林岩. 经济学透视下的制造业生产方式变迁［J］. 中国软科学，2000（10）：38－41.

[85] 中共邵阳市委，邵阳市人民政府. 实施"十百千万工程"探索教育为农村经济建设服务的新路子［J］. 教育与职业，1999（8）：22－25.

[86] 周建松. 生态学视阈下的高职院校开放合作办学模式构建［J］. 高等教育研究，2009（12）：63－68.

[87] 周丽华，李守福. 企业自主与国家调控——德国"双元制"职业教育的社会文化及制度基础分析［J］. 比较教育研究，2004（10）：54－58.

[88] 周业安，等. 嵌入性与制度研究［J］. 中国人民大学学报，2001（6）：58－64.

[89] 周志刚，孙志河. 对新形势下县级职教中心办学模式的思考［J］. 中国职业技术教育，2003（12下）：8－10.

[90] 周作宇. 论高等教育中的经济主义倾向［J］. 北京师范大学学报，2008（2）：5－15.

[91] 祝士明. 现代职业教育办学模式的构建［J］. 天津大学学报，2008（6）：559－562.

[92] 雷世平. 我国农村职业教育发展模式研究［J］. 江苏技术师范学院学报（职教

通讯), 2008 (3): 5 – 9.

[93] 杨德广, 张兴. 建立一主多元的高等教育办学模式 [J]. 教育发展研究, 2001 (2): 14 – 19.

[94] 饶坤罗. 中外中等职业教育办学模式的比较研究 [D]. 杭州: 浙江工业大学, 2007.

[95] 沈振锋. 我国农业大学办学模式研究 [D]. 武汉: 华中科技大学, 2010.

[96] 孙志河. 新形势下县级职教中心办学模式的研究 [D]. 天津: 天津大学, 2003.

[97] 田长娟. 我国农村职业教育办学模式研究 [D]. 秦皇岛: 河北科技师范学院, 2010.

[98] 吴振荣. 日本中等职业教育办学模式研究 [D]. 西安: 陕西师范大学, 2008.

[99] 项继发. 县域社区教育: 城乡一体化背景下的农村职业教育 [D]. 咸阳: 西北农林科技大学, 2010.

[100] 燕晓飞. 非正规就业劳动力的就业培训研究 [D]. 武汉: 华中师范大学, 2010.

三、英文文献

[1] Zukin S, Dimaggio P. Structures of Capital: The Social Organization of the Economy [M]. New York: Cambridge University Press, 1990.

[2] Arthur M, Florence B. The American Community College [M]. San Francisco: Jossey-Bass, 2013.

[3] Thomas R B. Learning to Work: Employer Involvement in School-to-Work Transition Programs [M]. Washing-ton, DC: Brookings Institution, 1995.

[4] Foster P. The Vocational School Fallacy in Development Planning [M]. New York: Oxford University Press, 1977.

[5] Ziderman Adrian. Financing Training Through Payroll Levies [M]. International Handbook of Education for the Changing World of Work. Springer Netherlands, 2009.

[6] Gill Indermit Singh, Fred Fluitman E, Dar Amit E. Vocational Education and Training Reform: Matching Skills to Markets and Budgets [M]. London: Oxford University Press, 2000.

[7] Brown Phillip, Green Andy, Lauder Hugh. High skills: Globalization, Competitive-ness, and Skill Formation [J]. Oup Catalogue, 2001, vol. 17 (100).

[8] Leonard Cantor. Vocational Education and Training in the Developed World [J]. Vo-

cational Aspect of Education, 2007, vol. 43 (2).

[9] Gruber E, Mande I, Oberholzner T. Modernising Vocational Education and Training [J]. Bibb, 2008, vol. 29 (5).

[10] Jamea S. Coleman. Social Capital in the Creation of Human Capital [J]. The American Journal of Sociology, 1988, vol. 94 (94).

[11] Rauner Felix, etc. Plural Administration in Dual Systems in Selected European Countries [J]. Rediscovering Apprenticeship, 2010, vol. 54 (1).

[12] Peter Gottschalk, Timonthy M. Smeeding. Cross-National Comparisons of Earnings and Income Inequality [J]. Journal of Economic Literature, 1997, vol. 35 (2).

[13] Granovetter M. Economic Action and Social Structure: The Problem of Imbedness [J]. American Journal of Sociology, 1985, vol. 6 (1).

[14] Hess M. "Spatial" Relationships Towards a Reconceptualization of Embeddedness [J]. Progress in Human Geography, 2004, vol. 28 (2).

[15] Stone James R I. Cooperative Vocational Education in the Urban School: Toward a Systmes Approach [J]. Education and Urban Society, 1995, vol. 27 (3).

[16] Michael A. Burke. School-Business Partnerships: Trojan Horse Or Manna from Heaven? [J]. National Assocaiation of Secondary School Principals, 1986, vol. 70 (493).

[17] Rainer Winkelmann. How Young Workers Get Their Training: A Survey of Germany Versus the United States [J]. Journal of Population Economics, 1997, vol. 10 (2).

[18] Ruttan V W, Hyam Y. Towards a Theory of Induced Institutional Innovation [J]. Journal of Development Studies, 1984, vol. 20 (4).

[19] Billett Stephen. From Your Business to Our Business: Industry and Vocational Education in Australia [J]. Oxford Review of Education, 2004, vol. 30 (1).

[20] McIntosh Steven. The Returns to Apprenticeship Training [J]. Journal of Education and Work, 2005, vol. 18 (3).

[21] Stulz R M, Williamson R. Culture, Openness, and Finance [J]. Journal of Financial Economics, 2003, vol. 70 (3).